böhlau

Kurt Bauer

DER FEBRUARAUFSTAND 1934

Fakten und Mythen

Böhlau Verlag Wien · Köln · Weimar

Gefördert von der Kulturabteilung der Stadt Wien, Wissenschafts- und Forschungsförderung

Bibliografische Information der Deutschen Nationalbibliothek:
Die Deutsche Nationalbibliothek verzeichnet diese Publikation in der
Deutschen Nationalbibliografie; detaillierte bibliografische Daten sind
im Internet über http://dnb.d-nb.de abrufbar.

© 2019 by Böhlau Verlag Ges.m.b.H & Co. KG, Wien, Kölblgasse 8–10, A-1030 Wien
Alle Rechte vorbehalten. Das Werk und seine Teile sind urheberrechtlich geschützt.
Jede Verwertung in anderen als den gesetzlich zugelassenen Fällen bedarf der vorherigen
schriftlichen Einwilligung des Verlages.

Umschlagabbildung:
Februar 1934. Artillerieeinschläge im Blauen Bogen des Karl-Marx-Hofes
(Dokumentationsarchiv des österreichischen Widerstandes).

Korrektorat: Constanze Lehmann, Berlin
Einbandgestaltung: Michael Haderer, Wien
Satz: Michael Rauscher, Wien
Druck und Bindung: CPI Books, Ulm
Gedruckt auf chlor- und säurefrei gebleichtem Papier
Printed in the EU

Vandenhoeck & Ruprecht Verlage | www.vandenhoeck-ruprecht-verlage.com

ISBN 978-3-205-23229-2

Inhalt

Vorbemerkungen 7

Der Weg in den Februar 9
   Misstrauen, Hass, latenter Bürgerkrieg 9
   Dollfuß und die Sozialdemokraten 15
   Zuspitzung 19
   Sonntag, 11. Februar 25

Der Aufstand 31
   Montag, 12. Februar 31
   Dienstag, 13. Februar 47
   Zusammenbruch 55
   Danach 64

Die Opfer 71
   Zur Problematik der Opferzahlen 71
   Anzahl und Verteilung der Februaropfer 74
   Umstände und Ursachen des Todes der Februaropfer 80
   Sozialstrukturelle Aspekte 85

Besondere Fälle 91
   Die Morde von Steyr 91
   Die Morde von Holzleithen 93
   Der Doppelmord von Floridsdorf 96
   Der Mord von Graz 98
   Das Massaker an den Schlingerhof-Gefangenen 99
   Zusammenstöße, Übergriffe, Exzesse 101

Mythen, Legenden, offene Fragen 109
   Politische Mythen der Zwischenkriegszeit 109
   Wurde der Aufstand vom Dollfuß-Regime provoziert? 110
   »Bürgerkrieg« 113
   Das Verhalten der Führer 115

»Kanonen auf Arbeiterhäuser« 120
»Wohnbauten als Bürgerkriegsfestungen« 123
Wollte Dollfuß Giftgas gegen die Aufständischen einsetzen? 125
Steckten die Nationalsozialisten hinter dem »Putsch«
der Sozialdemokraten? 128

Schlüsse 131

Anhang 139
Die Todesopfer des Februaraufstandes 139
Anmerkungen 186
Literatur und gedruckte Quellen 198
Quellen und Archive 208
Bildnachweis 210
Abkürzungen 210
Danksagung 212
Namensregister 213
Ortsregister 215

Vorbemerkungen

85 Jahre sind zum Zeitpunkt des Erscheinen dieses Buches seit dem sozialdemokratischen Aufstand vom 12. Februar 1934 vergangen. Eine lange Zeit, sollte man denken, lange genug, um gemäß der Maxime des alten Tacitus »ohne Zorn und Eifer« darüber reden zu können. Lange genug, um nicht alte ideologische Schlachten wieder und wieder ausfechten zu müssen, lange genug, um endlich Fakten von Mythen zu trennen.

Und genau das ist die eine Intention dieses Buches. In den Jahren 2012 bis 2014 führte ich mit Unterstützung des Zukunftsfonds der Republik Österreich ein aufwendiges Forschungsprojekt durch, in dem es darum ging, die Frage nach der Anzahl und Verteilung der Todesopfer des Februaraufstandes 1934 zu klären. Denn dies war bei aller Omnipräsenz des Themas zu bestimmten runden Jahrestagen selbst achtzig Jahre danach interessanterweise immer noch eine der ungelösten Fragen der Geschichte der Ersten Republik. Die in der Literatur zu findenden Zahlenangaben der Todesopfer des Februar 1934 schwanken enorm: zwischen einigen Hundert und einigen Tausend. Indem ich jedem einzelnen Opfer und seinem Schicksal nachspürte, lernte ich mehr über diesen Aufstand, seine Wirklichkeit und seinen Verlauf, als ich je für möglich gehalten hätte.

Die Forschungsergebnisse wurden 2014/15 in Form einer von vielen Medien übernommenen APA-Meldung, in einem Gastkommentar in der Tageszeitung *Der Standard,* in TV- und Radiosendungen sowie beim Österreichischen Historikertag in Linz und bei anderen Fachveranstaltungen präsentiert und kontrovers und erstaunlich emotional diskutiert. Ein auf meiner persönlichen Website in Form einer PDF-Datei veröffentlichtes vorläufiges Papier wurde häufig aufgerufen und in Medien und der Literatur zitiert. So schien es mir an der Zeit, die Ergebnisse des Projektes endlich in Form eines Buches zur Verfügung zu stellen.

Und die andere Intention? Das ist die schlichte Lust am historischen Erzählen, zu der das Wissen kommt, dass genau ein solches Buch fehlt – eine kompakte wissenschaftliche Monographie, die den Aufstand, seine Vorgeschichte, seinen Verlauf und die wichtigsten Forschungsfragen zu diesem zentralen Ereignis der Geschichte der österreichischen Republik konzis, nüchtern und ohne parteipolitische, ideologische Verbrämung darzustellen versucht.

***

Viele Menschen haben mich bei der Arbeit an meinem Forschungsprojekt und am Buch unterstützt. Sie alle werden im Anhang auf S. 212 namentlich genannt. Ganz besonders und vor allen anderen möchte ich an dieser Stelle meiner geliebten Beate danken, danken für alles, für Liebe, Unterstützung, Aufmunterung, Trost. Dank auch an unsere beiden afghanischen Söhne Morteza und Norik, die vor ein paar Jahren in unser Leben getreten sind. Sie haben mich gelehrt, den engen Blickwinkel eines österreichischen Historikers zu erweitern und die Welt mit anderen Augen zu sehen.

***

Dieses Buch widme ich dem ungelebten Leben von Arnulf Hanzl, geboren am 25. Dezember 1927, erschossen am 13. Februar 1934 in der Küche der elterlichen Wohnung in Wien-Floridsdorf.

Der Weg in den Februar

Misstrauen, Hass, latenter Bürgerkrieg

Am 31. Oktober und 1. November 1918 tagte in Wien der sozialdemokratische Parteitag. Otto Bauer, der kommende Mann in der Partei, hielt das Grundsatzreferat. Er leitete es mit dramatischen, aber angemessenen Worten ein: »Wir stehen mitten in einer Revolution.« Bauer analysierte die aktuelle Lage und sprach sich für den Anschluss der deutschösterreichischen Gebiete an ein demokratisches, republikanisches Deutschland aus. Zuerst gehe es nun darum, auf den Trümmern des alten Österreich Nationalstaaten zu errichten, dann gelte es, die volle Demokratie in diesen Staaten zu erkämpfen. Sei diese errungen, so wäre der folgende Schritt zum Sozialismus selbstverständlich. Denn Demokratie, die die ganze Volkswirtschaft beherrsche, schlage »von selbst zum Sozialismus um«. Der Parteitag ermächtigte die sozialdemokratischen Abgeordneten, so lange am Aufbau des deutschösterreichischen Staates mitzuwirken, als dies zur Sicherung der demokratischen Errungenschaften notwendig erscheine.

Das hieß – zumindest in der Lesart des christlichsozialen und deutschnationalen Lagers –, dass die Sozialdemokraten sich nicht allzu lange mit einer Beteiligung an der Regierung und am mühsamen, schmutzigen politischen Tagesgeschäft aufhalten, sondern die Erringung der Mehrheit und den anschließenden Übergang zu einer sozialistischen Gesellschaft lieber bequem aus der Opposition heraus betreiben wollten.[1]

Bereits in diesem Vorgang ist der Grundkonflikt angelegt, der die gesamte Erste Republik beherrschen sollte. Die dezidiert linke, marxistische Rhetorik der Sozialdemokratie, ihr starker linker Flügel, bewahrte Österreich in der Zeit des Umbruchs und den Folgejahren vor dem Entstehen einer nennenswerten Kommunistischen Partei, vor bürgerkriegsartigen Kämpfen wie in der Weimarer Republik, vor einer Spaltung der Arbeiterbewegung. Auf die bürgerlichen Parteien wirkte die demonstrativ zur Schau gestellte Klassenkampf-Attitüde, der fatale Glaube an den geschichtsnotwendigen Niedergang des Kapitalismus und der Bourgeoisie – kurzum, alles, was der Politikwissenschaftler Norbert Leser später treffend als »Politik der radikalen Phrase«[2] charakterisieren sollte – überaus bedrohlich.

Denn das durch die Niederlage im Krieg und die Inflation schwer getroffene und von Deklassierungsängsten gequälte kleinbürgerlich-bürgerliche Europa der 1920er- und 1930er-Jahre war von einer übermächtigen Angst beherrscht: dass sich das, was 1917 und in den Folgejahren in Russland geschehen war, auch im eigenen Land wiederholen könnte. Was hatte Demokratie schon zu bedeuten, wenn sie von einer Partei ohnehin nur als Durchgangsstation auf dem Weg zum Sozialismus angesehen wurde? Und was Sozialismus hieß, das hatte man doch zur Genüge in Russland gesehen. Gut, die Sozialdemokraten wollten die Macht auf demokratischem Weg durch Wahlen erringen. Aber war es sicher, dass sie die Macht im Fall einer Wahlniederlage auch wieder abgeben würden? Würde es überhaupt noch zu Wahlen unter Beteiligung bürgerlicher Parteien kommen? Die radikalmarxistische Rhetorik von sozialdemokratischen Führern wie Otto Bauer ließ daran berechtigte Zweifel aufkommen. »Wer die proletarische Diktatur nach russischem Muster für eine zulässige und verteidigungswürdige Art der sozialistischen Erfüllung hält«, hieß es bei den Christlichsozialen, »ist durch einen tiefen und breiten Abgrund von allen anderen Parteien geschieden.«[3]

Da war es nur folgerichtig, dass beiden Seiten gegen den inneren Feind rüsteten, so wie es übrigens in der Zwischenkriegszeit in vielen Ländern Europas geschah. – Zu Kriegsende 1918 bildeten sich auf lokaler Ebene vorerst unpolitische Selbstschutzgruppen gegen unkontrolliert von den Fronten rückflutende, marodierende Soldaten. Mit der Zusammenfassung dieser Gruppen zu größeren Einheiten und der Unterstützung mit Waffen und Geld aus Deutschland und später Italien veränderten sie ihren Charakter und bekamen zwei neue Hauptstoßrichtungen: zuerst hauptsächlich gegen Gebietsansprüche der Nachbarn, schließlich dann gegen linke, revolutionäre Bestrebungen im eigenen Land. Ideologisch boten die verschiedenen Gruppen ein uneinheitliches Bild. Die meist als Heimwehr, Heimatwehr oder Heimatschutz bezeichneten Wehrverbände waren allesamt strikt antimarxistisch ausgerichtet, in der Regel antisemitisch, manchmal deutschnational-völkisch, manchmal faschistisch (im Sinn einer Nähe zu Mussolini und dem italienischen Faschismus), oft betont katholisch und hin und wieder monarchistisch. Ein unumstrittener »Führer« kristallisierte sich in all den Jahren nicht heraus. Am bekanntesten ist zweifellos der junge oberösterreichische Hochadelige Ernst Rüdiger Starhemberg. Er verfügte zeitweilig über einen guten Draht zu Mussolini und gewann so beträchtlichen Einfluss auf die österreichische Politik. Richard Steidle, ein Tiroler Rechtsanwalt, war als christlichsozialer Abgeordneter dem italienisch-faschistischen Flügel zuzurechnen, während man den steirischen Rechtsanwalt Walter Pfrimer samt dem von ihm geführten mächtigen Steirischen Heimatschutz ohne Weiteres als pränazistisch bezeichnen kann. Major Emil Fey, als Führer der Wiener Heimwehr und Sicherheitsminister der Dollfuß-Regierung, spielte in den Jahren 1932 bis 1934 eine wichtige Rolle.[4]

Die Wurzeln des sozialdemokratischen Wehrverbandes reichen bis in die 1890er-Jahre zurück. Seit damals verfügte die Sozialdemokratische Partei über Ordnertruppen, deren Aufgabe es war, den reibungslosen Ablauf von Veranstaltungen, Aufmärschen, Demonstrationen etc. zu gewährleisten. Ein zweiter Wurzelstrang führt in die Anfangsjahre der Republik. Ähnlich den ländlichen Selbstschutzgruppen hatten sich 1918/19 in Industrieregionen Arbeiter- und Fabrikswehren gebildet. Als nun mit dem Regierungsaustritt Mitte 1920 der sozialdemokratische Einfluss auf die Sicherheitsorgane und das Heer verloren ging, kam in der Partei die Idee auf, durch die Gründung eines eigenen Wehrverbandes Kompensation zu schaffen. Im Februar 1923 wurde als Gegengewicht gegen die sich formierenden rechten Verbände der Republikanische Schutzbund gegründet. Gründer und Leitfigur war der frühere Staatssekretär für Heerwesen Julius Deutsch. Als Stabschef fungierte Hauptmann Alexander Eifler. Eine führende Funktion hatte auch der ehemalige Generalstabschef der Isonzo-Armee General Theodor Körner inne. Er schied allerdings nach einem Konflikt mit Eifler über die strategische Ausrichtung des Schutzbundes aus.[5]

Gegenüber dem schwachen, unterfinanzierten Heer und den Sicherheitsorganen von Gendarmerie und Polizei verfügten die paramilitärischen Verbände auf der Rechten und Linken über ein Vielfaches an Waffen, Ausrüstung und Personal. Die Stärke des Republikanischen Schutzbundes lag Mitte der 1920er-Jahre bei rund 95.000 Mann. Für die Heimwehren wird sie sogar mit rund 110.000 Mann beziffert. Gerade deren tatsächliche Schlagkraft war aber aufgrund ihrer organisatorischen Heterogenität und unterschiedlichen Bewaffnung als eher gering einzuschätzen.[6]

Das Machtmittel und Drohpotential, das die paramilitärischen Verbände darstellten, wurde dafür eingesetzt, um dem Gegner bei Aufmärschen, Paraden, Übungen die eigene Stärke und Kampfbereitschaft zu demonstrieren und die »Herrschaft über die Straße« zu erringen. Die Folge davon: regelmäßig bewaffnete und unbewaffnete Zusammenstöße, Schlägereien, Übergriffe etc. Immer wieder gab es Tote.[7]

Anfang November 1926 beschloss die SDAP beim Parteitag in Linz ein neues Parteiprogramm mit stark klassenkämpferischem Unterton. Parteiführer Otto Bauer verstieg sich dabei zu einer unglücklich formulierten, missverständlichen Androhung des Bürgerkrieges und der Errichtung einer Diktatur des Proletariats im Falle einer »Gegenrevolution der Bourgeoisie«. Damit lieferte er dem politischen Gegner ein unvergleichliches »Totschlagargument«, wie Ernst Hanisch es nennt. Es lautete: »Die Roten wollen die Diktatur.« Das Trauma einer drohenden Bolschewisierung mobilisierte das bürgerliche Lager. Der Zustrom zu den Heimwehren nahm zu.[8]

1927 wurde zu einem Schlüssel- und Unglücksjahr der Geschichte der Ersten Republik. Im burgenländischen Schattendorf kam es am 30. Jänner – wieder einmal – zu einem politischen motivierten Zusammenstoß. Angehörige der rechtsgerichteten Frontkämpfervereinigung feuerten aus einem Gasthaus in eine davor versammelte Menge von Schutzbündlern, politischen Gegnern und Neugierigen. Zwei Menschen starben. Mitte Juli wurden die Täter im Schwurgerichtsverfahren am Wiener Landesgericht freigesprochen. Daraufhin fanden am nächsten Morgen, dem 15. Juli 1927, spontane Demonstrationen von empörten Arbeitern und Anhängern der Sozialdemokratie vor dem Parlament statt. Die von der Ringstraße durch berittene Polizei abgedrängten Demonstranten stürmten den hinter dem Parlament liegenden Justizpalast und setzten ihn in Brand. Die Wiener Sicherheitswache wusste sich schließlich nur noch durch scharfe Schüsse zu helfen. 85 Demonstranten starben im Kugelhagel. Auch vier Polizisten fielen den Ausschreitungen zum Opfer.[9]

Nach dieser Katastrophe kippten die Verhältnisse. Die Heimwehrbewegung legte rasch an Stärke zu, die Sozialdemokratie und mit ihr der Republikanische Schutzbund geriet zunehmend in die Defensive. Die Jahre 1928/29 waren durch eine Unzahl von Aufmärschen und Gegenaufmärschen der Parteiarmeen in allen Teilen des Landes gekennzeichnet. Die Heimwehrführer drohten offen mit dem »Marsch auf Wien« nach Mussolinis Vorbild. Aber der Heimwehrputsch fand schließlich doch nicht statt. Ende 1929 einigten sich die politischen Lager auf eine Verfassungsreform. Damit war die Gefahr einer drohenden Rechtsdiktatur abgewendet. Vorläufig.

Eine Krise erfasste die Heimwehrbewegung. Daran konnte auch der antidemokratische, semifaschistische »Korneuburger Eid« vom Mai 1930 nichts ändern. Bei der Nationalratswahl vom November 1930 nahm der »Heimatblock« als politischer Arm der Heimwehrbewegung teil und errang rund 227.000 Stimmen (6,2 Prozent). Das war nicht schlecht, aber vermutlich doch weniger, als Führer und Förderer erwartet hatten. Jedenfalls sollten die erreichten acht Mandate den Heimatblock in der im Mai 1932 gebildeten Regierung Dollfuß zum Zünglein an der Waage machen.

Der klägliche Putschversuch des von Walter Pfrimer geführten Steirischen Heimatschutzes im September 1931 ist im historischen Langzeitgedächtnis trotz dreier Todesopfer als »Operettenputsch« haften geblieben. Er machte die Schwäche der Heimwehrbewegung offensichtlich. Dafür erstarkten – im Gefolge des unerhörten Aufschwunges, den Hitler und die NSDAP im Deutschen

Aufmarsch des Republikanischen Schutzbundes in Eisenstadt, 10. Juli 1932.

Reich erlebte – die Nationalsozialisten. In den Jahren 1932/33 spielten sich die gewalttätigen politischen Auseinandersetzungen – gerade in Wien – in erster Linie zwischen der nationalsozialistischen SA und dem sozialdemokratischen Schutzbund ab.[10]

Ein ständiger Konfliktpunkt zwischen den herrschenden Koalitionsregierungen aus Christlichsozialen und Deutschnationalen (»Bürgerblock«) und der sozialdemokratischen Opposition war die Frage der Bewaffnung. Die Waffen stammte zumeist aus den Beständen der alten Armee. In den Umbruchtagen 1918/19 hatten Sozialdemokraten und Christlichsoziale sie oft gemeinsam vor dem Zugriff der Entente verborgen. Das wichtigste und größte Waffenlager befand sich im unübersichtlichen Gebäudekomplex des Wiener Arsenals. Beide Großparteien wussten davon, aber nur den Sozialdemokraten – und damit dem Schutzbund – war der genaue Standort bekannt. Als Anfang März 1927 ein Überläufer den Standort verriet, gelang es der Regierung, das Lager auszuheben. Insgesamt wurden dabei nicht weniger als 665 Maschinengewehre und 21.465 Infanteriegewehre sowie weitere Waffen und Ausrüstung beschlagnahmt. In den nächsten Jahren sollten noch viele ähnliche heftig umstrittene Suchaktionen nach Waffen folgen. Großes Aufsehen erregte eine Waffensuche im Ottakringer Arbeiterheim im Jänner 1932. Die Polizei erbeutete dabei 800 Militärgewehre, acht Maschinengewehre und weiteres Kriegsmaterial. Die Sozialdemokraten kritisierten vor allem die aufreizende Einseitigkeit der Exekutive, die sich ausschließlich auf die Bestände des Schutzbundes konzentrierte, aber die Heimwehren verschonte. Regelmäßig vorgebrachte sozialdemokratische Vorschläge für eine allgemeine »innere Abrüstung« stießen durchwegs auf Misstrauen und Ablehnung bei den bürgerlichen Regierungen und Heimwehren.[11]

Im Mai 1931 brach Österreichs größte Bank, die Creditanstalt, zusammen. Österreichs Volkswirtschaft stand am Abgrund. Die Sozialdemokraten verhielten sich in dieser Situation durchaus staatstragend und stimmten bei den meisten der schmerzhaften, aber notwendigen Sanierungsmaßnahmen mit der Regierung. Schließlich demissionierte die Regierung Ender. Obschon gesundheitlich schwer angeschlagen, erhielt Prälat Ignaz Seipel, die unumstrittene Führungsfigur der Christlichsozialen, den Regierungsauftrag. Dieser dachte angesichts der Lage an die Bildung einer Konzentrationsregierung auf knapp bemessene Zeit.

Im Detail muss uns Seipels Koalitionsangebot an die Sozialdemokraten hier nicht interessieren. Es war offensichtlich ernst gemeint, klug kalkuliert, bot wenig Verhandlungsspielraum. Der SDAP-Parteivorstand lehnte den christlichsozialen Vorschlag einstimmig ab. Das war taktisch geschickt, strategisch aber verheerend. In einer Zeit des Staatsnotstandes hatten sich die Sozialdemokraten vor der Übernahme von Verantwortung gedrückt, um in den Augen ihrer Mitglieder, Anhänger und Wähler keinen Schaden zu erleiden. In Wahrheit führte dieses Verhalten nur dazu, die antidemokratischen Kräfte der Rechten weiter zu stärken. Es gilt, was Bruno Kreisky – damals ein engagierter Jungsozialist – darüber in seinen Erinnerungen schrieb: »Hätte man innerhalb des sozialdemokratischen Parteivorstandes den Mut gehabt, auf das sehr nuancierte Angebot Seipels einzugehen, wäre manches sicherlich anders gekommen. Meiner Meinung nach war das die letzte Chance zur Rettung der österreichischen Demokratie. Hätte man damals ja gesagt, dann hätte man uns nicht nachsagen können, wir seien unversöhnlich und zu keiner Zusammenarbeit bereit. Ganz gewiss aber wäre es nicht zum 12. Februar 1934 gekommen.«[12]

Auf die Regierung Ender folgten schließlich nicht Seipel, sondern zwei von Karl Buresch, dem ehemaligen niederösterreichischen Landeshauptmann, geführte Kabinette. Als auch Buresch nicht mehr weiterwusste, kam nach langwierigen Verhandlungen ein neuer Mann ans Ruder.

Dollfuß und die Sozialdemokraten

Bei der Ernennung zum Bundeskanzler am 20. Mai 1932 galt Engelbert Dollfuß den Sozialdemokraten als durchaus verständiger politischer Partner, als aufrechter Demokrat, als einer, mit dem man reden und Kompromisse finden konnte.[13] Die Christlichsozialen dachten sich den Landwirtschaftsexperten als Übergangslösung in einer verfahrenen Situation, als jemand, der interimsmäßig die laufenden Geschäfte besorgen sollte, so gut es eben ging.

Erstaunlicherweise war es ausgerechnet der unterschätzte Dollfuß, der mit großer Hartnäckigkeit und der parlamentarischen Mehrheit von einer stets unsicheren Stimme gegen den Willen der Sozialdemokraten durchdrückte, was andere längst aufgegeben hätten – die Aufnahme einer dringend notwendigen neuerlichen Anleihe des Völkerbundes (»Lausanner Anleihe«), die nach dem CA-Debakel unumgänglich geworden war. Dazu kam: Nicht nur die Nationalsozialisten, auch die Sozialdemokraten drängten in dieser Periode, weil sie sich eine Abwahl der christlichsozialen Regierung erhofften, auf Neuwahlen – und das zu einem Zeitpunkt, als das von einer verheerenden Wirtschaftskrise geschüttelte Deutsche Reich von einem Wahlkampf zum anderen taumelte und Hitler deutlich vernehmbar an die Tore der Macht klopfte. Dollfuß geriet mit seinen beiden ohnehin problematischen Koalitionspartnern – dem deutschnationalen Landbund und dem faschistischen Heimatblock – in eine Situation, in der nur noch ein Einbetonieren in starren ideologischen Positionen möglich war.

Bei Dollfuß setzten sich zunehmend antiparlamentarische Instinkte durch. Ähnlich wie in Deutschland, wo seit 1930 Präsidialkabinette regierten, suchte er einen Weg, um ohne Parlament Gesetze und Verordnungen erlassen zu können. Das Notverordnungsrecht des österreichischen Bundespräsidenten war dafür nicht geeignet, umso mehr aber das in den Rechtsbestand der Republik übernommene Kriegswirtschaftliche Ermächtigungsgesetz von 1917. Im Oktober 1932 startete die Regierung Dollfuß mit einer auf dieser dubiosen Rechtsgrundlage basierenden Verordnung einen ersten Versuchsballon, was auf heftigen Widerstand der Sozialdemokraten stieß. Weitere Versuche in diese Richtung gab es vorläufig nicht.

Am 4. März 1933 traten im Zuge einer heftigen Debatte alle drei Nationalratspräsidenten zurück. Die Sitzung konnte nicht ordnungsgemäß geschlossen werden. Es handelte sich um eine Geschäftsordnungskrise, die bei gutem Willen aller Beteiligten leicht zu lösen gewesen wäre. Dieser Wille war bei Dollfuß nicht mehr vorhanden. Spätabends am 7. März kam es zum Verfassungsbruch. Die Regierung erließ auf Basis des Kriegswirtschaftlichen Ermächtigungsgesetzes ein Versammlungs- und Aufmarschverbot und führte per Erlass die Vorzensur der Presse ein.

Am 10. März 1933 bekundete ein heftig akklamierter Otto Bauer auf einer Vertrauensmännertagung der SDAP Verständigungsbereitschaft und zugleich Kampfentschlossenheit. Am 15. März sollte der Nationalrat wieder in Schwung gebracht werden – was von der Regierung verhindert wurde. Die Sozialdemokratie schreckte trotzdem davor zurück, den vorher getroffenen Beschluss zum Generalstreik und für Kampfmaßnahmen umzusetzen.

Damit war ein Muster geprägt, das die sozialdemokratische Führung in den folgenden Monaten bis zum Februar 1934 beibehalten sollte. Auf der einen Seite signalisierte man Verständigungsbereitschaft, auf der anderen Seite den Willen zum Widerstand und Kampf bis zum äußersten. Es war ein ständiges Entweder – Oder. Otto Bauer zeigte sich in der politischen Ausnahmesituation, in die das Land und die von ihm geführte Partei geraten war, im höchsten Grade unentschlossen. Die sozialdemokratische Politik war in ein unlösbares Dilemma geraten. »Wir wussten«, rechtfertigte sich Bauer ein Jahr später im tschechoslowakischen Exil, »wie schwer ein Generalstreik gelingen kann in einer Zeit, in der mehr als ein Drittel der ganzen Arbeiterschaft arbeitslos ist, in der viele Arbeitslose seit drei, vier, fünf Jahren arbeitslos, durch die furchtbarste Not zermürbt und demoralisiert sind, in der jeder Arbeiter, der noch Arbeit hat, um seine Arbeitsstelle zittert.«[14]

Dollfuß war sich dieser sozialdemokratischen Zwangslage bewusst. Er schränkte das Vereins- und Versammlungsrecht ein, ließ eine aus den regierungstreuen Wehrverbänden zu bildende Hilfspolizei (»Freiwilliges Schutzkorps«) aufstellen, senkte Löhne und Arbeitslosenunterstützungen, ergriff schwerwiegende finanzielle Kampfmaßnahmen gegen das »Rote Wien«, stellte die Presse unter Vorzensur und so weiter. Die Maßnahmen, die das Dollfuß-Regime ab März 1933 ergriff, sind als Nachahmungen von Schritten zu verstehen, die Hitler gleich nach seiner »Machtergreifung« am 30. Jänner 1933 gesetzt hatte. »Die braune Welle«, erläuterte Bundeskanzler Dollfuß seine Strategie, »können wir nur auffangen, wenn wir das, was die Nazi versprechen und in Deutschland getan haben, was ohnehin gemildert wird durch verschiedene Richtungen bei uns, selber machen, nur dann wird es gelingen, einem Großteil der Sozi-Mitglieder beizubringen, dass sie keine Macht mehr haben und werden weggehen von den Sozi.«[15]

Eine Provokation der Sonderklasse war das österreichweite Verbot des Republikanischen Schutzbundes am 31. März 1933. Der Schutzbund habe »wiederholt die öffentliche Ruhe und Sicherheit gestört«, Gewalttätigkeiten begangen und die Gesetze übertreten, hieß es in der fadenscheinigen Begrün-

Otto Bauer, austromarxistischer Theoretiker und führende Persönlichkeit der österreichischen Sozialdemokratie.

dung. Die Sozialdemokraten nahmen das Verbot erstaunlich gelassen hin. Sie beantworteten den längst erwarteten Schritt der Regierung nach außen hin selbstbewusst mit Demonstrationen und der Überführung des Schutzbundes in »Ordnerschaften«. Auf mittlere Sicht wirkten sich die Vorgänge freilich verheerend auf die Moral der Schutzbündler aus.[16]

Der nächste Affront: Verbot des traditionellen Mai-Aufmarsches. Die Wiener Sozialdemokraten begnügten sich am 1. Mai 1933 damit, an der abgeriegelten Innenstadt massenhaft demonstrativ »spazieren« zu gehen. Tatsächlich defilierten Hunderttausende an den Absperrungen vorbei. Aber als wahrer Sieger ging die Dollfuß-Regierung aus dem Kräftemessen hervor. Sie hatte gezeigt, dass es ihr ohne Weiteres möglich war, mit Maschinengewehren und Bajonetten Tatsachen zu schaffen.

Dollfuß machte sich die sozialdemokratische Ratlosigkeit mit machiavellistischer Skrupellosigkeit zunutze. Den Annäherungsversuchen der Sozialdemokraten gegenüber zeigte er sich spröde, wies diese aber nie brüsk zurück, sondern tat alles, um sie mit vagen Versprechungen hinzuhalten, während er zugleich weitere, die Situation stets eine Spur verschärfende Schritte setzte. »Die Sozi haben sich alles gefallen lassen, wie sie sich sagen, es sind noch immer nicht die Nazi«, bekundete er in einer Sitzung des christlichsozialen Klubvorstandes vom 3. Mai 1933. Manche würden ihn zu schärferen, rascheren Maßnahmen drängen. »Aber nichts geht den Sozi mehr auf die Nerven als diese gewisse langsame Taktik. Alles auf einmal bringt die Leute zum Kampf.«[17]

Die sozialdemokratische Parteiführung ging so weit, unter bestimmten Bedingungen ihre Zustimmung zu einer Verfassungsreform und zu einem Präsidialregime mit weitgehenden wirtschaftlichen Vollmachten zu signalisieren.[18] Es half nichts. Dollfuß verweigerte standhaft ernsthafte Gespräche und verstand es meisterhaft, die sozialdemokratischen Anhänger zu demoralisieren. »Namenlose Enttäuschung, Verzweiflung bei vielen Jungen, Misstrauen bei anderen und beginnende Demoralisierung« habe sich breitgemacht, schreibt der Journalist und linke Sozialdemokrat Otto Leichter über die Situation nach dem März 1933.[19] Zwischen März und Dezember 1933 schied rund ein Drittel der Mitglieder aus der Sozialdemokratischen Partei aus. Viele verließen die Partei, weil sie aufgrund der Massenarbeitslosigkeit und des Elends resignierten. Andere fürchteten, wegen ihrer SDAP-Mitgliedschaft ihren Arbeitsplatz zu verlieren. Radikale und Jungsozialisten liefen aus Unzufriedenheit mit der unentschlossenen, nachgiebigen Haltung der Parteiführung scharenweise zu den Kommunisten über, andere schlossen sich den Nationalsozialisten an.[20]

Den Sozialdemokraten gegenüber war Dollfuß ab März 1933 eindeutig die treibende Kraft. Anders ausgedrückt: Er trieb sie vor sich her. Aber Dollfuß war selbst ebenfalls ein Getriebener. Einerseits suchte – und fand – er Rückhalt bei Italiens »Duce« Benito Mussolini, begab sich damit aber in immer größer werdende Abhängigkeit von diesem. Nie gewann die von Mussolini protegierte faschistische Heimwehrbewegung mehr Einfluss auf die österreichische Politik als 1933/34. Auch mit Hitler wäre Dollfuß gerne ins Geschäft gekommen. Dem ungarischen Außenminister Kánya erklärte er gegen Ende März 1933 unumwunden, dass es sein wichtigstes Ziel sei, die Sozialdemokraten in die Knie zu zwingen. Da er nicht auf die Dauer an zwei Fronten kämpfen könne, würde er schließlich wohl einen Ausgleich mit den Nationalsozialisten suchen.[21]

Dazu kam es nicht. Geheimverhandlungen mit den österreichischen Nationalsozialisten, geführt von Hitlers »Landesinspektor« Theodor Habicht, scheiterten im Mai 1933.[22] Es folgten die »Tausendmarksperre« (deutsche Boykottaktion gegen Österreichs Fremdenverkehr), eine erste große Terrorwelle, die am 19. Juni 1933 zum Verbot der NSDAP führte, danach die nationalsozialistische Illegalität und fortgesetzter NS-Terror bei fortgesetzten geheimen Ausgleichsbemühungen bis zum Juli 1934. Wer das zum Februaraufstand führende Wechselspiel zwischen dem Dollfuß-Regime und der Sozialdemokratie verstehen will, wird diese Vorgänge immer mitdenken müssen.

Die Sozialdemokraten hatten international nur schwachen Rückhalt und Dollfuß stand von rechts so sehr unter Druck, dass Konzessionen an die Linken – oder gar ein Umschwenken in diese Richtung – eigentlich undenkbar waren. Der Kanzler befand sich in einer Zwangslage, wie der britische Gesandte Eric Phipps hellsichtig erkannte. Jedes Entgegenkommen gegenüber den verhassten Marxisten hätte Dollfuß' raschen Sturz zur Folge, berichtete er Ende Juni 1933 nach London. Seine Partei würde sich in einem solchen Fall spalten und Mussolinis Unterstützung ginge sofort verloren.[23]

Zuspitzung

Am Beginn seiner Kanzlerschaft hatte sich Dollfuß dem italienischen Diktator Mussolini gegenüber eher reserviert verhalten. Zum ersten Mal waren die beiden einander im November 1932 anlässlich eines Jagdaufenthaltes in Ungarn begegnet. Ein informelles Treffen. Ihr bekannt enges Verhältnis entwickelte sich erst, nachdem Dollfuß den autoritären Kurs eingeschlagen hatte. Zu Ostern 1933 war er in Rom, um sich Mussolinis Rückendeckung zu sichern, ein zweites Mal zu Pfingsten. Als Preis für seine Unterstützung gegen den Nationalsozialismus verlangte der »Duce« mit steigender Vehemenz die Ausschaltung der Sozialdemokratie und Reformen »in einem entschieden faschistischen Sinn«.

Entscheidende Bedeutung kommt dem Mussolini-Dollfuß-Treffen vom 19. und 20. August 1933 im Badeort Riccione an der oberen Adria zu. »Wir haben Herrn Dollfuß eine kleine Injektion verpasst«, berichtete Unterstaatssekretär Suvich nach Abschluss des Treffens den ungarischen Verbündeten. Die Injektion bestand in einem gepfefferten Forderungskatalog. Dollfuß solle die angekündigte Verfassungsreform (»auf faschistischer Basis«) im September fertigstellen, die Minister des Landbundes gegen Vertreter der Heimwehr tauschen, seiner Regierung insgesamt einen »betont diktatorialen Charakter« verleihen und in Wien einen Regierungskommissär anstelle der sozialdemokratischen Stadtregierung einsetzen. Öffentlich zu verkünden habe der Kanzler all dies im Rahmen einer großen programmatischen Rede.[24]

In der ersten Septemberhälfte 1933 fand in Wien der Allgemeine Deutsche Katholikentag statt. Anlass: der 250. Jahrestag der Befreiung Wiens von den Türken. In diesem Rahmen veranstaltete die von Dollfuß geschaffene Einheitsbewegung »Vaterländische Front« am 11. September auf dem Wiener Trabrennplatz ihre erste Massenveranstaltung. »Frontführer« Dollfuß hielt die gewünschte Rede und verkündete die Schaffung eines »sozialen, christlichen,

Bundeskanzler Dollfuß bei seiner großen programmatischen Rede am Wiener Trabrennplatz, 11. September 1933.

deutschen Staates Österreich auf ständischer Grundlage unter starker autoritärer Führung«.[25] Zehn Tage später erfüllte Dollfuß eine weitere Mussolini-Forderung: Er warf die Vertreter des Landbundes aus der Regierung. Hinsichtlich einer neuen Verfassung und der Ausschaltung der Sozialdemokratie wollte Dollfuß allerdings nichts überstürzen. Mussolini ließ er mitteilen, er marschiere rasch, liebe es aber nicht, »wenn ihn dabei Freunde von rückwärts stoßen«, weil das den Marsch störe.[26]

Am 17. September tagten die Vorstände der SDAP und der Freien Gewerkschaften gemeinsam und beschlossen, unter welchen Umständen man sich bewaffnet zur Wehr setzen würde: erstens bei der Einsetzung eines Regierungskommissärs anstelle des gewählten Bürgermeisters in Wien, zweitens bei der Auflösung der Freien Gewerkschaften, drittens bei einem Verbot der Sozialdemokratischen Partei und viertens bei Oktroyierung einer faschistischen Verfassung.[27]

Ansonsten warb man weiter unermüdlich und unter immer größerer Selbstverleugnung um eine schwarz-rote Kooperation. Es ist aber ungewiss, ob die sozialdemokratische Führung das volle Ausmaß der fast ausweglosen Zwangslage durchschaute, in die sich Dollfuß zwischen Mussolini und Hitler hineinmanövriert hatte.

Das Dilemma, in dem die Sozialdemokraten selbst steckten, offenbarte sich einmal mehr auf ihrem Mitte Oktober 1933 im Favoritner Arbeiterheim abgehaltenen Parteitag. Erstens strich man die alte Forderung nach einem Anschluss an Deutschland aus dem Programm. Dann bekräftigte man, für die Unabhängigkeit eines demokratischen Österreich eintreten zu wollen, betonte aber, dass nur ein freies, nicht-faschistisches Österreich wirksam für seine Unabhängigkeit kämpfen könne und bestätigte die am 17. September beschlossenen vier Punkte. Die zur Aktion drängende, bereits mit der KPÖ liebäugelnde Linksopposition mahnte Otto Bauer, nicht leichtfertig von »Endkampf« zu sprechen. »Ein solcher Kampf um Tod und Leben, bei dem es nicht nur um das Leben von Tausenden Menschen, sondern um die Existenz der österreichischen Arbeiterbewegung überhaupt für viele Jahre geht, kann nur dann gewagt werden, wenn große Ereignisse die Leidenschaften des Volkes, den Zorn des Volkes, die Wut des Volkes weit über die Reihen der politisch interessierten Minderheit hinaus derart aufwühlen, dass dieser Zorn der Millionen eben stärker ist als die Bajonette von zwanzigtausend oder dreißigtausend Mann, die man uns entgegenstellen kann.«

Zum Abschluss des Parteitages konnte die Linke mit einer gemeinsamen Resolution ideologisch noch einmal ins Boot geholt werden – theoretisch, nicht praktisch.[28]

Ab November 1933 kamen von Dollfuß immer wieder versöhnliche Töne, die vage gehalten an die »breiten Arbeitermassen« und an »ehrliche Arbeitervertreter« gerichtet waren, aber keineswegs an die Sozialdemokratie direkt. Der Kanzler war erkennbar um die Arbeiter, nicht aber um die Arbeiterpartei bemüht. Zu dieser Zeit unternahm Karl Renner, der ehemalige sozialdemokratische Staatskanzler und Nationalratspräsident, einen Vorstoß in Richtung Verständigung. Er entwarf ein »Staatsnotgesetz«, das Dollfuß unter einer gewissen parlamentarischen Kontrolle weitgehende Vollmachten für einen Notverordnungskurs eingeräumt hätte – und blieb damit ohne Resonanz auf der Gegenseite. Ähnlich erging es Otto Bauer mit einer Artikelreihe, die gegen Jahresende in der *Arbeiter-Zeitung* erschien. Der Paradeintellektuelle des Austromarxismus ging so weit, sich sogar dem Gedanken der berufsständischen Organisation anzunähern. Erfolglos, folgenlos.

Als »Stoßtrupp« aller sozialdemokratischen Verständigungsbemühungen agierte eine Gruppe von niederösterreichischen Politikern rund um Landeshauptmann-Stellvertreter Oskar Helmer und Landesrat Heinrich Schneidmadl. Sie gehörten dem rechten Parteiflügel an und pflegten das konsensuale Politikklima, das im Land Niederösterreich seit jeher geherrscht hatte. Letztlich stießen aber auch Helmer und Schneidmadl bei ihren verschiedenen Vorstößen auf Bundes- und Landesebene auf taube Ohren. Außer hinhaltenden, abwiegelnden Reaktionen wurde ihnen nichts geboten, schon gar nicht ein persönliches Gespräch mit Kanzler Dollfuß.

In der Führung der Sozialdemokratischen Partei, die um eine Verständigung geradezu gebettelt hatte, setzte sich im Laufe des Jänner 1934 mehr und mehr die schmerzliche Gewissheit durch, sich tatsächlich auf einen »Endkampf« vorbereiten zu müssen.[29]

Vom 18. bis 20. Jänner 1934 weilte Italiens Unterstaatssekretär des Äußeren Suvich zu Besuch in Wien. Unzufrieden und misstrauisch wegen einer – im Übrigen erfolglos verlaufenen – Berlin-Reise Suvichs im Dezember 1933 hatte die österreichische Regierung auf eine derartige diplomatische Geste gedrängt. Am Höhepunkt einer intensive Terrorwelle der Nationalsozialisten, die zu Jahresbeginn 1934 eingesetzt hatte, sollte damit Österreich der Rücken gegen Hitler gestärkt werden. Das war die eine Seite dieses Besuchs. Auf der anderen Seite überbrachte Suvich eine deutliche Botschaft Mussolinis: Dollfuß möge nun doch endlich die in Riccione vereinbarten und versprochenen Schritte setzen. Das hieß, er solle unverzüglich gegen den Marxismus losschlagen. Zurück in Rom schrieb Suvich einen Brief, in dem er den italienischen Forderungen noch einmal Nachdruck verlieh. Dollfuß antwortete am 30. Jänner beschwichtigend, dass das Tempo seiner »positiven Aktivitäten« ohnehin schon eine »sichtbare Beschleunigung« aufweise.[30]

Im Jänner und Februar »beschleunigte« sich tatsächlich einiges in Österreich. Die Heimwehren preschten mit ultimativen Forderungen vor. Starhemberg verlangte am 11. Jänner, dass bis 15. Februar ein radikaler Wandel geschafft sein müsse. In der Zeitung *Der Heimatschützer* forderte er die »uneingeschränkte Durchsetzung der faschistischen Ideenwelt«, die Befreiung vom Naziterror und die »restlose Niederwerfung des Austrobolschewismus«.

In den Bundesländern machten die Heimwehren Stimmung gegen Landesräte des Landbundes und der Sozialdemokratie, die sich immer noch im Amt befanden. Ebenso gerieten einige demokratisch gesinnte christlichsoziale Landeshauptleute ins Visier. Der niederösterreichische Landeshauptmann Reither ließ daraufhin am 2. Februar 110.000 Bauern in Wien aufmarschieren – vordergründig gegen den NS-Terror, ebenso aber auch als unausgesprochene, aber unmissverständliche Warnung an die Heimwehrbewegung. Am 4. Februar demonstrierte die Tiroler Heimatwehr ihrerseits in Innsbruck ihre Macht und erzwang die Einsetzung eines »parteiunabhängigen Landesausschusses«. Starhemberg hielt wieder einmal eine Brandrede: »Wenn man verspricht, Schluss zu machen mit den Parteien, und andererseits bedeutende Stellen wie die Stadt Wien rot verwaltet werden und wenn diese Bolschewiken noch weiterhin in den verschiedenen Landesregierungen sitzen – wie soll dann die Bevölkerung an die Erneuerung glauben?«[31]

Die Umstellung des Republikanischen Schutzbundes auf das Weiterbestehen in Form von »Ordnerschaften« war schleppend, unter größten Schwierigkeiten und beträchtlichen Verlusten an Organisationskraft verlaufen. Trotzdem schätzte der Nachrichtendienst des Bundesheeres seine Stärke Ende 1933 auf immerhin 40.000 bis 50.000 Mann. Berichte über die Tätigkeit der Ordner in den Bundesländern erwecken allerdings den Eindruck, dass sich viele Schutzbündler innerlich längst abgewandt hatten und zu illegalen Aktivitäten oder gar zum Kampfeinsatz kaum mehr bereit waren.

Die erfolgreichen Waffensuchaktionen der Sicherheitsbehörden hatten es notwendig gemacht, die Arsenale wieder aufzufüllen. Ab Herbst 1933 begann der Schutzbund damit, Waffen und vor allem Munition nach Österreich zu schmuggeln. Das Geld für die Ankäufe kam von der Sozialistischen Arbeiter-Internationale, die Munition auf Donauschleppern von Bratislava nach Wien und bei Drösing im nordöstlichen Weinviertel über die March. Zudem produzierte man Sprengmittel in Eigenerzeugung, so etwa Handgranaten und Sprengpatronen, die von ihrer Wirkung her Ekrasit vergleichbar waren und zur Sprengung von Gebäuden, Brücken, Eisenbahnkörpern, Straßen etc. dienen sollten.[32]

Wie sahen die Planungen des Schutzbundes für einen Aufstand aus? Für die einzelnen Bundesländer und Regionen gab es seit Ende der 1920er-Jahre detaillierte Aktionspläne. Am bedeutendsten war zweifellos jener für Wien. Als Voraussetzung für den Erfolg eines Aufstandes galt die möglichst lückenlose Durchführung des Generalstreiks und die Ausnützung des Überraschungsmomentes. Zuerst sollte rund 2000 bis 4000 Schutzbündler in die Innere Stadt vorstoßen und die wichtigsten Regierungsgebäude besetzen, Geiseln nehmen und Sprengungen durchführen, um Panik in der Bevölkerung zu erzeugen. Weiters war geplant, Bahnhöfe, Rundfunksender, das Flugfeld Aspern und sonstige wichtige Gebäude zu besetzen, Polizeikommissariate zu stürmen und die Kasernen des Bundesheeres zu zernieren.[33]

Von der Polizei wurde ein Papier mit dem Titel »Taktik im Straßenkampf« sichergestellt, das von Mitte 1933 stammen dürfte. Auch hier ist alles auf die Ausnützung des Überraschungsmomentes ausgerichtet. Voraussetzung des Kampfes sei der »Zustand revolutionärer Gärung« der Massen. Dann müsse es auf Kommando der Parteileitung mit Straßendemonstrationen und dem Generalstreik losgehen, Hand in Hand damit würde die »Bewaffnung des Proletariats« erfolgen. Der zentrale Satz in diesem Aktionsplan lautet: »Nicht Verteidigung, sondern Angriff ist die Losung.« Manche Details der vorgesenen Maßnahmen sind von erschreckender Brutalität. So etwa hieß es, gefangengenommene Wachleute seien als Geiseln zu nehmen, gegnerische Offiziere »sofort unschädlich« zu machen, ebenso Hausbewohner, die die gegnerischen Kräfte unterstützt hätten. Der aktive Teil der Bourgeoisie sei zu isolieren, der nicht aktive Teil für Verteidigungsarbeiten heranzuziehen, verhafteten Gegnern der bürgerlichen Parteien gegenüber die »Anwendung des Klassenterrors« zu »verkünden« – was auch immer man sich darunter konkret vorstellen mochte. Am Schluss des Planes wird noch einmal darauf hingewiesen, dass die Kampfhandlungen »auf Plötzlichkeit, Entschlossenheit und Verwegenheit« aufbauen müssten. »Das Hauptgewicht liegt in tollkühnen und plötzlichen Angriffen und nicht in der Verteidigung.«

Am 24. Jänner fand eine hochrangige Führerbesprechung des Wiener Schutzbundes statt. Otto Bauer: Es sei mit der behördlichen Auflösung der Partei und der Besetzung des Rathauses zu rechnen. Man müsse sich zum Kampf bereithalten, eine andere Lösung sei wohl nicht mehr möglich. Stabschef Eifler erläuterte den bereits bekannten Plan zum Aufstand. Dieser müsse mit der Ausrufung des Generalstreiks beginnen, danach habe sich der Schutzbund zu sammeln und zu bewaffnen. Hier gab es allerdings eine entscheidende Änderung gegenüber dem ursprünglichen Plan: Der Schutzbund habe nun zwölf Stunden lang mit dem Losschlagen zuzuwarten, um die Wirkung des Generalstreiks prüfen zu können und vermutlich der Parteiführung noch eine letzte Möglichkeit für Verhandlungen zu bieten. Nach Verstreichen der Frist solle der Schutzbund die Stützpunkte der Exekutive außerhalb der Gürtellinie angreifen und sich dann am Gürtel sammeln, um gegen die Innere Stadt vorzugehen. – Mit der Zwölf-Stunden-Wartefrist wurde freilich jedes Überraschungsmoment preisgegeben, das im ursprünglichen Plan zurecht als essentiell für den Erfolg des Aufstandes angesehen worden war.[34]

Am selben Tag, dem 24. Jänner, begann die Exekutive über direkten Befehl des Sicherheitsministers Fey systematisch mit Hausdurchsuchungen nach Waffen in Gebäuden der Sozialdemokratischen Partei und von sozialdemokratischen Kommunalverwaltungen. Bei einer großangelegten Suchaktion in Schwechat bei Wien stellte die Polizei eine bedeutende Menge an Waffen, Munition und sonstigem Kriegsmaterial des Schutzbundes sicher. Auch in anderen Orten der Umgebung und schließlich in Wien selbst wurde die Suche fortgesetzt. Geradezu katastrophal auf die Kampfkraft des Schutzbund sollte es sich auswirken, dass in den nächsten Tagen sukzessive seine wichtigsten Führer verhaftet wurden: Major Eifler, dessen Stellvertreter Hauptmann Löw, Oberleutnant Schuhbauer – der Kommandant der Wiener Gemeindewache, die man als eine Art Eliteeinheit des Schutzbundes bezeichnen könnte – sowie beinahe alle Bezirks- und Kreisführer, insgesamt rund zweihundert Personen.³⁵

Eine gezielte Provokation war die polizeiliche Durchsuchung des Gebäudes der Parteizentrale und des Vorwärts-Verlages an der Rechten Wienzeile in Wien-Margareten am 8. und 9. Februar. An ebendiesem 9. Februar hielt Leopold Kunschak, der Führer der christlichen Arbeiterbewegung, eine bemerkenswerte Rede, in der er für eine Weggemeinschaft mit der Sozialdemokratie gegen die nationalsozialistische Gefahr eintrat. Zugleich sprach aus seinen Worten bereits eine Ahnung des Kommenden: »Gebe Gott, dass die Zerrissenheit des Geistes und der Seele von unserem Volke und seinen Führern bald sich hebe, ehe Volk und Land an Gräbern steht und weint.«³⁶

Sonntag, 11. Februar

Richard Bernaschek, Jahrgang 1888, Schlosser und Dreher von Beruf, hatte sich schon vor dem Krieg in der Sozialdemokratischen Partei und der Metallergewerkschaft engagiert. Wie die meisten Führer des Republikanischen Schutzbundes und der Heimwehren gehörte er der Kriegsgeneration an. Er war 1914 eingezogen worden, hatte an verschiedenen Fronten Dienst getan, war 1918 in Kriegsgefangenschaft geraten und Mitte 1919 heimgekehrt. 1923 war er beauftragt worden, den neugegründeten Schutzbund in Oberösterreich aufzubauen – zuerst als Sekretär, dann militärischer Leiter und schließlich Landesleiter. Nach der Auflösung des Schutzbundes 1933 war er ersatzweise in die Position des SDAP-Landesparteisekretärs gehievt worden. Als Angehöriger des linken, radikalen Parteiflügels hatte er beim Parteitag im Oktober 1933 ein befristetes Ultimatum an den Bundespräsidenten gefordert und hinzugefügt: »Hinter meinem Vorschlag steht der eiserne Wille, es darauf ankommen zu lassen. Sollte der Gegner dann wirklich nicht zurückweichen, dann warten wir nicht länger.« Aber die Mehrheit des Parteitages war nicht bereit gewesen, sich diesem Vorschlag anzuschließen.³⁷

Am 5. Februar 1934 schickte Bernaschek einen Situationsbericht an die Parteileitung in Wien. Seine Einschätzung der Lage in Oberösterreich war düster. Versammlungen seien schlecht besucht, vor allem die Jungen blieben weg, für freigewordene Positionen seien kaum noch Funktionäre zu finden, viele würden zu den Kommunisten überlaufen, manche zu den Nationalsozialisten, nicht wenige seien über die jüdische Parteiführung in Wien erbost. »Zum Teil glauben die Genossen nicht an die Kraft, Widerstand leisten zu können, zum Teil haben sie den Glauben an den Ernst des Kampfwillens verloren.« Aller

Hass gelte dem Dollfuß-Regime, daraus erkläre sich auch die starke Abneigung gegen ein gemeinsames Vorgehen mit der Regierung gegen die Nationalsozialisten.[38]

Ähnlich wie in Tirol stellte sich die Heimwehr Anfang Februar auch in Oberösterreich gegen die demokratisch gewählte Landesregierung und forderte ultimativ die Umbildung der Regierung, die Absetzung von sozialdemokratischen Bürgermeistern und die Auflösung der Sozialdemokratischen Partei. Aus diesem Grund sprach am 8. Februar eine SDAP-Delegation – darunter Bernaschek – beim christlichsozialen Landeshauptmann Schlegel vor. Man sei, hieß es, wegen der Angriffe der Heimwehr in schwerer Sorge, denn die sozialdemokratische Arbeiterschaft sei nicht gewillt, sich widerstandslos zu ergeben. Schlegel, ein konsensorientierter Demokrat, antwortete hinhaltend. Bei einer am selben Tag abgehaltenen Führersitzung des Schutzbundes gab Bernaschek die Weisung aus, höchste Vorsicht walten zu lassen und Bereitschaft zu halten. Die Heimwehr plane einen »politischen Meuchelmord«.

Eine oberösterreichische Delegation fuhr nach Wien, um dort Stimmung und Lage zu erkunden. Man sprach am 9. Februar mit sozialdemokratischen Vertrauensleuten großer Betriebe und Parteiführern. Einer von ihnen, Theodor Körner, mahnte zur Ruhe, Besonnenheit und Disziplin. Gerade in Oberösterreich sei die Ausgangslage für einen Entscheidungskampf alles andere als günstig. Am selben Tag erfuhr Bernaschek von einem Geheimerlass des oberösterreichischen Sicherheitsdirektors Hammerstein, wonach sozialdemokratische Vertrauensleute scharf zu beobachten seien, um an Waffenlager des Schutzbundes heranzukommen. Weiters sollten alle sozialdemokratischen Funktionäre im Land namentlich erfasst werden. Zweck: spätere Einweisung in ein Anhaltelager. Am 8. und 10. Februar führten die Sicherheitsbehörden intensive Waffensuchaktionen in Steyr und Umgebung durch. Die dortigen Schutzbundfunktionäre, frühzeitig alarmiert, konnten Waffen und Munition in Sicherheit bringen. Bernaschek und Genossen – und nicht nur diese – gewannen immer stärker den Eindruck, dass in den kommenden Tagen die Entscheidung fallen würde.[39]

Am Sonntag, dem 11. Februar, fand in der Gegend des Bisamberg am nördlichen Stadtrand von Wien eine Gefechtsübung des Wiener und Niederösterreichischen Heimatschutzes statt. Zum Abschluss hielt der Sicherheitsminister und Wiener Heimwehrführer Emil Fey beim Heldendenkmal in Langenzersdorf eine Ansprache. Sie wird in der Geschichtsforschung als Zeichen gedeutet, dass die Ausschaltung der Sozialdemokratie unmittelbar bevorstand. Was sagte Fey? Zuerst erinnerte er die Heimatschützer an ihre Aufgabe – nämlich zu kämpfen und notfalls zu sterben für das Vaterland. Und

Vizekanzler und Sicherheitsminister Emil Fey bei einer Kundgebung der Vaterländischen Front, 1934.

weiter: »Ich kann euch beruhigen: Die Aussprachen von vorgestern und gestern haben uns die Gewissheit gegeben, dass Kanzler Dr. Dollfuß der Unsrige ist. Ich kann euch noch mehr, wenn auch nur mit kurzen Worten sagen: Wir werden morgen an die Arbeit gehen und wir werden ganze Arbeit leisten für unser Vaterland, das nur uns Österreichern allein gehört, das wir uns von niemand nehmen lassen und für das wir kämpfen wie jene Helden, die wir grüßen mit dem Rufe: Heil Österreich!«[40]

Am Vormittag dieses 11. Februar hielt Richard Bernaschek im Linzer Parteiquartier, dem Hotel Schiff, eine Besprechung mit fünf seiner engsten Mitarbeiter ab. Er legte das Konzept eines Briefes vor, der noch am selben Tag per Kurier nach Wien an die Parteileitung gehen sollte. Später gab es noch eine zweite Besprechung mit weiteren Vertrauensleuten, die aus verschiedenen Industrieregionen des Landes nach Linz gekommen waren. Dabei dürfte Feys Rede vom Vormittag bereits bekannt gewesen sein und die Anwesenden in ihrem Entschluss bestärkt haben.[41] Jedenfalls herrschte allgemeine Übereinstimmung darüber, bei einer neuerlichen Provokation zur Gewalt zu greifen.

Der Brief war an Otto Bauer, Johann Schorsch, Sekretär der Freien Gewerkschaften, und Theodor Körner gerichtet. Bernaschek informierte die oben Erwähnten, dass man in Linz einen nicht mehr rückgängig zu machenden Beschluss gefasst habe und er als Führer des Schutzbundes deshalb noch in dieser Nacht sämtliche zur Verfügung stehenden Waffen bereitstellen lassen werde. »Wenn morgen, Montag, in einer oberösterreichischen Stadt mit einer Waffensuche begonnen wird oder wenn Vertrauensmänner der Partei beziehungsweise des Schutzbundes verhaftet werden sollten, wird gewaltsamer Widerstand geleistet und in Fortsetzung des Widerstandes zum Angriff übergegangen werden.«

Dieser Beschluss sei unabänderlich. Auf eine entsprechende telefonische Mitteilung nach Wien erwarte man, dass auch in Wien und ganz Österreich der Schutzbund losschlagen werde. »Wenn die Wiener Arbeiterschaft uns im Stiche lässt, Schmach und Schande über sie.« – Der oberösterreichische Parteivorstand war von dieser Aktion nicht unterrichtet worden und hatte ihr nicht zugestimmt. Letztlich handelte es sich um eine Rebellion gegen die eigene Parteiführung oder, wenn man so will, um einen linken Militärputsch innerhalb der Partei.

Zwei Vertrauensleute – der Bundesbahner Mayer aus Linz und der aus Wien stammende, zufällig anwesende Sekretär der SDAP-Vorfeldorganisation »Kinderfreunde« Jalkotzy – brachten die heikle Post nach Wien. Sie sollten die mündlich zu übermittelnde Antwort abwarten. Schorsch, der den Brief als erstes überreicht bekam, reagierte verhalten: Am kommenden Tag würde ohnehin ein Parteisitzung stattfinden und vorher würden noch die Gewerkschaftsführer tagen. Irgendeine Botschaft an Bernaschek hatte er nicht. Otto Bauer war vorläufig in seiner Wohnung im sechsten Wiener Gemeindebezirk nicht anzutreffen. Er kam erst um 23.30 Uhr von einem Kinobesuch nach Hause, den er sich gemeinsam mit seiner Frau gegönnt hatte.[42]

Im Laufe des Tages hatte er wichtigen Besuch erhalten: Theodor Körner, der einstige k. u. k. Generalstäbler, der für die SDAP als Vertreter Wiens im Bundesrat saß. General Körner war 1930 im Streit mit Major Eifler aus dem Schutzbund ausgeschieden. Nach der Verhaftung Eiflers am 3. Februar hatte man sich seiner in der SDAP-Führung erinnert und ihn gebeten, die Führung des Schutzbundes zu übernehmen. »Ich konnte mich damals nicht beherrschen«, schrieb Körner Jahre später, »und sagte den Genossen beiläufig in sehr heftigem Ton Folgendes: ›Jetzt kommt ihr, wo alles verfahren ist, ich nichts wisse, was den Schutzbund anlangt und Deutsch-Eifler stets verstummt sind, wenn ich zufällig in die Nähe kam.‹« Bevor er zu- oder absage, wolle er in jedem Fall einige Wiener Bezirke inspizieren.

Am 11. Februar war er nun bei Otto Bauer, um ihm zu berichten. Körners Urteil war vernichtend: Er könne die Führung und Verantwortung unmöglich übernehmen. Der Zustand des Schutzbundes sei besorgniserregend. Man wisse in keinem Bezirk, was im Ernstfall zu tun sei. Aber noch wichtiger sei ein anderer Punkt: Er, Körner, könne nirgendwo die Spur einer »Erregung« in der Arbeiterschaft wahrnehmen – was ja von Otto Bauer selbst als unabdingbare Grundvoraussetzung für das Gelingen eines Generalstreiks und Aufstandes genannt worden war. Körner beschwor den Parteichef geradezu, es auf keinen Fall auf einen Zusammenstoß ankommen zu lassen. Gewalt sei aussichtslos.[43]

Und nun, spätabends, dieser fatale Brief aus Linz. Bauer war wütend über die Eigenmächtigkeit Bernascheks. Er forderte den Boten auf, diesem die Nachricht zu übermitteln, auf keinen Fall etwas zu unternehmen, vielmehr solle er am nächsten Tag sofort nach Wien kommen. Mayer kehrte noch mit dem Nachtzug um 2.30 Uhr nach Linz zurück und begab sich zu Bernaschek ins Hotel Schiff. Schon vorher schickte Bauer ein verschlüsseltes Telegramm. Der Inhalt: »Tantes Zustand fast hoffnungslos. Verschiebe deshalb die Operation bis zum Ärztekonsilium Montag.« Die Polizeizensur ließ das Telegramm nicht durch. Kinderfreunde-Sekretär Jalkotzy hingegen erreichte telefonisch nach längerem Bemühen die Kanzlei der Kinderfreunde im Hotel Schiff. Seine Nachricht: »Das Befinden des Onkels Otto und der Tante wird sich erst morgen entscheiden. Ärzte raten abzuwarten, vorläufig noch nichts unternehmen.«[44]

Der Aufstand

Montag, 12. Februar

Hans von Hammerstein-Equord war seit Anfang 1934 Sicherheitsdirektor von Oberösterreich und damit ein mächtiger und vielbeschäftigter Mann. Am Abend des Faschingssonntags, 11. Februar, gönnte er sich ein paar gesellige Stunden mit Freunden in Linzer Vergnügungslokalen und kam erst um drei Uhr morgens ins Bett. Kaum eingeschlafen, schrillte das Telefon. Es war die Post- und Telegraphendirektion. Im Hotel Schiff sei aus Wien ein irgendwie verdächtiger Anruf eingegangen, etwas über einen gewissen »Onkel Otto« und eine Tante. Daraufhin rief Hammerstein den Linzer Polizeidirektor Viktor Bentz an. Dieser wohnte in der Landstraße in Linz, und zwar unmittelbar neben der sozialdemokratischen Parteizentrale Hotel Schiff. Bentz hatte im Nachbarhaus die ganze Nacht über viel Betrieb und Bewegung wahrgenommen. Mit Hammersteins Anruf stieg ein Verdacht in ihm auf: Werden da etwa Waffen in das Gebäude gebracht oder daraus weggeschafft?

Eigentlich hätte am frühen Morgen eine erste Waffensuche beim städtischen Parkbad an der Donaulände stattfinden sollen. Man hatte festgestellt, dass per Schiff verdächtige Warenballen angekommen und während der Nacht in das erwähnte, der sozialdemokratischen Stadtverwaltung unterstellte Bad geschafft worden waren. Nun disponierte man um. Der Polizeichef schlug vor, noch vor dem Parkbad die Parteizentrale nach Waffen zu inspizieren, der Sicherheitsdirektor stimmte zu. Das Gebäude selbst und die Telefonleitungen wurden ohnehin schon polizeilich überwacht.[45]

Der Anruf Jalkotzys aus Wien war um 3.30 Uhr im Hotel Schiff eingelangt. Der das Telefonat entgegennehmende Genosse notierte die Nachricht auf einen Zettel und überbrachte ihn Bernaschek. Dieser blieb unbeeindruckt und ließ die Bereitstellung der Waffen und Alarmierung des Schutzbundes weiterlaufen. Kurz vor sechs Uhr fand eine letzte Lagebesprechung statt, an der so gut wie die gesamte Schutzbundführung von Linz teilnahm. Die Männer begaben sich anschließend sofort zu ihren Alarmplätzen. Mayer traf um sechs Uhr aus Wien ein. Er informierte Bernaschek über die Botschaft, die Otto Bauer ihm mit auf den Weg gegeben hatte. Bernaschek reagierte, soweit bekannt, nicht darauf.

Sieben Uhr: Eintreffen eines zwanzigköpfigen Polizeiaufgebotes aus Wache- und Kriminalbeamten beim Hotel Schiff. Die ebenerdigen Zimmer fand die Polizei verlassen vor. Es hatte den Anschein, als seien sie gerade geräumt worden. Im ersten Stock, in dem die Landesleitung des Schutzbundes ihre Räumlichkeiten hatte, vernahmen die Polizisten den Ruf »Zu den Waffen!«. Sie stürmten hinauf, fanden die Türen verschlossen. Was war geschehen? Bernaschek hatte sofort nach dem Eintreffen der Polizei seine Leute alarmiert und in den »Dametzsaal« beordert, der im hinteren Gebäudeteil über einem Kino lag. Dort waren Waffen bereitgestellt. Im Haus hielten sich zu diesem Zeitpunkt ungefähr vierzig Schutzbündler auf. Die Männer stürmten in den Saal, bewaffneten und verschanzten sich, rückten ein Maschinengewehr an ein in den Hof gegen den Eingang gerichtetes Fenster.

Bernaschek schloss sich in seinem Büro ein. Zuerst alarmierte er per Telefon den Linzer Schutzbund. Dann rief er seinen Vertrauensmann Theodor Grill an, der beim Linzer Magistrat angestellt war und gerade im Rathaus Dienst tat. Bernaschek: Die Polizei sei im Haus, er habe sich in seinem Büro eingeschlossen. Grill hörte tatsächlich durch das Telefon, wie an Bernascheks Tür getrommelt wurde. Der Schutzbundführer erteilte Grill in höchster Eile den Auftrag, eine bestimmte Nummer in der Redaktion der *Arbeiter-Zeitung* in Wien anzurufen und dem sich dort meldenden Genossen mitzuteilen, dass die Polizei in Linz mit der erwarteten Waffensuche begonnen habe, der oberösterreichische Schutzbund nun also wie angekündigt losschlagen wolle und darauf zähle, dass der Wiener Schutzbund sich der Erhebung anschließen werde. Grill begab sich umgehend in das Zimmer des nicht anwesenden Bürgermeisters, um ohne Ohrenzeugen mit Wien zu telefonieren.

Bernaschek führte noch ein weiteres Telefonat mit der Arbeiterkammer und schließlich mit Landeshauptmann Schlegel. Dieser musste vom Dienstmädchen aus dem Bett geholt werden. Es war 7.15 Uhr. Bernaschek: »Herr Landeshauptmann, ich erbitte Ihre Intervention, im Hotel Schiff ist Polizei. Bitte rufen Sie die Polizei zurück, sonst geschieht Schreckliches!« Schlegel: Er habe das Sicherheitsreferat nicht über, aber er werde sich erkundigen. Schlegel telefonierte mit Polizeipräsident Bentz, dann wählte er wieder Bernascheks Nummer, um diesen zu beschwichtigen und zur Besonnenheit zu mahnen. Zu spät, an Bernascheks Apparat meldete sich bereits ein Polizist.

Gleich nach dessen Anruf bei Schlegel war es der Polizei gelungen, Bernascheks Tür aufzubrechen und in sein Büro einzudringen. Bernaschek hatte zuerst seinen Revolver gezogen, sich dann aber widerstandslos ergeben. Zugleich mit ihm wurden die wichtigsten Führer der zentralen Leitung des oberösterreichischen Schutzbundes verhaftet. Die im Dametzsaal postierten Männer sahen noch, wie ihr Anführer von zwei Polizisten über den Hof abgeführt wurde. Draußen, auf der Landstraße, riss Bernaschek sich los und versuchte zu fliehen, kam aber nicht weit.

Drinnen machte sich die Polizei daran, den hinteren Gebäudeteil mit dem Kino zu durchsuchen. Da begannen die Schutzbündler im Stiegenhaus und vom ersten Stock aus zu schießen. Handgranaten detonierten. Das MG knatterte los. Ein Teil der Polizisten entkam heil, die anderen blieben im Gebäude und konnten sich »nur notdürftigst decken«, wie es in einem Bericht heißt. Der Kommandant der Polizeieinheit und einige weitere Polizeibeamte erlitten schwere Verletzungen.[46]

Die böse Nachricht aus Linz, die Grill an die *Arbeiter-Zeitung* durchgegeben hatte, sprach sich in Wien schnell herum.[47] Otto Bauer kam um neun Uhr ins Parteihaus und führte eine ungeklärte finanzielle Transaktion durch, vermutlich, um in letzter Minute weitere Parteigelder ins Ausland zu verschieben. Gegen zehn Uhr erschien er bei einer geheimen Sitzung des sechsköpfigen Exekutivkomitees in der Wohnung der Schwester von Julius Deutsch in der Gumpendorfer Straße in Wien-Mariahilf. Dabei wurde der Generalstreik als Signal zum Aufstand beschlossen, ebenso aber auch die knapp drei Wochen zuvor vereinbarte Wartepause bekräftigt. Der Schutzbund solle sich in Bereitschaft halten, hieß es, und die Waffen bereitstellen, diese aber nur dann benützen, wenn er angegriffen werde. Befolgt wurde dieser Befehl, wenn überhaupt, nur zum Teil. Der ganze Aufstand stellte sich in weiterer Folge als ein einziges Chaos heraus.

Über den Entscheidungsprozess selbst ist wenig bekannt. Nachdem Otto Bauer den Kampf schon drei Wochen vorher den Schutzbundführern gegenüber als praktisch unausweichlich bezeichnet hatte, war der Beschluss zum Generalstreik und Aufstand wohl die logische Konsequenz aus dieser in der Partei verbreiteten Haltung. Die Parteiführung ließ geschehen, was anscheinend ohnehin nicht mehr zu verhindern war. Ernst Hanisch nennt zwei Gründe, wieso Otto Bauer dem Aufstand zugestimmt haben dürfte: Als Hauptmotiv sieht er die proletarische Solidarität mit den Linzer Genossen. Und zweitens führt Hanisch den schmählichen kampflosen Untergang der deutschen Arbeiterbewegung gegen Hitler ins Treffen, der sich in Österreich nicht wiederholen sollte. Hanisch: »Rationalistisch betrachtet ist die Frage möglich, ob Hunderte Menschenleben bei einer erwartbaren Niederlage mit der ›proletarischen‹ Ehre begründbar waren? Für die durchmilitarisierte Mentalität dieser Generation war es wohl so!«[48]

Um 11.15 Uhr hielt der Rayonsinspektor der Sicherheitswache Josef Schiel in der Eisteichstraße in Simmering zwei ihm verdächtig erscheinende Burschen an. Es waren Schutzbundangehörige, die vermutlich auf dem Weg zu ihrem Sammelplatz waren. Einer der beiden zog unter seinem Mantel einen Karabiner hervor und verletzte den Polizeibeamten durch einen Schuss in den Kopf so schwer, dass er einige Stunden später im Spital starb. Der Täter und sein Gefährte konnten festgenommen werden. Schiel war das erste Todesopfer des Februaraufstandes in Wien.[49]

Um 11.46 Uhr blieben überall in Wien die Straßenbahnen stehen. Städtische Elektrizitätsarbeiter hatten den Strom abgestellt. Das war das erwartete Zeichen zum Generalstreik. – Und es geschah, was jeder Kenner der politischen Szene in Österreich erwartet hatte: Der Generalstreik funktionierte nicht. Im Wesentlichen taten nur die Wiener städtischen Betriebe mit sowie einige Industriebetriebe in den Außenbezirken. Entscheidend war, dass Telefon, Telegraf und Eisenbahn weiterhin funktionierten, als sei nichts geschehen. Auch die bürgerlichen Zeitungen erschienen weiter pünktlich, der Rundfunk arbeitete unverdrossen und verbreitete Regierungspropaganda, bei der Lebensmittel- und Wasserversorgung kam es zu keinerlei Einschränkungen.[50]

Die Regierungskräfte reagierten auf die Anzeichen eines sich anbahnenden Generalstreiks und Aufstandes rasch und zielgerichtet. Polizei, Bundesheer und Freiwilliges Schutzkorps wurden schon im Laufe des Vormittags alarmiert. Bereits kurz nach Mittag besetzten Abteilungen des Bundesheeres die Brücken über den Donaukanal und sperrten alle Zugänge in die Innere Stadt. Mit Gewehren bewaffnete Polizisten sicherten wichtige Straßenkreuzungen, Patrouillen der Polizei und des Freiwilligen Schutzkorps streiften durch das Stadtgebiet. Besonderes Augenmerk richtete man auf die wichtigsten Ein- und Ausstiege des Kanalnetzes.

Am Nachmittag ordnete der Wiener Polizeipräsident – wie auch die Sicherheitsdirektoren der meisten anderen Bundesländer – das Standrecht für Fälle des Aufruhrs an und erläuterte diese Maßnahme durch das folgende Satzungetüm: »Dies wird mit dem Beifügen kundgemacht, dass sich jedermann von allen aufrührerischen Zusammenrottungen, allen Aufreizungen hiezu und aller Teilnahme daran zu enthalten und den zur Unterdrückung für diese Verbrechen ergehenden Anordnungen der Obrigkeit sich zu fügen hat, widrigens jeder, der sich nach der Kundmachung des Standrechtes dieser Verbrechen schuldig macht, standrechtlich gerichtet und mit dem Tode bestraft würde.«[51]

Zugleich erging ein Ausgehverbot ab 20 Uhr, alle Gaststätten hatten ebenfalls zu dieser Zeit geschlossen zu sein, Ansammlungen und Gruppenbildungen auf der Straße waren verboten.

Die Ereignisse lösten Nervosität in der Bevölkerung aus. Vor den Verkaufsgeschäften bildeten sich lange Schlangen. Die Menschen wollten sich mit Le-

Kundmachung des Standrechtes in Wien, 12. Februar 1934.

bensmitteln und wegen des Lichtstreiks auch mit »Beleuchtungsstoffen« (vermutlich Kerzen, Petroleumlampen etc.) eindecken. Später seien die Straßen, heißt es im Bericht des Bundesheeres, in Gebieten, in denen gekämpft wurde, »unheimlich menschenleer« gewesen.

Ein sicherheitshalber im Landesverteidigungsministerium tagender außerordentlicher Ministerrat verhängte am Abend ein Betätigungsverbot über die Sozialdemokratische Arbeiterpartei, löste den Wiener Gemeinderat auf und bestellte anstelle des bisherigen Bürgermeisters einen Bundeskommissär, den Dollfuß-Vertrauten Richard Schmitz. Kurz nach 16.30 Uhr rückte eine in der Roßauerkaserne stationierte Einheit des Bundesheeres an, um widerstandslos das Wiener Rathaus zu besetzen. Schließlich verhafteten Kriminalbeamte Bürgermeister Karl Seitz und die im Rathaus anwesenden Stadträte sowie weitere sozialdemokratische Führer.[52]

Nach Ende der Geheimsitzung der Parteiexekutive waren Otto Bauer und Julius Deutsch gegen Mittag zum Ahornhof am Wienerberg im zehnten Gemeindebezirk gefahren. Von einer privaten Wohnung aus sollten die beiden Weltkriegsoffiziere den Kampf leiten. Viele Befehle dürften aus dieser völlig isolierten, militärisch ungeschützten Kampfzentrale nicht hinausgegangen sein. Schon gute 24 Stunden später setzten sich Bauer und Deutsch in die Tschechoslowakei ab. Die Gewerkschaftsfunktionärin Rosa Jochmann, die dem SDAP-Vorstand angehörte, erlebte die Vorgänge am Wienerberg aus nächster Nähe mit. Sie war gerufen worden, um Radiomeldungen abzuhören und mitzustenografieren. Jochmann traf auf einen am Boden zerstörten, ratlosen Parteichef. Immer wieder habe Bauer gesagt: »Was wird das für Blut und Opfer kosten.« – Diese Frage könne man jetzt nicht stellen, antwortete Jochmann dem Genossen Bauer, darüber könne man jetzt nicht reden. Die Würfel seien gefallen, es werde gekämpft. »Und wenn gekämpft wird, wird es natürlich Blut kosten.« Ihr Urteil über Otto Bauer: »General war er keiner.«[53]

Über die Alarmierung des Schutzbundes ist wenig bekannt. Im April 1935 sagte der Führer des Schutzbundkreises Wien-West Eduard Korbel vor Gericht als Zeuge aus, dass er ungefähr zwischen 10.30 und 10.45 Uhr durch einen Motorradfahrer den schriftlichen Befehl »Alarm – höchste Bereitschaft« erhalten habe, unterzeichnet mit »Julius«. Um 12.30 Uhr sei der Befehl »Sofort Schutzbund bewaffnen« und nach 15 Uhr der letzte Befehl »Bewaffneter Widerstand gegen die Exekutive« eingelangt. Allerdings habe er selbst erlebt, dass beim Sandleitenhof in Ottakring bereits gegen 14 Uhr geschossen worden sei. Einzelne Abteilungen hätten sich nämlich schon beim ersten Alarmierungsbefehl bewaffnet und sofort beim Auftauchen der Polizei zu schießen begonnen. Er, Korbel, habe am Abend mehrmals versucht, mit der Kampfleitung im Ahornhof Kontakt aufzunehmen. Das sei ihm aber nicht gelungen, sondern seine Boten hätten ihm die Meldung gebracht, dass die Kampfleitung am angegebenen Ort nicht mehr erreichbar sei.[54] Mehrere Schutzbundführer sahen, ähnlich wie Korbel, den Aufstand von vornherein als aussichtslos an. Sie vermieden deshalb eine Alarmierung ihrer Leute, gaben ihnen ihr Wissen über die Waffenverstecke nicht preis, tauchten unter oder ließen sich bewusst verhaften.[55]

Bald nachdem in Linz im Hotel Schiff die Schießerei begonnen hatte, war das Bundesheer in Aktion getreten. Die alarmierte Alpenjäger-Kompanie traf um 8.45 Uhr in der Nähe des Gebäudes ein und bezog rundherum Stellungen. Unter dem Feuerschutz von zwei MGs drangen Soldaten in das Hotel Schiff vor. Entscheidend war, dass es dem Bundesheer gelang, den sehr effizienten MG-Schützen des Schutzbundes, den 31-jährigen Tischler Rudolf Kunst, durch einen Kopfschuss auszuschalten. Unter den anwesenden Schutzbündlern befand sich kein zweiter, der ein Maschinengewehr bedienen konnte. Gegen Mittag ergaben sich die Verteidiger des Hotel Schiff. Die Gefangenen wurden im Hof gesammelt und schließlich mit erhobenen Händen durch die Landstraße eskortiert. Geschäftsleute, erinnerte sich der Schutzbündler Josef Hausleitner, hätten gerufen: »Was führt ihr sie den ab? Stellt sie gleich an die Wand und erschießt sie.«[56]

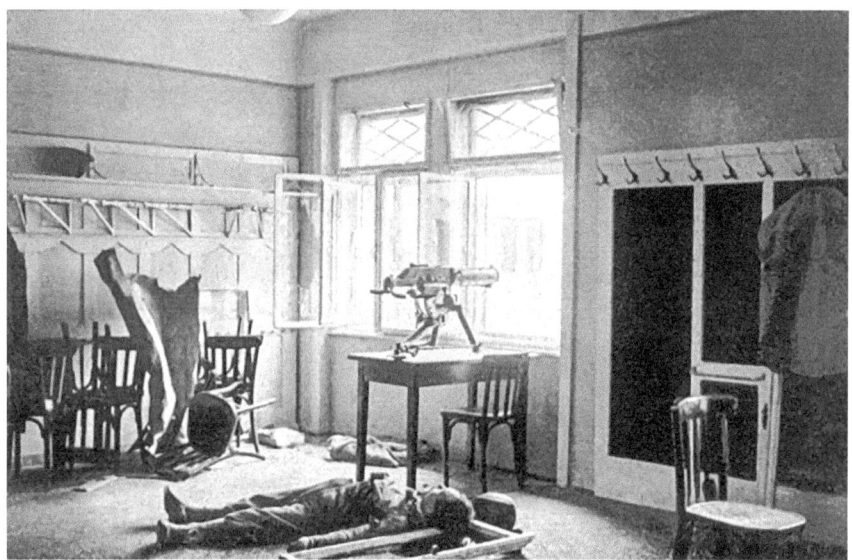

Rudolf Kunst, der getötete MG-Schütze des Schutzbundes, im Dametzsaal des Hotel Schiff, 12. Februar 1934.

Während in der Parteizentrale gekämpft wurde, sammelten und bewaffneten sich überall in Linz die Schutzbündler. Sirenen gaben das vereinbarte Zeichen zum Generalstreik. Die Stärke des Schutzbundes in Linz wird mit rund 2000 Mann angegeben, die Bewaffnung mit rund 30 Maschinengewehren, 700 Karabinern älteren Baujahrs sowie Faustfeuerwaffen und Handgranaten, die mangels entsprechender Schulung selten zum Einsatz kamen.[57]

Ein strategischer Punkt von besonderer Bedeutung war das schon erwähnte Parkbad an der Unteren Donaulände. Hier befand sich ein Waffenlager und Sammelort des Schutzbundes. Zudem lag das Bad direkt gegenüber der Fabrikskaserne. Alle Bewegungen des Militärs konnten von hier aus beobachtet und gestört werden. Ein Infanteriezug des in der Kaserne stationierten Alpenjägerregiments Nr. 7 wurde gegen 9.30 Uhr beim Übersetzen über die Straße zum Donaupark aus dem Bad heraus beschossen. Das Bataillonskommando in der Kaserne fasste daraufhin den Entschluss, Minenwerfer gegen die im Bad verschanzten Schutzbündler einzusetzen. Vorher sollte ein Parlamentär den Schutzbündlern eine Warnung überbringen: Sie hätten sich binnen zehn Minuten zu ergeben, »da sonst das Gebäude mit Artillerie und Minenwerfern zusammengeschossen und die bewaffnete Besatzung niedergemacht wird«. Dieser Drohung bedurfte es gar nicht mehr. Als der Unterhändler das Parkbad betrat, stellte er fest, dass die Aufständischen bereits daran waren, gegen die Donau hin zu fliehen.

Unweit des Parkbads befand sich die Eisenbahnbrücke über die Donau. Schon am Morgen bezogen Schutzbündler am linken, nördlichen Ufer Stellungen am Brückenkopf und errichteten eine Barrikade, um den Übergang zu sperren. Beim Versuch einer Gruppe von Alpenjägern, über die Brücke auf die andere Seite vorzudringen, starben zwei Soldaten im heftigen MG- und Gewehrfeuer der Schutzbündler. Am Nachmittag begann das Bundesheer am rechten Donauufer damit, die Stellungen des Schutzbundes auf der drüberen Seite mit Maschinengewehren, Minenwerfern und Haubitzen zu beschießen. Trotzdem gelang es vorerst nicht, die Aufständischen aus ihren Stellungen zu vertreiben.[58]

Der Schwerpunkt der Kämpfe lag östlich des Stadtzentrums im Gebiet um den Wirtschaftshof der Stadt Linz, das Allgemeine Krankenhaus und die Diesterwegschule. Morgens sammelten sich Hunderte Männer im Wirtschaftshof. Allerdings waren zu wenig Gruppenführer anwesend, und es fehlte an Waffen, die erst aus den verschiedenen Verstecken geholt und hertransportiert werden mussten. Insgesamt herrschte ein »heilloses Durcheinander«, wie sich ein Beteiligter später erinnerte. Eine von hier ausgehende Kommandoaktion zur Befreiung des Hotel Schiff scheiterte. Die drei Lkw mit Schutzbündlern wurden an einer Sperre des Militärs gestoppt und konnten mit knapper Not entkommen. Die meisten Beteiligten zogen es daraufhin vor, nicht mehr in den Wirtschaftshof zurückzukehren, sondern nach Hause zu gehen. Am mittleren Nachmittag besetzten Einheiten des Bundesheeres zuerst das Spatenbrotwerk, das von den Aufständischen bereits geräumt war. Auch die im Wirtschaftshof verschanzten Schutzbündler gaben schnell auf, als einige Artillerieschüsse auf sie abgefeuert wurden.

Auf dem Turm der Diesterwegschule postierte der Schutzbund schon am Vormittag ein Maschinengewehr. Von dort aus war es möglich, eine wichtige Kreuzung in diesem Teil der Stadt, die Eiserne Hand, und weitere Durchzugsstraßen zu beherrschen. Rund um die Schule kam es zu stundenlangen, verlustreichen Feuergefechten. Schließlich setzte das Militär gegen 15 Uhr seine stärkste Waffe ein. Von der rund einen Kilometer entfernten Artilleriekaserne wurde der Turm der Schule mit Kanonen beschossen – »mit sichtlichem Erfolge«, wie es im Bericht des Bundesheeres heißt. Die Schutzbündler räumten den Turm und schließlich nach einigen Stunden auch die Schule. Sie zogen sich im Schutz der Dunkelheit in ein eineinhalb Kilometer weiter südlich gelegenes SDAP-Parteilokal zurück, die sogenannte Dorfhalle. Dieses Gebäude hatte schon seit der Nacht vom 11. auf 12. Februar als Bereitschaftslokal und

Stützpunkt des Schutzbundes gedient. Die hier versammelten Aufständischen verhielten sich allerdings meist passiv und zerstreuten sich schließlich am Morgen des 13. Februar.[59]

Südlich des Hauptbahnhofes, an der Reichsstraße, die direkt ins Zentrum von Linz hineinführt, liegt der Polygonplatz (heute Bulgariplatz). Dieser strategisch wichtige Punkt wurde kurz nach Mittag von Schutzbündlern aus der nahegelegene Poschacher Brauerei besetzt. Gegen 15 Uhr kam es hier zu einer Schießerei mit vier Angehörigen des Bundesheeres, die per Taxi auf dem Weg in die Stadt waren. Drei Soldaten starben. Ein weiterer Soldat sowie der Taxifahrer wurden schwer verletzt. (Näheres siehe S. 103 f.) Der Platz blieb bis in die Nacht hinein von Aufständischen besetzt.[60]

Ein wesentlicher Bestandteil des Aufstandsplanes für Linz war die Besetzung der Höhen um die Stadt. Seine wichtigste Stellung nahm der Schutzbund auf dem Freinberg ein, einem rund zwei Kilometer westlich des Stadtzentrums liegenden Aussichtsberg. Hier sammelte sich schon am frühen Vormittag eine große Zahl an Schutzbündlern – so viele, dass die bereitstehenden Waffen nicht für alle reichten. Zudem erschienen die vorgesehenen Kommandanten nicht bei ihren Einheiten, weil sie aus dem Hotel Schiff nicht mehr herauskamen oder bei den rasch errichteten Polizeisperren nicht durchgelassen wurden. Schon um elf Uhr setzten die ersten Feuergefechte mit dem anrückenden Bundesheer ein. Die Schutzbündler verschanzten sich im Ausflugsrestaurant Jägermayr und konnten sich hier einige Stunden lang halten. Als um 16.30 Uhr der Beschuss des Gebäudes mit Minenwerfern begann, kapitulierten die im Gebäude verbliebenen Schutzbündler. Es waren noch 26 Mann, der Rest hatte sich bereits vorher abgesetzt. Bei den Kämpfen am Freinberg starben nicht weniger als sechs Alpenjäger sowie ein 19-jähriger Schutzbündler.[61]

Die von hoher Arbeitslosigkeit gequälte, buchstäblich Not und Hunger leidende Industriestadt Steyr war neben Linz das zweite Zentrum des Februaraufstandes in Oberösterreich. Gegen elf Uhr riefen Betriebsräte der Steyr-Werke den Streik aus. Die Arbeiter verließen das Werk, viele von ihnen, um sich am Aufstand zu beteiligen. Melder auf Fahrrädern alarmierten weitere Schutzbundangehörige. Kurz nach Mittag erschoss ein arbeitsloser Schutzbündler in einer Wohnbaracke einen arbeitslosen Heimwehrmann und dessen Braut. Kurze Zeit danach wurde der Direktor der Steyr-Werke, Wilhelm Herbst, von Schutzbündlern erschossen. (Näheres zu beiden Fällen siehe S. 91–93.) Beim Sturm auf eine Polizeiwachstube erlitt ein dort anwesender Sicherheitswachebeamter schwere Verletzungen. Später wurde eine Polizeiabteilung beschossen.

Der Hauptsammelpunkt und spätere Brennpunkt der Kämpfe befand sich auf der Ennsleite, einer über der Enns thronenden Siedlung, vom Bundesheer »als natürliche Arbeiterfestung der Steyrer Sozialdemokraten« bezeichnet. Zudem besetzte der Schutzbund weitere strategisch wichtige Positionen rund um die Stadt. Schon um 12.45 Uhr setzte sich eine in Steyr stationierte Kompanie des Alpenjägerregiments Nr. 7 in Marsch, um die Steyr-Werke zu sichern und die Ennsleite von den sich dort sammelnden Schutzbündlern zu räumen. Allerdings unterschätzte das Heer die Kampfkraft und Entschlossenheit der aufständischen Arbeiter, die sofort das Feuer auf die heranrückenden Alpenjäger eröffneten. Die Folge: mehrere verletzte Soldaten, aber keine Toten. Es blieb den Alpenjägern nichts anderes übrig, als den Rückzug anzutreten. Umgekehrt scheiterten Angriffe des Schutzbundes, der eine von der Ennsleite gegen das Stadtzentrum und der andere vom westlichen Stadtrand gegen die Bundesheerkaserne. Am Nachmittag sprengten Schutzbündler Eisenbahngleise, um den Zugverkehr von und nach Steyr lahmzulegen. (Auch hier, wie überall, machten die Eisenbahner beim Generalstreik nicht mit.) Darüber hinaus begnügten sich die Aufständischen damit, sich auf der Ennsleite zu verschanzen und die Brücken und die Kaserne unter Feuer zu halten.

Um 17 Uhr trat eine Feldhaubitzbatterie der Brigadeartillerieabteilung in Enns den zwanzig Kilometer langen Marsch über vereiste Straßen nach Steyr an. Sie traf um 20.30 Uhr in der Steyrer Alpenjägerkaserne ein. In Wien machte sich am späteren Nachmittag eine von Ernst Rüdiger Starhemberg geführte Kompanie des Wiener Heimatschutzes auf den Weg Richtung Steyr. Und in Haag und Amstetten sammelte sich die Niederösterreichische Heimwehr zum Vormarsch auf Steyr.[62]

Der Schutzbund trat neben Steyr noch in vielen weiteren Orten Oberösterreichs in Aktion. Mehr oder weniger schwere Auseinandersetzungen trugen sich in Attnang-Puchheim, Stadl-Paura, Steyrermühl, Nettingsdorf und Ebensee zu. Nirgendwo kam es zu ähnlichen Gewaltausbrüchen wie im Hausrucker Braunkohlerevier, keine 15 Kilometer nördlich der Bezirkshauptstadt Vöcklabruck gelegen. In dieser ansonsten bäuerlich geprägten Region waren es fast nur Bergarbeiter, die sich am Aufstand beteiligten. Dass ausgerechnet hier so besonders heftig und verlustreich gekämpft wurde, hatte hauptsächlich soziale Gründe, dürfte aber auch auf besonders radikale Führer zurückzuführen sein.

Der Schutzbund des Kohlereviers sammelte und bewaffnete sich ab Vormittag in der Bergarbeitersiedlung Holzleithen. Schon in dieser frühen Phase kam es zu ersten Zusammenstößen. Der Ort wurde verteidigungsbereit gemacht. Insbesondere sperrten die Schutzbündler den Hausrucktunnel zwischen Holzleithen und Eberschwang. Um 14 Uhr machte sich eine Kompanie des Alpenjägerregiments Nr. 9 in Ried im Innkreis per Bahn auf den Weg nach Holzleithen, um die dortige Bahnstation zu besetzen. Beim Nordeingang des Hausrucktunnels geriet der Zug in eine heftiges Feuer des Schutzbundes. Die Soldaten verließen den Zug und gingen zum Gegenangriff über. Mit Hilfe eines leichten Maschinengewehres gelang es ihnen vorerst, die Aufständischen zurückzutreiben. Durch tiefen Schnee kämpften sich die Soldaten über den Berg Richtung Holzleithen. Sie mussten allerdings erkennen, dass der Ort von zahlenmäßig weit überlegenen und gut bewaffneten Schutzbundeinheiten besetzt war. So forderte man Verstärkung an. Kurz vor 18 Uhr langte eine weitere Kampfgruppe des Bundesheeres per Bahn aus Ried ein, und machte sich vorerst daran, den nördlichen Tunneleingang zu sichern. Hier ergab sich gegen 20 Uhr unter nie ganz geklärten Umständen ein Feuergefecht zwischen Bundesheersoldaten und Aufständischen. Drei von ihnen starben, einer davon der Schutzbundkommandant Skrabal. Den Rest der Nacht über blieb es ruhig. Das Bundesheer ruhte sich für den Kampf am kommenden Tag aus, zugleich bereiteten sich regionale Heimwehreinheiten für den Angriff auf das Kohlerevier vor.[63]

Die Zentralfigur des Februaraufstandes in der Steiermark war der Landesparteisekretär und Nationalratsabgeordnete der SDAP Koloman Wallisch. Aus Prozessprotokollen geht hervor, dass er um ungefähr 11.20 Uhr dem Landesparteivorsitzenden Reinhard Machold telefonisch mitteilte, dass in Linz geschossen werde und der Generalstreik ausgerufen worden sei. Auch in Bruck an Mur – wo Wallisch viele Jahre SDAP-Sekretär gewesen war – rief er vor 12 Uhr an, um seinem Verbindungsmann mitzuteilen, »dass um 13 Uhr in ganz Österreich der Schutzbund losgehe«. Dem Arbeiterkammersekretär Josef Stanek berichtete Wallisch ungefähr um 12.45 Uhr, in Linz sei ein »Wirbel« ausgebrochen und die Parteileitung in Wien habe den Generalstreik verkündet.[64]

Wallisch war es also, der die Generalstreik-Order aus Wien an die entsprechenden Stellen weitergab und damit die Alarmierung des Schutzbundes in der Steiermark in die Wege leitete. Es könnte auch ihm zuzuschreiben sein, dass in Graz einer Extraausgabe der sozialdemokratischen Parteizeitung *Arbeiterwille* erschien, in der zum Generalstreik und zum »Endkampf gegen den Faschismus« aufgerufen wurde.[65] Etwas, das dem mächtigen Parteiapparat in Wien nicht gelungen war. – Aber trotz dieses Aufrufs: Der Generalstreik wurde auch in der Steiermark so gut wie nicht befolgt.

Besser hätte Wallisch als politischer Koordinator wohl in Graz bleiben sollen. Stattdessen fuhr er gemeinsam mit seiner Frau Paula umgehend nach Bruck an der Mur, wo er bis zum Vorjahr Parteisekretär gewesen war. Er habe sich dazu verpflichtet gefühlt, sagte er später im Standgerichtsprozess aus. In

Bruck agierte er als politischer Leiter. Es ist unklar, ob und inwiefern er in die Kämpfe eingriff. Paula Wallisch schreibt, ihr Mann sei meist mit dem Motorrad unterwegs gewesen, um den Arbeitern der umliegenden Orte, »Weisungen zu erteilen«. Von seinem Hauptquartier in den Stadtwerken aus versuchte er, telefonisch Kontakt mit benachbarten Städten und Bezirksgruppen aufzunehmen.

Nirgendwo kämpfte der Schutzbund so konsequent wie in der obersteirischen Industriestadt. Man orientierte sich dabei an dem von Major Eifler entwickelten Plan. Und der lautete für den Eisenbahnknotenpunkt Bruck: die Exekutive überwältigen, die Stadt besetzen und so den Zuzug von Militär nach Wien verhindern. Bald nach 13 Uhr griffen zwei Kommandogruppen die Gendarmeriekaserne und die Unterkunft des Freiwilligen Schutzkorps an. Obwohl man dabei das Überraschungsmoment voll ausnützen konnte, scheiterten beide Angriffe unter beträchtlichen Verlusten. Allein beim Angriff auf die Forstschule, in der das Schutzkorps stationiert war, fielen sechs Schutzbündler. Trotzdem gelang es den Aufständischen, die Stadt weitgehend in die Hand zu bekommen und bis zum späteren Abend zu halten. Die Exekutive konnte in der Kaserne und im Direktionsgebäude der Firma Felten & Guilleaume, das Schutzkorps in der Forstanstalt zerniert werden. Schließlich gelang es dem Schutzbund sogar, den Zugverkehr nach Graz zu unterbrechen und gegen 20 Uhr den Bahnhof zu besetzen. Indes war bereits ein Assistenzbataillon des Alpenjägerregiments Nr. 10 aus Graz im Anmarsch. Es traf kurz nach 20 Uhr südöstlich von Bruck ein.[66]

In der obersteirischen Industrieregion sammelten sich im Laufe des Nachmittags und Abends noch in weiteren Orten mehr oder weniger kampfentschlossene Schutzbündler, zum Teil kam es zu Schießereien und Scharmützeln mit Regierungskräften. Es gab Opfer auf beiden Seiten. Im Brucker Nachbarort Kapfenberg ließen sich die Arbeiter in nur einem Betrieb zur Arbeitsniederlegung bewegen. Die anderen arbeiteten weiter, als hätte es keinen Streikaufruf gegeben. Den angeblich rund sechshundert Mann des Schutzbundes gelang es, das Stadtgebiet abzuriegeln, das Postamt zu besetzen, Geschäftsleute zum Schließen der Geschäfte zu zwingen und die umliegenden Höhen zu besetzen. Der Gendarmerieposten hingegen hielt stand, bis am Nachmittag des 13. Februar Entsatz in Form einer Bundesheereinheit aus Neusiedl am See und Niederösterreichischer Heimwehr heranrückte.

Ein weiterer, kleiner Brennpunkt des Februaraufstandes war Leoben und Umgebung, wo die Alpine Montangesellschaft ihren Sitz hatte. Den angeblich rund achthundert bis tausend Schutzbündlern, die der Alarmierung gefolgt waren, gelang es trotz einiger – eher halbherziger – Bemühungen nicht, die

Aufständische beim Kornmesserhaus in Bruck an der Mur, 12. Februar 1934.

zweitgrößte Stadt der Steiermark zu erobern. Die Regierungskräfte konnten sich ohne Bundesheer-Unterstützung behaupten.[67]

Auch in der Landeshauptstadt Graz und in den Industrieorten der Umgebung konnte von einem geschlossenen Generalstreik keine Rede sein. Das Zentrum des Aufstandes befand sich im westlich des Stadtzentrums gelegene Vorort Eggenberg. Dort sammelten und bewaffneten sich bald nach Mittag Schutzbündler im Keller der örtlichen Konsumgenossenschaft. Schon vor 14 Uhr rückten Gendarmerie und Assistenzkräfte an, die in den Feuergefechten mit dem weit überlegenen Schutzbund sogleich in die Defensive gerieten. Die Kämpfe zogen sich während des Nachmittags hin. Bei den Aufständischen, der Exekutive und unter unbeteiligten Passanten gab es zahlreiche Tote und Verletzte. Am Abend erreichten schließlich zur Hilfe gerufene Einheiten des Bundesheeres das Kampfgebiet beim Konsumverein und dem Eggenberger Rathaus, gut ausgerüstet mit MGs und Artillerie.

Zwischen 14 und 15 Uhr gelang es einer Gruppe von Schutzbündlern, die Polizeiwachstube in der Hackhergasse im Grazer Stadtteil Lend zu besetzten und die anwesenden Exekutivbeamten gefangen zu nehmen. Ein bald darauf zum Entsatz anrückendes Bereitschaftskommando der Polizei geriet in das offene Feuer des Schutzbundes, der die gegenüberliegende Hirtenschule besetzt hatte. Die Folge war ein Blutbad. Insgesamt fünf Polizisten starben, weitere wurden schwer verletzt. Gegen Abend traf eine Kampfgruppe des Bundesheeres ein, der es mit MG-Unterstützung rasch gelang, die Hirtenschule zu stürmen und die Aufständischen zu vertreiben. Nach dem Einsatz von Tränengas durch das Bundesheer räumten die Schutzbündler auch die Polizeiwache kampflos.

Aus Gösting, Liebenau und Puntigam liegen Berichte von leichteren Zwischenfällen vor. Der Kommandant des Gendarmeriepostens Straßgang wurde bei einer Hausdurchsuchung von Schutzbündlern erschossen.[68]

In Wien konzentrierte sich der Aufstand ganz auf einige Bezirke außerhalb der Gürtelstraße mit hohen Arbeiteranteilen und innerhalb dieser Bezirke wiederum in erster Linie auf Gemeindewohnanlagen. Daneben rückten noch – wie in allen anderen Aufstandsorten – kommunale Einrichtungen und Betriebe in den Fokus der Ereignisse. »Gekämpft wurde selten um Barrikaden«, schreibt der Militärhistoriker Kurt Peball, »meist um Häuserfronten, gegen Dachschützen, um Wohnhausanlagen oder um Parteilokale.« Geschlossene Frontlinien gab es kaum, vielmehr flammten die Kämpfe wie Feuerherde auf, loderten an einem Ort für längere Zeit, an einem anderen nur kurz, um später plötzlich erneut aufzuflammen. Ziel der Exekutive war es, das Feuer möglichst schnell einzudämmen, bevor es sich ausbreiten und ein Flächenbrand entstehen konnte.[69]

Man ging gezielt gegen bekannte Sammelstellen des Schutzbundes vor. Und dabei kam es im Laufe des Nachmittags an zahlreichen Punkten der Stadt zu ersten blutigen Zusammenstößen. So etwa kurz nach 13 Uhr bei der Gemeindewohnanlage Sandleiten in Ottakring (Wien 16). Dort geriet ein zehnköpfiges Kommando der Polizei in ein heftiges Maschinengewehr- und Karabinerfeuer des Schutzbundes. Angesichts der Übermacht der Aufständischen rief die Polizei das Militär zur Hilfe. Die nach Ottakring befohlene Bundesheereinheit traf in der Dämmerung ein und nahm im Kongresspark gegenüber den Wohnhäusern Aufstellung. Minenwerfer und Gebirgskanonen dürften eine so beeindruckende Drohkulisse gebildet haben, dass die in der Anlage verschanzten Schutzbündler es vorzogen, sich im Schutz der Dunkelheit abzusetzen.[70]

Vor 14 Uhr sammelten sich Schutzbündler in einem Tanzlokal im Reumannhof am Margaretengürtel (Wien 5). Durch eine vertrauliche Anzeige informiert, rückte Sicherheitswache an. Es gelang den Polizisten allerdings nicht, die Aufständischen zu überwältigen. Diese setzten sich mit Karabinern, Schmierbüchsen (Handgranaten) und einem MG heftig zur Wehr. Auf Seiten der Polizei gab es mehrere Verwundete und schließlich sogar einen Toten. Gegen 20 Uhr traf das Bundesheer zur Verstärkung ein. Der Kommandant wurde durch einen Kopfschuss getötet, als er sich an das Lokal heranschlich. Erst eine geballte Ladung Handgranaten führte zum gewünschten Erfolg, die Eingeschlossenen ergaben sich. 68 Schutzbündler wurden festgenommen, sieben davon waren verletzt. Unter anderem fand die Polizei hier drei MGs, 88 geladene Karabiner, 25 geladene Gewehre, rund 200 Stück adjustierte Schmierbüchsen und weiteres Kriegsmaterial.[71]

Im weitläufigen Bezirk Hietzing (Wien 13), der damals zusätzlich große Gebiete des heutigen 14. Bezirks umfasste, gelang es der Polizei, Aufstandsbewegungen durchwegs bereits im Ansatz zu ersticken. Bekannt ist der Vorfall am Goldmarkplatz im Bezirksteil Ober-St.-Veit. Dort überraschte die Polizei am frühen Nachmittag im Heim der Kinderfreunde eine Gruppe von Schutzbündlern. Nach kurzem, heftigem Feuergefecht ergaben sich die Schutzbündler oder flüchteten. Der Führer dieser Gruppe, der 42-jährige Schuhmacher Karl Münichreiter, wurde schwer verletzt gefangengenommen, zwei Tage später vom Standgericht zum Tod verurteilt und justifiziert.[72]

In Favoriten (Wien 10) kam es am Nachmittag bei Gemeindebauten in der Quellenstraße zu Schießereien, die mehrere Todesopfer forderten. Die Kämpfe ebbten aber bald wieder ab. Einige Fabriken, Werkstätten und Gemeindebauten wurden vom Schutzbund besetzt. Insgesamt verlief der Februaraufstand in diesem traditionellen Arbeiterbezirk, dem einwohnerreichsten Wiens, verhältnismäßig ruhig.

Eine größere, alles in allem aber ohne hohe Verluste ablaufende Aufstandsbewegung entwickelte sich im Bezirk Landstraße (Wien 3). Am Nachmittag besetzten die Aufständischen kurzzeitig den Damm der Aspangbahn. Gegen Abend nahmen rund zweitausend Schutzbündler – eine Zahl, die man mit Misstrauen betrachten sollte – den Zentralviehmarkt in St. Marx in Besitz und verbarrikadierten die Eingänge. Das schuf aus Sicht der Regierung eine unangenehme und gefährliche Situation, denn der Viehmarkt war, wie es im Polizeibericht heißt, »für die Approvisionierung von allergrößter Bedeutung«. Deshalb traf man energische Maßnahmen, um den Gebäudekomplex möglichst rasch wiederzugewinnen.

Im benachbarten Arbeiterbezirk Simmering (Wien 11) wurde der Schutzbund rasch aktiv. In den städtischen Gas- und Elektrizitätswerken traten die Arbeiter schon am Vormittag in Streik. Das Gebäude des E-Werks wurde daraufhin von einer Kompanie der Alarmabteilung der Wiener Polizei zerniert. Die Aufständischen besetzten die Trassen der Aspangbahn und der Ostbahn sowie die um den Herderplatz gruppierten Gemeinbauten. Im Laufe des Nachmittags und Abends gab es im Bezirk laufend Schießereien. Die Sicherheitswache räumte eine Reihe von exponierten Wachzimmern und konzentrierte die Besatzungen im Polizeikommissariat Krausegasse. Gegen Abend langte »Sukkurs« in Form eines Bataillons des Freiwilligen Schutzkorps sowie eines Bundesheerbataillons ein.[73]

Während es im Sandleitenhof am Abend schon wieder ruhig wurde, entwickelte sich das traditionsreiche Arbeiterheim Ottakring zu einem der wichtigsten Brennpunkte der Februarkämpfe in Wien. Eine besondere strategische Bedeutung dieses Standortes – im Gegensatz zu manchen vom Schutzbund besetzten Gemeindebauten – ist nicht erkennbar. Das Arbeiterheim lag inmitten eines tristen Viertels von Zinskasernen und diente, da es nun einmal der SDAP gehörte, als wichtigster Sammelpunkt des Schutzbundes im Bezirk. Von hier aus startete ein Angriff auf das benachbarte Polizeiwachzimmer Panikengasse. Ab 17 Uhr fanden rund um die besagte Gasse stundenlang wilde Schießereien statt, die bei beiden Kampfparteien, aber auch unter Unbeteiligten Todesopfer forderten. Die Aufständischen errichteten in verschiedenen Straßenzügen Barrikaden und platzierten Dachschützen in den Häusern rundherum. Selbst der wiederholte Einsatz von Panzerautos konnte nur kurzfristig zu einer Beruhigung der Lage führen. Kurz vor 23 Uhr traf – heftig beschossen von allen Seiten – das bisher an der Sandleiten postierte Bataillon des Infanterieregiments Nr. 3 beim Arbeiterheim ein. Es führte Geschütze mit sich, die an den Ecken der Koppstraße zum Arbeiterheim in Stellung gebracht wurden.[74]

Insgesamt war der Nachmittag in Döbling (Wien 19) ruhig verlaufen, wenngleich es Anzeichen für die Sammlung von Schutzbündlern und die Anlieferung von Waffen zu verschiedenen Gemeindebauten gab. Um 18.45 Uhr attackierten Aufständische an verschiedenen Stellen im Bezirk die Sicherheitswache. Der schwerste Angriff galt dem Polizeiwachzimmer am Heiligenstädter Bahnhof. Der Posten wurde überfallsartig aus Dachluken des gegenüberliegenden Karl-Marx-Hofs beschossen. Die Polizei will innerhalb weniger Minuten rund 200 Geschosseinschläge gezählt haben. Zwei unbeteiligte Passanten, die gerade zu dieser Zeit aus dem Bahnhof traten, fielen dem Kugelhagel zum Opfer. Die zwölfköpfige Besatzung der Wachstube musste sich auf den Perron des Bahnhofs zurückziehen. Später am Abend trafen Einheiten des Schutzkorps zur Verstärkung ein. Ein Gebäudeteil im Südtrakt des Karl-Marx-Hofs, der »Blauen Bogen«, war offenbar dicht mit Bewaffneten besetzt. Eine hier wohl etwas zu »schneidig« angreifende Gruppe des Wiener Heimatschutzes geriet in ein tödliches Kreuzfeuer des Schutzbundes. Der Kommandant der Gruppe und zwei Heimwehrleute starben.

Kurz vor Mitternacht traf eine Kompanie des 4. Infanterieregiments samt Artillerie in der Nähe des Kampfschauplatzes ein. Sie bezog mit zwei Gebirgskanonen in der Nähe des Sportplatzes Hohe Warte Stellung. Am Damm der

Franz-Josephs-Bahn wartete das Freiwillige Schutzkorps unter Hauptmann Karl Biedermann auf den Einsatz.[75]

In der näheren Umgebung Wiens – in Schwechat, Liesing und Mödling – waren einige halbherzige Aktivitäten des Schutzbundes zu registrieren. Auch für den Raum St. Pölten und das Traisental kann man nicht von einer geschlossenen Aufstandsbewegung sprechen. An einigen Orten sammelten und bewaffneten sich Schutzbündler, gingen aber häufig wieder auseinander, ohne in Aktion getreten zu sein. Hin und wieder – wohl eher durch Zufall – entwickelten sich Schießereien mit der Exekutive und dem Schutzkorps, die einige Todesopfer forderten. Am bemerkenswertesten – und überaus schädlich für den Erfolg des gesamten Aufstandes – war das völlige Stillhalten des Schutzbundes im strategisch ungemein wichtigen Industriegebiet von Wiener Neustadt.[76]

Dienstag, 13. Februar

Kurz nach Mitternacht eröffneten die Geschütze das Feuer auf das Arbeiterheim Ottakring. Dieser Beschuss hielt – mit Pausen – während der ganzen Nacht an. Um 8.30 Uhr startete schließlich der Angriff auf das mittlerweile offenbar sturmreif geschossene Gebäude. Es konnte schnell eingenommen werden, denn die Aufständischen waren bereits durch Kanäle, unterirdische Gänge und über Dachböden entkommen. Drei Hausbewohner starben infolge des Bombardements, darunter Ida Sever, die Ehefrau des legendären Ottakringer Arbeiterführers Albert Sever. Vizekanzler Fey beobachtete den Angriff aus nächster Nähe. Sein Adjutant Wrabel erlitt dabei durch einen Dachschützen eine schwere Handverletzung. Gut möglich, dass der Schuss Fey gegolten hatte.[77]

Um ein Uhr nachts feuerte die Geschützbatterie des Bundesheeres erstmals von der Hohen Warte auf den »Blauen Bogen« des Karl-Marx-Hofes. Der darauffolgende Angriff scheiterte aber am heftigen Widerstand der Schutzbündler. So entschloss man sich, Verstärkung anzufordern und den nächsten Angriff besser vorzubereiten. Um 9.45 Uhr setzte das Artilleriefeuer von Ost und West auf den Blauen Bogen ein, im Feuerschutz schwerer MGs und unterstützt vom Panzerwagen der Wiener Polizei erreichten die Sturmtruppen trotz heftiger Gegenwehr das große Tor des Blauen Bogens und den Hof. Mit Hilfe von geballten Handgranatenladungen gelang es den Soldaten, die Eingangstore zu sprengen und in die Wohntrakte einzudringen. Auf Seite der Angreifer gab es weder Tote noch Verletzte, auch unter Aufständischen und unbeteiligten Hausbewohnern sind keine Verluste nachzuweisen. Rund 120 »Rebellen« wurden durch das Bundesheer gefangengenommen. Die Durchsuchung und Inbesitznahme des gesamten riesigen Komplexes gelang aber nicht. Das Bundesheer musste überstürzt abgezogen werden, weil sich mittlerweile in Floridsdorf die Ereignisse überschlugen.[78]

Nirgendwo wurde während des Februaraufstandes brutaler und verlustreicher gekämpft als im links der Donau liegenden Bezirk Floridsdorf (Wien 21), der damals auch Kagran, Stadlau und andere Vororte umfasste. Dabei war der 12. Februar hier erstaunlich ruhig verlaufen – abgesehen von einigen »Ansammlungen«, die allerdings von der Polizei rasch zerstreut worden waren. Am Morgen des 13. Februar griffen starke Einheiten des Schutzbundes das Wachzimmer Groß-Jedlersdorf an. Im Straßenbahnhof Floridsdorf sammelten und bewaffneten sich zur selben Zeit Schutzbündler, die umgehend die rasch anrückende Sicherheitswache attackierten. Es entwickelte sich ein wildes Feuergefecht, in das auch Aufständische, die sich im nahen Schlingerhof verschanzt hatten, eingriffen. Schon in den ersten Minuten gab es zahlreiche Tote und Verwundete unter der Exekutive. Gefährlich für das Polizeikommissariat waren auffällige Aktivitäten des Schutzbundes in der nahegelegenen Feuerhauptwache. Aber es gelang einem zur Verstärkung eintreffenden Polizeitrupp, das Feuerwehrgebäude von hinten zu stürmen und die Aufständischen zu überwältigen. Unter den Gefangenen befand sich Brandoberkommissär Ing. Georg Weissel, der Führer der Schutzbundeinheit. Er stand am nächsten Tag vor dem Standgericht, wurde zum Tod verurteilt und in der ersten Morgenstunde des 15. Februar hingerichtet.

Trotz der Ausschaltung der Feuerwache war die Lage für die Regierungskräfte in jeder Hinsicht bedrohlich. »Mittlerweile«, heißt es in der Polizeizeitschrift *Öffentliche Sicherheit*, »kamen Nachrichten aus allen Bezirksteilen, dass bewaffnete Schutzbündler in großen Mengen auftauchten und die Schießerei wurde allgemein und immer heftiger; kein Mensch war seines Lebens auf der Straße sicher. Am gefährlichsten waren die immer mehr auftauchenden Dach- und Fensterschützen, welche aus sicheren Verstecken auf jeden Sicherheitswachebeamten, Soldaten oder Schutzkorpsmann meuchlerisch schossen. Der ganze Bezirk glich einer Hölle.«

Ein weiterer Brennpunkt war die Floridsdorfer Nordbahnstation. Sie wurde von der Eisenbahnerwehr, einer Abteilung des Wiener Heimatschutzes verteidigt, konnte sich aber nicht lange halten und fiel in die Hände des Schutzbundes, der damit eine starke Position errang.

Gegen zehn Uhr traf Verstärkung für die Regierungskräfte ein: ein motorisiertes Halbbataillon des 4. Infanterieregiments samt Halbbatterie sowie Einheiten des Freiwilligen Schutzkorps. Bald nahmen zwei Panzerautos und die

Dienstag, 13. Februar

Passanten beobachten Bundesheersoldaten beim Sturm auf das Arbeiterheim Ottakring, Ecke Thaliastraße/Kreitnergasse, 13. Februar 1934.

Der Schlingerhof in der Brünner Straße in Floridsdorf nach Ende der Kämpfe, 13. Februar 1934.

Artillerie den Schlingerhof in der Brünner Straße unter Beschuss. Die vorrückenden Einheiten erlitten schwere Verluste, aber bis 13 Uhr fiel das Gebäude. Beim Abtransport der rund 350 Gefangenen – zumeist männliche Bewohner, die sich am Kampf nicht beteiligt hatten – kam es zu einem regelrechten Massaker. (Näheres siehe S. 99–101.) Kurze Zeit später konnten die Regierungskräfte auch die Straßenbahnremise in der Gerichtsgasse zurückerobern.

Eine besondere Bedrohung für den Nachschub über die Floridsdorfer Brücke stellte der rechts der Brücke liegende FAC-Bau dar. Die Gemeindewohnanlage war von gut gerüsteten Schutzbündlern besetzt, die gegen 15 Uhr ein Bundesheerbataillon beschossen, das gerade die Brücke überqueren wollte. Mit schweren Maschinengewehren war der Übergang nicht zu erzwingen, so wurden die Minenwerfer eingesetzt. Während des Kampfes kamen die Soldaten auch aus der links der Brücke liegenden Gemeindewohnanlage »Gartenstadt Jedlesee« unter Beschuss. Mit Einbruch der Dunkelheit setzten die Kämpfe aus.

Auch weiter flussabwärts, an der Reichsbrücke in Kaisermühlen, weiters in Kagran, Stadlau, Aspern und Hirschstetten wurde der Schutzbund während des 13. Februar aktiv. Besonders der linke Brückenkopf der Reichsbrücke war heftig umkämpft. Eine besondere Rolle kam dabei dem Goethehof in der Schüttaustraße zu, von dem aus es möglich war, die Reichsbrücke zu beherrschen. Hier sammelten sich im Laufe des Tages immer mehr Schutzbündler an, die gut bewaffnet in größeren Gruppen die vereiste Alte Donau überquerten. Schließlich hielten sich rund fünfhundert Aufständische mit mehreren Maschinengewehren im Goethehof auf. Regierungsseitig fürchtete man, dass über die Reichsbrücke der Sturm auf die Innere Stadt ansetzen könnte.

Tatsächlich war die Lage in Floridsdorf aus Sicht der Regierung bedrohlich. Durch die Beherrschung der Brücken konnte der Nachschub nach Wien aus Norden und Nordosten unterbunden werden. Als extrem nachteilig für den Schutzbund sollte es sich erweisen, dass in den beiden Bezirken am gegenüberliegenden rechten Donauufer – Leopoldstadt und Brigittenau – keinerlei Aufstandsbewegung zu registrieren war.[79]

An vielen anderen Schauplätzen in Wien fanden an diesem Tag allerdings teilweise heftige und verlustreiche Kämpfe statt. Zu bemerken ist freilich, dass die meisten Teile der Stadt vom Aufstand unberührt blieben, das Alltagsleben hier mit gewissen Beeinträchtigungen normal weiterging und es durchaus möglich war, die Straße zu betreten, ohne befürchten zu müssen, einer verirrten oder gezielten Kugel zum Opfer zu fallen. Vom Generalstreik war wenig zu bemerken. Schon am Abend des 12. Februar hatte in den meisten Stadtteilen das elektrische Licht wieder funktioniert. Bei der Lebensmittelzufuhr ergaben sich einige geringfügige Einschränkungen, die sich aber bei den Endabnehmern wegen der vorhandenen Vorräte in den Lagern nicht weiter bemerkbar machten. Schulen, Theater, Gerichte blieben geschlossen, die Straßenbahnen verkehrten nicht.[80]

Ein wichtiges Kampfgebiet stellte der Block an Gemeindebauten dar, die sich von Meidling bis zum Margaretengürtel nahe der Südbahntrasse hinziehen. Praktisch alle diese Gebäude wurden in der Nacht vom 12. auf den 13. Februar von Aufständischen besetzt, die zusätzlich an vielen Stellen auf den Straßen Barrikaden errichteten. Polizei und Freiwilliges Schutzkorps hatten über Stunden einen schweren Stand gegen den Schutzbund. Erst nach dem Eintreffen von Militärassistenz flauten die Kämpfe ab, punktuell kam es noch bis in die Nacht hinein zu Schießereien.[81]

In Simmering geriet am Vormittag eine Einheit des Freiwilligen Schutzkorps beim Versuch, den Karl-Höger-Hof zu stürmen, in das Kreuzfeuer des Schutzbundes. Allein bei dieser Aktion starben acht Heimwehrleute. Letztlich war der Einsatz von Artillerie des Bundesheeres notwendig, um die in den Gemeindebauten im Bereich des Herderplatzes verschanzten Aufständischen im Laufe des Nachmittags zu vertreiben.[82]

Im Bezirk Landstraße kämpften Polizei und Freiwilliges Schutzkorps seit dem Vormittag darum, den Zentralviehmarkt St. Marx einzunehmen. Vorerst mussten die Einheiten allerdings heftiges Gewehrfeuer der Aufständischen aus Privathäusern und der Gemeindewohnanlage »Rabenhof« niederkämpfen. Der Viehmarkt konnte schließlich mit Unterstützung eines überraschend vorbeifahrenden Panzerzuges des Bundesheeres bei nur schwacher Gegenwehr der Aufständischen verhältnismäßig leicht erobert werden.[83]

Während des Nachmittags gelang es der Exekutive mit Unterstützung des Bundesheeres einige weitere vom Schutzbund besetzte Döblinger Gemeindebauten zu räumen. Gleichzeitig machten sich die Aufständischen im Karl-Marx-Hof, der ja vom Bundesheer nicht restlos geräumt worden war, erneut bemerkbar und beschossen die Polizeiwache im Bahnhof Heiligenstadt. Das hier postierte Freiwillige Schutzkorps beschränkte sich vorläufig auf die Defensive, weil das Militär in Floridsdorf und an anderen Orten gebunden war.[84]

Auch wenn sie später versuchten, den genauen Zeitpunkt ihrer Flucht zu verheimlichen: Es war bereits am Abend des 13. Februar, als sich die beiden Führer des Aufstandes, Otto Bauer und Julius Deutsch, auf getrennten Wegen in die Tschechoslowakei absetzten.[85] (Siehe auch S. 118–120.)

In Linz war der Aufstand bereits am Abend des 12. Februar weitgehend zusammengebrochen. Einige Rückzugspositionen befanden sich noch in der Hand des Schutzbundes, die meisten Aufständischen zerstreuten sich aber im

Laufe der Nacht. Am Morgen des 13. Februar feuerte das Bundesheer mehrere Artillerieschüsse auf eine gegenüber dem Bischöflichen Gymnasium Petrinum liegende Villa. Man vermutete dort die Schutzbundführung von Linz-Urfahr. Spätestens jetzt flüchteten die letzten Schutzbündler, die noch in ihren Stellungen in Urfahr verblieben waren. Die weiteren Sicherungsmaßnahmen des Bundesheeres verliefen ohne Zwischenfälle. »Überall, wo sich Militär zeigte, verschwanden auch die letzten Reste der Aufständischen«, heißt es im Bundesheerbericht. Nur bei der Arbeiterkrankenkasse in der Betlehemstraße kam es gegen 16 Uhr zu einem längeren Feuergefecht zwischen Bundesheer und Freiwilligem Schutzkorps auf der einen und Aufständischen auf der anderen Seite.[86]

In Steyr war am Vorabend eine Artillerieabteilung aus Enns eingetroffen. Mitten in der Nacht stellte diese Einheit nun eine Haubitze bei der Kapelle Am Tabor auf. Das Geschütz feuerte sechs Schüsse auf die rund achthundert Meter entfernt liegenden Wohnhäuser der Ennsleite, wo der Schutzbund seine Stellungen hatte. Schließlich entschloss man sich, das Bombardement abzubrechen. Es war einfach zu dunkel, und so bestand die Gefahr, benachbarte Häuser zu treffen.

Am Vormittag wurden zwei Geschütze in Stellung gebracht, die ab zwölf Uhr das Feuer auf die Ennsleite eröffneten. Das brachte die dort postierten Maschinengewehre bald zum Verstummen. Nachmittags um 15 Uhr startete schließlich der Angriff auf die Schutzbund-Bastion. Schon nach kurzer Zeit waren vom Norden her die Steyr-Werke genommen. Stark bedrängt von Artillerie, Minenwerfen und schweren MGs, vermochten die Aufständischen die Ennsleite nicht mehr lange zu halten. Um 15.30 Uhr wurden auf der dem Bahnhof und dem Stadtzentrum zugewandten Häuserfront weiße Fahnen gehisst. Und bald nach 17 Uhr stürmten die Bundesheersoldaten von der Werksseite her die Wohnhausanlage. Die Schutzbündler, sofern sie nicht schon geflüchtet waren oder sich versteckt hatten, ergaben sich. Vom Osten drang die Heimwehr gegen 17.30 Uhr in die Kleingartensiedlung »Klein, aber mein« ein und erreichte die Ennsleite erst nach der Besetzung durch das Bundesheer. Am Abend und in der Nacht kam es in der Stadt und in ihrer Umgebung hin und wieder noch zu Schießereien, die nach und nach abflauten.

Die aufständischen Schutzbündler waren in Steyr trotz ihrer verhältnismäßig guten Ausstattung mit Maschinengewehren und Karabinern von vornherein chancenlos. Dazu kam das Misslingen des Generalstreiks, die mangelnde breite Unterstützung aus der Bevölkerung und das Fehlen einer einheitlichen Kampfleitung. Das Bundesheer attestierte seinem Gegner, über viele kriegserfahrene, im Waffengebrauch geübte Leute verfügt und sehr geschickt und

Beschuss der Wohnhäuser auf der Ennsleite in Steyr durch die Artillerie des Bundesheeres, 13. Februar 1934.

mutig gekämpft zu haben. Der rasche Sieg gegen sie sei überwiegend »der ausgezeichneten Artillerie- und Minenwerferunterstützung zu danken«.[87]

Frühmorgens stießen in Zell am Pettenfirst im Hausruckgebiet Aufständische aus Attnang-Puchheim mit der in einem Gasthaus stationierten örtlichen Heimwehr zusammen. Ein Schutzbündler starb, eine Magd des Gasthauses ebenso, ein Heimwehrführer erlitt schwere Verletzungen. Um diese Zeit machten sich Militärpatrouillen von der Station Hausruck auf den Weg Richtung Holzleithen. Aus Vöcklabruck rückten Welser Alpenjäger, Heimwehr- und Gendarmerieeinheiten auf das Kohlerevier vor. Bei Hausruckedt, kaum einen Kilometer von Holzleithen entfernt, gerieten sie ins Feuer des Schutzbundes, der seine Zentrale im Arbeiterheim des Ortes hatte.

Unter beträchtlichen Verlusten (fünf Tote, fünf Schwerverletzte) kämpfte sich das Bundesheer über schneebedeckte Felder an Holzleithen heran. Gegen 16 Uhr gelang es den Alpenjägern, den Ort und schließlich auch das Arbeiterheim zu besetzen. Die meisten Schutzbündler waren aus dem Gebäude bereits geflüchtet, darunter der Kommandant Ferdinand Fageth, ein Landtagsabgeordneter der SDAP. Im Keller des Arbeiterheims hielten sich noch einige Arbeitersamariter auf, die am Kampf nicht beteiligt gewesen waren. Nachrückende Heimwehrtruppen zerrten sechs von ihnen auf die Bühne des Arbeiterheims und feuerten auf sie. Vier starben, zwei überlebten schwer verletzt. (Näheres

Die Gebäude des Konsumvereins in Graz-Eggenberg nach dem Artilleriebeschuss durch das Bundesheer, 13. Februar 1934.

siehe S. 93–95.) Insgesamt fielen während des Februaraufstandes im Hausrucker Kohlerevier zehn Schutzbündler.[88]

Raum Graz: Am Vorabend war eine Kompanie des Alpenjägerregiments Nr. 9 im Eggenberger Kampfgebiet eingetroffen und sogleich mit Maschinengewehrfeuer aus dem Gebäude des Konsumvereins empfangen worden. Es dauerte einige Zeit, bis die Feldhaubitzen bereitstanden und alles vorbereitet war, aber um 1.30 Uhr setzte der Artilleriebeschuss ein. Anschließend stürmten zwei Angriffskolonnen vor, sprengten die Tore mit Handgranaten auf und drangen ins Konsumvereinsgebäude ein. Die durch das vorangegangene Artilleriefeuer »seelisch erschütterten« Gegner – so der Bundesheerbericht – gaben auf, rund 130 Mann gerieten in Gefangenschaft.

Die am späten Nachmittag des 12. Februar aus der Gegend der Hackergasse und der Hirtenschule vertriebenen Aufständischen hatten sich in die Brückenbauanstalt und das Schienenwalzwerk nördlich des Grazer Hauptbahnhofes zurückgezogen. Gemeinsam mit den aufständischen Arbeitern der Werke unternahmen sie im Laufe der Nacht Vorstöße ins umliegende Stadtgebiet. Noch am Abend war Bundesheer zur Verstärkung eingetroffen und es war zu ersten Feuergefechten gekommen. Deshalb griff man im Laufe der Nacht zu einem bewährten Mittel, dem Einsatz von Artillerie und Minenwerfern. Um sechs Uhr morgens feuerte die Feldhaubitzbatterie fünf Minuten lang auf die Stellungen der Schutzbündler. Es folgte ein Infanterieangriff, dem die Aufständischen nichts mehr entgegenzusetzen hatten. 18 von ihnen konnten festgenommen werden, der ungleich größere Rest entkam in dem weitläufigen, unübersichtlichen Industriegelände.[89]

In Bruck an der Mur war das aus Graz anrückende Bundesheer am Abend und in der Nacht auf zum Teil beträchtlichen Widerstand gestoßen und aus Häusern und vom Brucker Schlossberg her heftig beschossen worden. Folgerichtig war es notwendig, zuallererst den Schlossberg zu erobern. Um 4.45 Uhr nahm die Artillerie ihre Tätigkeit auf. Einige Minuten »Vernichtungsfeuer« und der Sturmangriff eines Zuges im Schutz der Dunkelheit genügten, um die Schutzbündler aus ihren Stellungen zu vertreiben. Gleich nachdem der Schlossberg verloren war, fassten die Schutzbundführer den Beschluss, die Stadt zu räumen. Rund vierhundert Mann unter Führung von Koloman Wallisch und des militärischen Kommandanten Hubert Ruß zogen sich in westliche Richtung zurück, setzten auf einer Wehranlage über die Mur und stiegen dann in die südlich von Bruck gelegenen Berge auf. Die Absicht lautete, sich bis nach Jugoslawien durchzuschlagen. Angesichts der Kälte, des tiefen Schnees und der vielen Verfolger ein unmögliches Unterfangen, wie sich bald herausstellen sollte.[90]

Zusammenbruch

Am Mittwochmorgen, 14. Februar, standen rund zweitausend Mann Infanterie, 16 Geschütze, ein Panzerwagen, eine Alarmkompanie der Wiener Polizei sowie Formationen des Freiwilligen Schutzkorps in und um Wien-Floridsdorf bereit. Während der Nacht waren Bundesheereinheiten aus den umliegenden Garnisonen in Krems, Klosterneuburg, Korneuburg und Stockerau zusammengezogen wurden. Um sieben Uhr früh startete der Angriff, der sich gegen den FAC-Bau an der Floridsdorfer Brücke, die Gartenstadt Jedlesee, die Nordbahnstation, das Arbeiterheim in der Angererstraße sowie verschiedene weitere Stützpunkte des Schutzbundes richtete. Laut Polizeidarstellung war Floridsdorf gegen Mittag »im Allgemeinen genommen«.

Bundeskanzler Dollfuß unternahm am Morgen gemeinsam mit Sicherheitsminister Fey eine Inspektionsfahrt ins Floridsdorfer Kampfgebiet. Im Inundationsgebiet bei der Floridsdorfer Brücke besichtigte er die Artilleriestellungen des Bundesheeres, anschließend besuchte er noch das Amtshaus und das Polizeikommissariat. Später brachte er mit seinem Auto einen verletzten Polizisten ins Allgemeine Krankenhaus und erlebte dort mit, wie der am Vortag in Stadlau schwer verwundete Polizeimajor Ableitinger vor seinen Augen verschied. Tief erschüttert schloss Dollfuß ihm die Augen und erklärte sich spontan dazu

Bundeskanzler Dollfuß inspiziert die Artilleriestellung am Floridsdorfer Brückenkopf, 14. Februar 1934.

bereit, die Vormundschaft für die vier Kinder des Verstorbenen zu übernehmen.[91] – Die harte Haltung Dollfuß' bei den Todesurteilen in den folgenden Standgerichtsverfahren mag sich auch aus diesem einschneidenden persönlichen Erlebnis erklären.

Die letzten Rückzugspositionen der Floridsdorfer Aufständischen befand sich im Gaswerk Leopoldau und im Goethehof in Kaisermühlen, der viele sich zurückziehende Kämpfer aufnahm. Gegen Mittag forderte ein Parlamentär die Aufständischen zur Übergabe der Wohnhausanlage auf. Erfolglos. Um 16.30 Uhr begann das Bombardement und hielt – mit Unterbrechungen – bis gegen 20 Uhr an. Um diese Zeit, so berichteten Überläufer, hatten die Aufständischen den Widerstand völlig aufgegeben und waren dabei, über das Eis der Alten Donau Richtung Lobau zu flüchten. Wegen der Dunkelheit entschied sich die Exekutive dafür, den Goethehof erst am nächsten Morgen, 15. Februar, zu besetzen. Als die Polizei, verstärkt durch das Schutzkorps, ab acht Uhr morgens die Wohnanlage in Besitz nahm, fand sie keinerlei Tote oder Verletzte, weder unter Schutzbündlern noch unter Bewohnern des Hauses. Die meisten von ihnen hatten ihre Wohnung vor Beginn der Beschießung verlassen, die anderen im Keller Zuflucht genommen.[92]

Im Laufe des 14. Februar räumten die Schutzbündler die meisten der von ihnen besetzten Gemeindebauten in Meidling. Der »Indianerhof« Am Tivoli

Karl Münichreiter, Gruppenführer des Schutzbundes in Wien-Hietzing, hingerichtet am 14. Februar 1934. Das Foto ist eine Fälschung zu Propagandazwecken.

musste unter Einsatz von Militär und Heimwehr freigekämpft werden. Auch den Bebelhof und den Fuchsenfeldhof konnten die Aufständischen noch einige Zeit lang halten.[93]

Viele aus den Arbeiterbezirken Simmering und Favoriten geflohene Schutzbündler suchten am Laaerberg Zuflucht. Es liefen Gerüchte um, die Aufständischen würden Stellungen ausbauen oder gar einen Angriff vorbereiten. Josef Brüll, der hier das Kommando in Eigeninitiative übernommen hatte, berichtete, dass sich die Versammelten tatsächlich passiv und abwartend verhielten und trotz aller Bemühungen nicht dazu zu bewegen waren, ernsthaft in die Kampfhandlungen einzugreifen. Am Morgen des 15. Februar besetzte das Bundesheer den Laaerberg, ohne auf den geringsten Widerstand zu stoßen.[94]

In Wien normalisierte sich das Leben am Mittwoch zusehends. Vom Generalstreik war nichts mehr zu merken, die Betriebe arbeiteten, die Stromversorgung funktionierte, wenngleich mit Problemen, die Züge fuhren, die Straßenbahnen nahmen wieder ihren Betrieb auf, ebenso die Stadtbahnen. Freilich, in der Innenstadt war im Laufe des Tages der Kanonendonner aus den Vorstädten deutlich vernehmbar, Schulen, Universitäten, Theater hatten noch geschlossen, auf den Straßen, an neuralgischen Punkten, insbesondere Brücken, gab es Sperren und Kontrollen durch Polizei oder Schutzkorps.[95]

Der erste Standgerichtsprozess begann am 14. Februar um neun Uhr im Landesgericht II in Wien. Angeklagt waren zehn Schutzbündler, die an der Schießerei am Goldmarkplatz in Ober-St. Veit beteiligt gewesen waren. Unter ihnen auch der Führer der Gruppe: Karl Münichreiter, ein 42-jähriger Schuhmacher, verheiratet, Vater von drei Kindern. Er hatte eine schwere Verwundung an der Schulter, vermutlich einen Steckschuss. Trotzdem fand das Gericht, Münichreiter sei nicht als schwer krank »im Sinne des Gesetzes« zu bezeichnen. (Ansonsten hätten man ihm keinen Standgerichtsprozess machen dürfen.) Während die Verfahren gegen die anderen Angeklagten an die ordentlichen Gerichte überwiesen wurden, verurteilte man Münichreiter zum Tod. Justizminister Schuschnigg lehnte die Weiterleitung des von Münichreiters Anwalt eingebrachten Gnadenantrags an den Bundespräsidenten ab. Seine Begründung gegenüber der Präsidentschaftskanzlei: »Mit Rücksicht auf die zahlreichen Opfer der Exekutive und das dringend nötige abschreckende Beispiel ist ein Gnadenantrag im ersten zur Aburteilung gelangenden Falle nicht vertretbar, sondern würde voraussichtlich nur noch mehr Menschenopfer zur Folge haben.« Um 16.41 Uhr wurde das Urteil vollzogen.[96]

Um 17 Uhr, wenige Minuten nach der Hinrichtung Münichreiters, begann im Landesgericht II der zweite Standgerichtsprozess: Diesmal wurde gegen den Floridsdorfer Feuerwehrkommandanten Georg Weissel verhandelt. Er war am Morgen des 13. Februar in der Phase der Sammlung und Bewaffnung seiner Leute verhaftet worden, ohne dass er in die Kämpfe hätte eingreifen können. Auch mit Weissel wurde im wahrsten Sinn des Wortes kurzer Prozess gemacht. Um 21.43 Uhr wurde das Todesurteil verkündet und exakt drei Stunden später vollzogen. Schuschnigg hatte sich darauf berufen, dass »der Vollzug der Todesstrafe zur Abschreckung unbedingt notwendig erscheine«.[97]

Das Dollfuß-Regime wollte beides demonstrieren: Härte gegenüber Führern und Tätern, Milde gegenüber »Irregeleiteten und Verhetzten«. Spät am Abend des 14. Februar hielt Bundeskanzler Dollfuß im Rundfunk eine Rede und verlas schließlich folgende Erklärung: »Die Regierung will euch noch einmal Gelegenheit zur Umkehr geben. Wer sich von jetzt ab, elf Uhr abends, jeder ungesetzlichen oder feindseligen Haltung strikte enthält und morgen Donnerstag, 15. Februar, von sieben Uhr früh bis zwölf Uhr mittags sich den Exekutivorganen stellt, kann – ausgenommen die verantwortlichen Führer – auf Pardon rechnen. Ab morgen zwölf Uhr mittags gibt es für niemand und unter gar keinen Umständen irgendwelchen Pardon.«[98]

Zusammenbruch

Diese Erklärung des Kanzlers zeigte Wirkung. Am Dienstagvormittag hatten Bundesheereinheiten den Karl-Marx-Hof in Heiligenstadt nach einer vorausgegangenen Kanonade gestürmt, dann aber wegen der Ereignisse in Floridsdorf überstürzt abziehen müssen. So waren die Schutzbündler wieder in die Gebäude zurückgekehrt, um die verbliebenen Einheiten des Schutzkorps und der Sicherheitswache erneut unter Feuer zu nehmen. Während des Mittwochs war die Situation unverändert geblieben. Dann aber rückte Bundesheer in furchteinflößender Stärke heran und nahm Aufstellung. Am Donnerstagmorgen, 15. Februar, ließ der kommandierende Major sämtliche Hausbesorger des Karl-Marx-Hofs in der Bahnhofshalle zusammenrufen und verlas ihnen die Kundgebung des Kanzlers. Der Major fügte noch hinzu, dass man das Artilleriefeuer sofort wieder aufnehmen würde, sollten die Waffen nicht abgeliefert werden. Schon nach einer halben Stunde brachten die Hausbewohner die ersten Waffen, nach einer Stunde wurden die ersten weißen Fahnen gehisst. Bei der nachfolgenden »Säuberung« des Hofs stieß man auf keinerlei Widerstand mehr. Die Schutzbündler waren schon geflüchtet – »durch die Kanäle«, wie es im Bundesheerbericht heißt.[99]

Ein Sammelpunkt der Floridsdorfer Schutzbündler, die am Morgen des 14. Februar vor den heranrückenden Regierungskräften zurückgewichen waren, war die Baracke der Kinderfreunde in Jedlersdorf. Hier diskutierte man, ob man die Waffen strecken und sich ergeben oder besser in die nicht einmal vierzig Kilometer entfernt liegende Tschechoslowakei fliehen sollte. Eine Gruppe von vorerst 65 Mann rund um die Stadlauer Schutzbundführer Franz Zartl und Wilhelm Wagner fasste den Entschluss, sich in den Nachbarstaat durchzuschlagen. Um 8.30 Uhr zog die Gruppe los. Der Weg über den Bisamberg war durch Regierungskräfte versperrt, so entschied man sich für den Zug durch das Marchfeld. Die Männer waren mit Gewehren bewaffnet, hatten Handgranaten dabei und schleppten sogar drei Maschinengewehre samt Munition mit sich. Man war gewillt, sich den Weg notfalls freizuschießen.

Die Flüchtlinge bewegten sich südlich der Nordbahn ostwärts, mieden möglichst die Landstraßen, sondern gingen stattdessen durchs Gelände. Im flachen Ackerland des Marchfelds und wegen der gefrorenen Böden war das beschwerlich, aber nicht unmöglich. Hunger und Durst quälte die Männer, manche gaben auf. Eine Patrouille, die auf der Suche nach Wasser war, stieß bei Strasshof mit Gendarmen zusammen. Es kam zu einer Schießerei, ein Gendarm starb. Auch an anderen Stellen gab es Gefechte mit Regierungskräften, die sich aber nicht so recht an die Schwerbewaffneten heranwagten. Gegen Mitternacht hielten die Flüchtenden in einer Scheune nahe Angern an der March Rast, also direkt an der Grenze. Die Kommandanten Zartl und

Wagner erkundeten einen geeigneten Weg und brachten ihre Leute nach und nach über die vereiste March in die Tschechoslowakei. 47 Männer waren es am Schluss, und so entstand der Mythos vom »Marsch der Siebenundvierzig«.[100]

Zu den wirkungsvollsten Heldenmythen des Februaraufstandes gehört die Jagd auf Koloman Wallisch nach seinem Abzug aus Bruck an der Mur. Die Schriftstellerin Anna Seghers veröffentlichte im Sommer 1934 eine literarische Reportage unter dem Titel »Der letzte Weg des Koloman Wallisch«.[101] Paula Wallisch beschrieb – hagiographisch überhöht – den Lebens- und Leidensweg ihres Ehemanns 1934 in dem Buch »Ein Held stirbt!«. Bertolt Brecht verfasste 1935/36 die »Koloman-Wallisch-Kantate«. Das Werk blieb Fragment, wird aber trotzdem häufig zitiert.

Im Laufe des 13. Februar hatte sich Wallisch mit vierhundert Mann im hohen Schnee durch den Utschgraben zum Eisenpass hochgekämpft, rund vierzehn Kilometer und siebenhundert Höhenmeter von Bruck entfernt. Dann waren die Männer in den Laufnitzgraben abgestiegen. Ziel des Unternehmens: sich irgendwie nach Jugoslawien durchzuschlagen. Ein aussichtsloses Unterfangen. In einer Schule hielten die Schutzbündler Rast. Ausgesandte Kundschafter brachten die niederschmetternde Nachricht, dass Frohnleiten von Exekutive und Schutzkorps besetzt und der Weg ins Murtal damit versperrt war. So zogen die Männer sich wieder in die Berge zurück und nächtigten in Ställen und Scheunen. In den frühen Morgenstunden des 14. Februar rückten Gendarmerie und Schutzkorps an, überraschten einige Gruppen von Schutzbündlern im Schlaf und verhafteten sie. Wie verzweifelt die Stimmung unter ihnen war, geht aus einem Bericht des steirischen Sicherheitsdirektors hervor: »Während sich die ersten sechs Mann bedingungslos ergaben, ergriffen von den vier im Rinderstall […] nächtigenden Schutzbündlern drei ihre Waffen und versuchten, damit Selbstmord zu begehen, ohne die Handfeuerwaffen, welche sie unter den Köpfen liegen hatten, gegen die Einschreitenden zu richten.« Zwei konnten im letzten Moment daran gehindert werden, einem gelang es, sich durch den Schuss aus einer Repetierpistole M12 selbst zu »entleiben«.[102]

Die restlichen Schutzbündler zogen sich höher in die Berge zurück. Oben verabschiedete Wallisch seine Leute. Sie sollten nach Hause gehen, es werde ihnen wenig geschehen, man sei ohnehin nur auf der Jagd nach ihm. So warfen die meisten die Waffen weg und zerstreuten sich. Rund 25 bis 30 Mann blieben bei ihrem Anführer. Sie wurden am Nachmittag in ein Gefecht verwickelt, bei dem ein Gendarm und ein Schutzkorpsmann starben. Mittlerweile hatte die Regierung eine Ergreiferprämie von 5000 Schilling auf Wallisch ausgesetzt. Zudem wartete man mit der Aufhebung des Standrechts zu – in der Hoffnung, dass Wallisch bald verhaftet werden würde. Ein ordentliches Gericht hätte ihn

Koloman Wallisch nach der
Verhaftung, 18. Februar 1934.

nicht zu Tode verurteilen können. Aber gerade an ihm wollte man ein Exempel statuieren.

Wallisch, dessen Gruppe an Begleitern rasch dahinschmolz, fand Unterschlupf in einer Almhütte, eine Bäuerin sorgte für Verpflegung. Einstweilen durchsuchten Gendarmerie und Bundesheer in der Stärke von über dreißig Mann die Gegend nach ihm. Am Freitag, 16. Februar, fuhr er mit zwei verbliebenen Getreuen auf einer Rodel und in die Ortschaft Utschtal ab. Zwei Tage später, Sonntag, 18. Februar, trat Wallisch – jetzt begleitet von seiner Frau Paula – die Flucht per Taxi über den Schoberpass in nordwestliche Richtung an. Alles ging schief. Nahe Liezen geriet das Auto auf eisglatter Straße von der Fahrbahn. Ein Bauer mit einem Ochsen musste zur Hilfe gerufen werden. Während man wartete, passierte ein Autobus die Unfallstelle. Der Fahrer erkannte Wallisch und zeigte ihn im nächsten Ort an. Währenddessen war das Fluchtauto flottgemacht, die Fahrt ging weiter. Nach zehn Minuten wieder dasselbe, nur schlimmer. Das Auto kam ins Schleudern und stürzte über eine Böschung. Das war nahe der kleinen Ortschaft Reithtal. Das Ehepaar, unverletzt geblieben, setzte die Flucht zu Fuß fort, erreichte bald den kleinen Bahnhof von Ardning. Hier wurde Wallisch neuerlich erkannt, bald darauf auf der Straße verhaftet und umgehend ans Kreisgericht Leoben überstellt.

Am folgenden Tag fand dort der Standgerichtsprozess gegen Koloman Wallisch und den militärischen Leiter des Brucker Aufstandes, Hubert Ruß, statt. Wie in den anderen Prozessen kann von einem Verfahren nach rechtsstaatlichen Kriterien keine Rede sein. Der Staatsanwalt führte in seinem Schlussplädoyer aus, Wallisch haben von Anfang an darauf hingearbeitet »unser armes Volk dem Bolschewismus auszuliefern«. Er sei »eine Eiterbeule am gesunden Volkskörper der Obersteiermark«, und diese müsse ausgeschnitten werden, um »den Volkskörper wieder gesund zu machen«. Um 20.40 Uhr verkündete das Gericht die Todesurteile für beide Angeklagte. Bundespräsident Miklas begnadigte Ruß. Justizminister Schuschnigg weigerte sich hingegen, den Gnadenantrag für Wallisch, den sein Pflichtverteidiger gegen dessen Willen eingebracht hatte, an Miklas weiterzuleiten. So wurde Wallisch am 19. Februar, um 23.40 Uhr, im Hof des Kreisgerichtes Leoben gehenkt.

Mehr noch als Karl Münichreiter und Georg Weissel war Koloman Wallisch die eigentliche Symbol- und Identifikationsfigur des Februaraufstandes. »Als Popanz der gegnerischen Propaganda mehr Subjekt als Objekt der Politik«, schreibt Rudolf Neck über ihn, »hat er sich im politischen Alltag weder durch Weitblick noch durch Festigkeit ausgezeichnet. Er war ein loyaler Funktionär, dem die Umstände eine exzeptionelle Rolle zuwiesen. Als aber das Ende nahte, hat er wahre persönliche Größe an den Tag gelegt.«[103]

In den Tagen vor dem Wallisch-Prozess waren weitere Standgerichtsverfahren über die Bühne gegangen, die zu Hinrichtungen geführt hatten. – Am Kreisgericht St. Pölten fand am 15. und 16. Februar der Prozess gegen acht Schutzbündler aus Rohrbach an der Gölsen und Hainfeld statt. Der 25-jährige Maurergehilfe Viktor Rauchenberger und der 42-jährige Fabriksarbeiter und Schutzbundkommandant Johann Hoys wurden wegen der Tötung des örtlichen Heimwehrkommandanten Johann Lintner zum Tode verurteilt und am Abend des 16. Februar hingerichtet. (Näheres siehe S. 102 f.) – Am selben Tag verhandelte das Standgericht in Wien gegen drei Schutzbündler aus Döbling. Sie waren in den ersten Stunden des Aufstandes an einer Straßenkreuzung in der Nähe des Karl-Marx-Hof an einem Feuergefecht beteiligt gewesen, bei dem der Polizeirevierinspektor Heinrich Kainz ums Leben gekommen war. Schutzbund-Gruppenführer Emil Svoboda, ein 35-jähriger städtischer Arbeiter, Vater von zwei Kindern, war der Hauptangeklagte. Das Gericht konnte Svoboda die Tat nicht nachweisen, verurteilte ihn aber wegen Aufruhrs zum Tod durch den Strang. Schuschnigg lehnte den Gnadenantrag ab, und Svoboda starb am Würgegalgen. – Am 17. Februar wurde Josef Ahrer in Steyr wegen des Mordes an Johann Zehetner und Josefine Nagelseder hingerichtet. (Näheres siehe S. 91 f.)[104]

Der Standgerichtsprozess gegen den Arbeiterkammersekretär Josef Stanek und zwei Mitangeklagte fand am 16. und 17. Februar am Grazer Straflandesgericht statt. Stanek hatte bei Ausbruch des Generalstreiks und Aufstandes einen fatalen Fehler begangen: Er war nicht wie die anderen sozialdemokratischen Funktionäre sofort von der Bildfläche verschwunden, sondern hatte sich stundenlang bei den Aufständischen herumgetrieben. So war er in der besetzten Wachstube Hackhergasse gewesen und hatte eine Ansprache gehalten, später wurde er in Begleitung von mehreren Schutzbündlern in eine Schießerei mit einigen Kriminalbeamten verwickelt. Ob er selbst schoss, ist unklar. Ebenso ist ungeklärt, ob er tatsächlich am Abend an den Kämpfen im Schienenwalzwerk teilnahm, wie ein Mitangeklagter im Prozess behauptete. Jedenfalls wurde Stanek zum Tod verurteilt. Justizminister Schuschnigg lehnte eine Weiterleitung des Begnadigungsantrages von Staneks Anwalt an den Bundespräsidenten ab, die abschreckende Wirkung sei in der Steiermark noch nicht erreicht.[105]

Am 21. Februar, sieben Uhr morgens, wurde das Standrecht wegen Verbrechens des Aufruhrs für ganz Österreich aufgehoben. Trotzdem wurde am selben Tag noch ein Standrechtsfall im Zusammenhang mit dem Februaraufstand verhandelt. Das Verfahren gegen sechs Angeklagte wegen der Toten beim Zusammenstoß am Polygonplatz in Linz fand nach dem am 10. November 1933 verkündeten und seither nicht aufgehobenen Standrecht für Mord, Raub, Brandlegung und boshafte Sachbeschädigung statt. Drei Angeklagte wurden zum Tod verurteilt, einer davon – der 56-jährige Anton Bulgari – schließlich am 22. Februar tatsächlich hingerichtet. (Näheres siehe S. 103 f.) Ein weiteres Verfahren in Graz am 26. Februar endete ebenfalls mit einem Todesurteil, das allerdings durch den Bundespräsidenten in eine Begnadigung zu zwanzig Jahren schweren Kerkers umgewandelt wurde.[106]

Insgesamt hielten Standgerichte zwischen 14. und 26. Februar 30 Verfahren wegen des Februaraufstandes ab. Die Gerichte sprachen 24 Todesurteile aus, neun davon wurden vollstreckt.[107] Mit nichts setzte sich das Dollfuß-Regime im Februar 1934 so sehr ins Unrecht als mit diesen überhasteten, schlampig durchgeführten Prozessen. Es ist nicht verfehlt, von einer überzogenen und politisch letztlich auch überaus unklugen Rachejustiz zu sprechen. Dass die Hinrichtungen zur »Abschreckung« nötig gewesen wären, ist nicht nachvollziehbar. Als die ersten Urteile am Abend des 14. Februar vollstreckt wurden, war der Aufstand im Grunde bereits zusammengebrochen. Verurteilte, die möglicherweise durchaus verwerfliche Taten begangen hatten (Rauchenberger, Hoys, Ahrer, Bulgari), wurden wegen der drakonischen Urteile mit einem Mal zu Märtyrern der Arbeiterbewegung.

Danach

Der Februaraufstand bedeutete das Ende der Sozialdemokratischen Partei und ihres mächtigen, weitverzweigten Apparates. Mussolini hatte sein Ziel erreicht. Mitte März 1934 lud er Dollfuß und den ungarischen Ministerpräsidenten Gömbös zu sich. Die drei Staaten unterzeichneten die »Römischen Protokolle« und vereinbarten enge Zusammenarbeit. Dem faschistischen Italien war es gelungen, sich ein (kleines) Bündnissystem zu schaffen, um im europäischen Mächtespiel bessere Karten zu haben. Dollfuß hatte sein Land damit allerdings beinahe vorbehaltlos an Mussolini ausgeliefert.

Innenpolitisch war er freilich der Triumphator. Nun gab es keinerlei Hindernis mehr, den »Christlichen Ständestaat« zu etablieren und dessen neue Verfassung zu verkünden. Am 30. April 1934 trat der Nationalrat ein letztes Mal zusammen, selbstverständlich ohne sozialdemokratische Abgeordnete. Das Rumpfparlament segnete die seit 7. März 1933 erlassenen Verordnungen ab und beschloss ein Ermächtigungsgesetz, auf dessen Grundlage die Regierung von nun an Gesetze und Verordnungen nach eigenem Gutdünken erlassen konnte. Der erste dieser Gesetzgebungsakte war die Kundmachung der neuen Verfassung, deren Präambel ein neues Gottesgnadentum proklamierte: »Im Namen Gottes, des Allmächtigen, von dem alles Recht ausgeht, erhält das österreichische Volk für seinen christlichen, deutschen Bundesstaat auf ständischer Grundlage diese Verfassung.«

Der 1. Mai, der traditionelle Feiertag der Arbeiterbewegung, war bewusst ausgewählt worden, um mit viel Pomp die neue Verfassung zu feiern. Diverse Festveranstaltungen, »Huldigungen« und Umzügen prägten den Tag. Dollfuß hielt eine vom Rundfunk im ganzen Land ausgestrahlte Rede. Thema: »Das neue Österreich«.

Zur Freude gab es freilich wenig Grund. Der während des Aufstandes bis Ende Februar unterbrochene NS-Terror wurde im März mit verstärkter Vehemenz wieder aufgenommen. Und in dieser Tonart ging es bis zum Sommer weiter. Der nationalsozialistische Putschversuch vom 25. Juli 1934 scheiterte, aber Dollfuß kam dabei ums Leben. Neuer Bundeskanzler wurde Kurt Schuschnigg.[108]

Noch am 12. Februar war der Sozialdemokratischen Arbeiterpartei jede Betätigung verboten worden.[109] Die Auflösung der größten Partei des Landes und der mit ihr eng verwobenen mächtigen Organisation der Freien Gewerkschaften mit ihren zahllosen Unterorganisationen und angeschlossenen Vereinen,[110] war eine gewaltige Aufgabe für die österreichische Bürokratie. Bis 3. März waren laut Angaben der Polizei 48 Gewerkschaftsverbände, sieben Berufs- und

19 Sportvereine, acht Musik-, Gesangs- und Bildungsvereine, vier Tierschutzvereine sowie zehn sonstige Vereine formell aufgelöst worden.[111] Auch wenn der organisatorische Zusammenhalt der Sozialdemokratie vom Ständestaat so halb und halb und vom NS-Staat fast vollständig zerschlagen werden konnte – die Auflösung der informellen sozialdemokratischen Netzwerke gelang beiden Regimen nicht.

Viele ältere, als gemäßigt geltende SDAP-Führer – wie Renner, Körner, Schärf, Helmer und andere – zogen sich ins »inneres Exil« zurück, überdauerten den Ständestaat und die NS-Herrschaft und sollten 1945 ein überraschendes Comeback erleben. Von den jüngeren Anhängern und Aktivisten wandten sich viele den Totalitarismen zu. Die Kommunistische Partei in Österreich war aufgrund des starken Zuzugs linker Sozialdemokratien nie stärker als in der Illegalität zwischen 1934 und 1945. Lange Zeit unterschätzt oder heruntergespielt wurde der Anteil an Sozialdemokraten, die sich nach der Katastrophe des Februar 1934 den Nationalsozialisten anschlossen. Hier gilt Helmut Konrads Feststellung, dass Übertritte in gefestigten sozialdemokratischen Milieus eher selten waren. »Je stabiler der Arbeitsplatz war, je besser eine Gegenkultur der Arbeiterbewegung Arbeitslosigkeit zumindest emotional auffangen konnte, desto geringer war die Verlockung, zum Nationalsozialismus abzuwandern.« In traditionellen Industrieansiedlungen sei man durch einen solchen Schritt »geradezu stigmatisiert« gewesen. In isolierten Industrieenklaven im ländlichen Umfeld hingegen konnten Nazis ehemalige Sozialdemokraten und Schutzbündler wesentlich leichter überzeugen und für sich gewinnen.[112]

Die sozialdemokratische Emigration formierte sich in der Tschechoslowakei mit dem Zentrum in der mährischen Hauptstadt Brünn. Hier wurde ab 25. Februar wöchentlich die kleinformatige *Arbeiter-Zeitung* produziert und auf geheimen Wegen nach Österreich geschmuggelt. Und hier entstand rund um Otto Bauer und Julius Deutsch das »Auslandsbüro der österreichischen Sozialdemokraten« (ALÖS). Man wollte ganz bewusst nicht mehr als Parteivorstand auftreten, sondern sah sich als unterstützendes Element der im Land autonom agierenden illegalen Bewegung.[113]

Sobald Otto Bauer in der Tschechoslowakei eingelangt war, begann er mit dem, was Ernst Hanisch als »Arbeit am Februarmythos« bezeichnet. Schon nach einer Woche, datiert mit 19. Februar 1934, legte Bauer unter dem pathetischen und irreführenden Titel »Der Aufstand der österreichischen Arbeiter« seine Rechtfertigungsschrift vor. Die übermäßige Lobpreisung, die er darin auf den »heldenhaften Kampf« der Schutzbündler anstimmt, war wohl dem eigenen schlechten Gewissen wegen der überstürzten, wenig heldenhaften Flucht aus Wien geschuldet.

Hatte Otto Bauer sich in der Ratlosigkeit der Vor-Februar-Ära noch langsam an berufsständische Ideen herangetastet, so wandte sich der Meisterdenker des Austromarxismus in der Orientierungslosigkeit der Nach-Februar-Ära vollends von der bürgerlichen, parlamentarischen Demokratie ab. Ziel einer »revolutionären Volkserhebung« gegen die »austrofaschistische Diktatur« könne nur die »revolutionäre Diktatur der Arbeiterklasse« sein, die nach der Vertreibung der »faschistischen Mörderbanden« und der »bluttriefenden Verfassungsbrecher« eine »sozialistische Demokratie« errichten würde. Kurzum, Otto Bauer propagierte die »Diktatur des Proletariats«. Und die sozialistische Demokratie, die irgendwann einmal daraus hervorgehen sollte, erinnert stark an die nach 1945 im sowjetischen Machtbereich errichteten Volksdemokratien.[114]

Als illegale Nachfolgeorganisation der Sozialdemokratischen Partei in Österreich etablierten sich die »Revolutionären Sozialisten«. Die Führung übernahm eine »Zentrale Fünfergruppe«, geleitet von Manfred Ackermann, dem nach dessen baldiger Verhaftung im März 1934 der ehemalige AZ-Redakteur Karl Hans Sailer nachfolgte. Sailer flog im Jänner 1935 auf. Nach ihm kam Joseph Buttinger, ein ehemaliger SDAP-Bezirksparteisekretär aus Kärnten, ans Ruder. Er entging jeder Verhaftung und konnte sich bis zum Ende des Ständestaates halten. Vorerst waren die Revolutionären Sozialisten ganz auf eine »kurze Perspektive« eingestimmt. Wie Otto Bauer in Brünn glaubten sie, dass der Faschismus in Österreich bald durch eine Erhebung des Volkes gestürzt werden würde. Nach dem Juliputsch 1934 mussten sich die Revolutionären Sozialisten allerdings eingestehen, dass der »Austrofaschismus« doch nicht so rasch wie erwartet untergehen würde. Deshalb stellte man auf eine Politik der »langen Perspektive« um. So oder so war die illegale Nachfolgeorganisation der Sozialdemokratischen Partei in Österreich weit davon entfernt, die bürgerliche Demokratie in Österreich wiederherstellen zu wollen. Vielmehr stand man in direkter Konkurrenz mit den Kommunisten um das bessere Konzept für die Errichtung einer »Diktatur des Proletariats«.[115]

Die Februarkämpfer, die im Land blieben, um sich politisch zurückzuziehen oder in der Illegalität weiterzuarbeiten, waren von Verfolgung und Festnahme bedroht. Allein in Wien verhaftete die Exekutive bis Mitte März 7823 Personen. Viele dürften nur sehr kurz festgehalten worden sein, aber immerhin 429 der Festgenommenen erhielten Polizeistrafen und 1894 wurden an die Gerichte überstellt. Bis 24. April erhöhte sich letztere Zahl auf 2133. Insgesamt, resümierten die Sicherheitsbehörden Mitte Februar 1935, wurden in Folge des Februaraufstandes exakt 9700 Personen inhaftiert, am meisten interessanterweise in der Steiermark (3153), gefolgt von Wien (2867), Oberösterreich (1990) und

Gefangene Schutzbündler in einem Notarrest in Bruck an der Mur, Februar 1934.

Niederösterreich (1416), weitere Inhaftierungen waren für Salzburg, Kärnten und Tirol verzeichnet.[116]

Die weitere Aufarbeitung des Februaraufstandes oblag den ordentlichen Gerichten. Ab März ging es mit den sogenannten Schutzbundprozessen los, die kein Ende zu finden schienen und die Justiz offensichtlich überforderten. Dazu kam schließlich noch als weiterer Keulenschlag der nationalsozialistische Putsch vom 25. Juli 1934, der Zehntausende weitere Gefangene in die Arreste und Lager spülte und unzählige neue Verfahren notwendig machte. Mitte September 1934 zog die Oberstaatsanwaltschaft eine amtsinterne Zwischenbilanz: Demnach waren insgesamt 6141 Strafsachen wegen der Februarereignisse angefallen, davon hatte man zwar knapp die Hälfte niedergelegt, aber von den restlichen rund 3200 Verfahren waren zum Zeitpunkt der Bilanz erst 603 rechtskräftig erledigt worden, also kaum 20 Prozent.[117] Wie es mit den ausstehenden Verfahren weiterging, ist der konsultierten Literatur nicht zu entnehmen. Man kann annehmen, dass die meisten nach und nach niedergelegt wurden. Das war schon wegen des forcierten Befriedungskurses gegenüber der nach wie vor sozialdemokratisch eingestellten Arbeiterschaft ratsam.

Als Höhepunkt und Abschluss der justiziellen Aufarbeitung der politischen Angelegenheit »Februar 1934« ist der große Schutzbundprozess vom April 1935 anzusehen. Hauptangeklagter war der militärische Leiter des Schutzbundes,

Major Alexander Eifler, Zweitangeklagter dessen Stellvertreter Hauptmann Rudolf Löw. Beide waren an den Februarkämpfen nicht beteiligt gewesen, denn Fey hatte sie in der Woche vor Ausbruch des Aufstandes verhaften lassen. Dasselbe trifft für die meisten der anderen 19 Angeklagten zu, allesamt bedeutende Unterführer des Schutzbundes.

Im Prozessakt findet sich ein Papier der Verteidigung, das einen interessanten Einblick in die Führungsstruktur der sozialdemokratischen Wehrorganisation gibt: »Das Durchschnittsalter der Angeklagten beträgt 46 Jahre, 19 sind verheiratet (27 Kinder). Alle haben vor dem Feind gedient (679 Frontdienstmonate). Der Charge nach waren die Angeklagten: 1 Major, 1 Hauptmann, 2 Oberleutnants, 1 Leutnant, 1 Fähnrich, 3 Off.-Stellvertreter, 2 Stabfeldwebel, 5 Feldwebel und Feuerwerker, 3 Zugsführer, 1 Vormeister, 1 Kanonier. Die Angeklagten besitzen zusammen 85 Kriegsdekorationen und 4 Friedensdekorationen.«[118] Ein Überblick über die Führer der Heimwehren hätte – rein soziostrukturell und kollektivbiografisch gesehen – wohl kaum ein anderes Bild ergeben.

Aus dem Ganzen hätte vermutlich eine Art Schauprozess und Generalabrechnung mit dem Schutzbund werden sollen. So richtig gelang das aber aufgrund der geschickten Verteidigung der Angeklagten nicht. Das internationale Interesse war beträchtlich, zahlreiche ausländische Journalisten und Prozessbeobachter kamen nach Wien. Die Urteile fielen harsch aus: Eifler erhielt 18 Jahre schweren Kerkers, Löw 15 Jahre, weitere fünf Angeklagte zwischen zwölf und zehn Jahren, die anderen abgestuft zwischen acht und einem Jahr, nur einer wurde freigesprochen. Letztlich zeigte sich das Regime aber milde. Mit der Weihnachtsamnestie 1935 begnadigte der Bundespräsident sämtliche Verurteilten.[119]

Viele, hauptsächlich jüngere, unverheiratete oder während der Kämpfe besonders exponierte Schutzbündler zogen es vor, die Flucht in die Tschechoslowakei anzutreten. Insgesamt wird die Zahl der Flüchtlinge in der Tschechoslowakei mit rund 3000 Personen angegeben.[120] Unter diesen befanden sich manche, die eine Teilnahme am Februaraufstand bloß erfunden oder jedenfalls stark übertrieben hatten. Ihr Motiv: ins Ausland zu gelangen, um dort bessere Lebenschancen vorzufinden, als es in Österreich mit seiner hohen Arbeitslosigkeit und Armut für sie gab. (Darin unterschieden sie sich wenig von den jungen Österreichern, die ab 1933 als NS-Flüchtlinge nach Deutschland gingen.)[121]

Mit der Unterstützung von tschechoslowakischen Sozialdemokraten gelang es, Hunderte Februarkämpfer über die Grenze zu schmuggeln. In der Tschechoslowakei funktionierte die Aufnahme problemlos. Ein Flüchtling, der glücklich den Übergang geschafft hatte, meldete sich bei der Gendarmerie und wurde von dieser nach Brünn geschickt. Dort war eine Sammelstelle einge-

Buch über den Februaraufstand, erschienen 1936 in Moskau. Vier Autoren dieses Buches fielen 1938 dem stalinistischen Terror zum Opfer.

richtet worden, von der aus die Schutzbündler auf verschiedene Lager verteilt wurden. In Österreich verbliebene Angehörige wurden durch Organisationen der internationalen Arbeiterbewegung oder beispielsweise durch die Quäker unterstützt.[122]

Der Bekannteste von allen Flüchtlingen des Februaraufstandes war Richard Bernaschek. Gemeinsam mit zwei Genossen sowie zwei illegalen Nazis konnte er mit der Hilfe von nationalsozialistisch gesinnten Justizwachebeamten in der Nacht auf den 3. April 1934 aus dem landesgerichtlichen Gefangenenhaus in Linz entkommen. In Passau wurde er vom dortigen Bürgermeister und prominenten NS-Emigranten aus Österreich empfangen. Seine beiden Genossen traten in die Österreichische Legion ein und damit ins NS-Lager über. Aber Bernaschek selbst widerstand den Verlockungen, sosehr man ihn auch umwarb. Dem eigenen Bekunden nach schlug er ein zeitlich begrenztes Kampfbündnis von Sozialdemokraten, Kommunisten und Nationalsozialisten gegen das Dollfuß-Regime vor, was von den NS-Führern abgelehnt wurde. So verließ Bernaschek Ende Mai Hitler-Deutschland, ging in die Schweiz, dann in die Tschechoslowakei und nahm schließlich eine Einladung in die Sowjetunion an. Hier ventilierte er die Idee einer gemeinsamen »Kampffront« aus Sozialdemokraten und Kommunisten, was auf kein Interesse stieß. Bei Reisen durch das Land lernte Bernaschek die mehr als triste sowjetische Realität kennen. Einem Schutzbündler aus Steyr, dem er in Moskau begegnete, sagte er: »Hier haben die Arbeiter genauso wenig zu reden wie bei den Nazis. Diktatur da und dort. Das ist nichts für uns.« Im September 1934 kehrte er desillusioniert in die Tschechoslowakei zurück.[123]

Rund 750 bis 800 Schutzbündler gingen mit großen Hoffnungen in die Sowjetunion. Sie wurden vorerst mit Begeisterung empfangen, erfuhren aber bald die harte Wirklichkeit des Lebens in der Sowjetunion. Bis 1941 kehrten 220 Emigranten freiwillig nach Hause zurück, weitere 170 bis 180 ging nach Spanien, um am Bürgerkrieg teilzunehmen.[124] Barry McLoughlin und Josef Vogl konnten in einem Forschungsprojekt über die österreichischen Stalin-Opfer insgesamt 183 Schutzbund-Emigranten namentlich identifizieren, die zwischen Mai 1935 und Februar 1945 verhaftet wurden. Von 161 dieser Personen ist das weitere Schicksal bekannt: Nicht weniger als 67 Schutzbündler (42 Prozent) wurden erschossen oder kamen in der Haft, im Lager oder durch Selbstmord um – darunter Wortführer der exilierten Schutzbündler wie Heinz Roscher, Josef Brüll, Gustav Deutsch (Sohn von Julius Deutsch) oder Franz Pabst. Sie wurden allesamt wegen »Spionage« verurteilt und im Laufe des Jahres 1938 hingerichtet. Weitere 45 Schutzbündler (28 Prozent) ließ Stalin an NS-Deutschland ausliefern.[125]

Die Opfer

Zur Problematik der Opferzahlen

Am 13. Februar 1934, als in vielen Teilen Österreichs gerade heftig gekämpft wurde, gab sich Hitlers Propagandaminister Goebbels bereits bestens informiert: »Dienstag: zu Hause im Bett. Österreich tolle Kämpfe. Über 500 Tote. Dollfuß der Scherge. Roten wehren sich verzweifelt.«[126] Einige Tage später, die Kämpfe waren gerade beendet, gewährte Hitler dem britischen Journalisten Ward Price ein Interview. Der »Führer« hob dabei hervor, wie vergleichsweise »friedlich« doch der Kampf des Nationalsozialismus gegen die Arbeiterbewegung verlaufen sei. Während in Österreich soeben 1600 Personen getötet und 4000 bis 5000 Personen verwundet worden wären, habe es ein Jahr zuvor in Deutschland nur 27 Tote gegeben.[127]

Das Dollfuß-Regime beeilte sich, solche und ähnliche durch die Weltpresse geisternde Horrorzahlen zu widerlegen. Am 1. März 1934 veröffentlichte die *Reichspost* eine Aufstellung der Toten des Schutzbundes und aus dem »Zivilstande«: 170 Männer, 21 Frauen und zwei Kinder seien bei den Kämpfen ums Leben gekommen und 493 verwundet worden. Die genaue Feststellung dieser Zahl sei auf »nicht geringe Schwierigkeiten« gestoßen, denn viele Verwundete und die Verwandten mancher Toten hätten zunächst eine behördliche Meldung vermeiden wollen. Deshalb seien »geringfügige Fehler« möglich. Die Opfer der Exekutive[128] bezifferte man mit 104 Toten und 309 Verwundeten. Damit ergab sich eine Gesamtzahl von 293 Getöteten.[129] Später wurden diese Zahlen leicht nach oben revidiert. Nunmehr war von 118 Toten der Exekutive und 196 Toten des Schutzbundes und der Zivilbevölkerung, zusammen 314 Toten, die Rede.[130] Weitere, häufig zitierte Zahlen finden sich bei Schuschnigg. In seinem 1937 veröffentlichten Buch »Dreimal Österreich« spricht er nunmehr von immerhin 128 Toten auf Seite der staatlichen Exekutive und 193 Toten des Schutzbundes und unter unbeteiligten Zivilpersonen.[131]

Auf Seite der Linken bestanden stets starke Zweifel an diesen Zahlen. Eine 1934 in Zürich erschienene kommunistische Darstellung nannte »auf Grund sorgfältigster Prüfung« der »wahren Zahlen und Berichte« eine Mindestzahl 1000 bis 1200 Todesopfern.[132] Der linksgerichtete britische Journalist G. E. R. Gedye nannte die regierungsoffiziellen Angaben in Bezug auf die

Drei Schutzbündler, die am 13. Februar im FAC-Bau in Floridsdorf dem Artilleriebeschuss des Bundesheeres zum Opfer fielen.

Opfer der Aufständischen »lächerlich«. Die Schätzungen der in die Illegalität und ins Exil getriebenen Sozialdemokraten schienen Gedye anscheinend, ohne dass er es explizit ausgesprochen hätte, plausibler: 1500 bis 2000 Tote und rund 5000 Verwundete.[133]

Die vagen Angaben Gedyes, dessen spannend zu lesendes Werk nach 1945 in hoher Auflage verbreitet wurde, zogen sich in weiterer Folge wie ein roter Faden durch die Historiographie. Über eine Studie des Militärhistorikers Kurt Peball fanden sie Eingang in die neuere Literatur.[134] Dabei liegen seit vielen Jahren seriöse Schätzungen über die tatsächliche Zahl der Opfer der Februarkämpfe 1934 vor. Gerhard Botz bezeichnet Gedyes Angaben als »beträchtlich zu hoch«. Er sieht, was die Seite der »Zivilbevölkerung« (gemeint sind Aufständische und unbeteiligte Zivilisten zusammen) betrifft, die offizielle Zahl von 196 Toten als Untergrenze und die Zahl von 250 bis 270 Toten als Obergrenze an. Auf Regierungsseite geht er von 124 Todesopfern aus.[135] Der Historiker Winfried R. Garscha gelangt zu der Auffassung, »dass die Zahl der Getöteten auf Seiten der Arbeiterschaft mehr als 200, aber weniger als 250 betrug«. Zusammen mit 124 Toten der Exekutive und den neun hingerichteten Aufständischen schätzt Garscha die Gesamtzahl der Februaropfer auf 340 bis 380. Die »maßlose Übertreibung der eigenen Opfer« in frühen sozialdemokratischen und kommunistischen Darstellungen der Februarkämpfe bezeichnet er als sinnvolle und wirksame Propagandamethode im Kampf gegen den »Austrofaschismus«. Später habe dann oft eine Scheu davor bestanden, die in der Arbeiterbewegung tradierten überhöhten Opferzahlen in Frage zu stellen.[136]

Neben den stark voneinander abweichenden, zum Teil stark überhöhten Opferzahlen, die sich durch die historische Erinnerung seit 1934 schleppen, fällt noch ein Zweites auf. All die Jahre wurde in der historischen Forschung nie versucht, bei den sogenannten »Zivilopfern« zwischen getöteten Aufständischen auf der einen und Unbeteiligten auf der anderen Seite zu unterscheiden.

Bereits die Sicherheitsbehörden des Dollfuß-Regimes verwiesen bald nach den Ereignissen darauf, dass eine »einwandfreie Trennung« von Schutzbündlern und Nicht-Kombattanten nur schwer möglich sei. »Sie könnte in den meisten Fällen nur nach den subjektiven Aussagen der Verwundeten oder der Anverwandten der Toten erfolgen.« Auf dieser Basis sei aber eine »objektive Statistik« nicht möglich.[137] Eine Woche zuvor hatte es noch ganz anders geklungen. Angesichts der Verwundeten im Allgemeinen Krankenhaus verwies man explizit auf die hohe Zahl der Opfer unter Nicht-Kombattanten: »Nun ist es nicht ausgeschlossen, dass unter diesen Personen Schutzbündler waren, die nur den Eindruck harmloser Straßenpassanten machen wollten. Bei der überwiegenden Mehrheit dieser Gruppe von Verwundeten aber handelt es sich bestimmt um Unschuldige. Einen großen Prozentsatz stellen einkaufende Frauen, alte Leute und Personen, deren Berufe und Lebensverhältnisse bewiesen, dass sie keine Rotgardisten waren und die aber von Rotgardisten verletzt wurden.«[138]

Nur wenige Tage später schlug man eine andere Linie ein. Nun behauptete man, dass die Zahl der »toten Aufrührer doppelt so hoch [sei] als die der toten Exekutivorgane«, während man die Toten unter »unschuldigen Straßenpassanten« mit nur rund zwanzig bezifferte.[139] Angesichts der bereits zu diesem Zeitpunkt durchgeführten peniblen Erhebungen der Wiener Polizei über die Toten und Verwundeten des Februaraufstandes[140] mussten die Sicherheitsbehörden des Dollfuß-Regimes wissen, dass sich unter den Todesopfern der Kämpfe wesentlich mehr als zwanzig Unbeteiligte befunden hatten.

Es ging der österreichischen Regierung, indem sie auf eine Trennung der beiden Opfergruppen verzichtete, wohl vor allem darum, angesichts der anhaltenden Kritik des Auslandes die tatsächlich sehr hohe Zahl der während der Kämpfe getöteten Unbeteiligten zu verschleiern. Der Versuch, diese Toten allein dem Schutzbund anzulasten, wäre der internationalen Presse – die ohnehin voll von Horrormeldungen und Gräuelgeschichten war – höchst unglaubwürdig erschienen. Und tatsächlich war mindestens die Hälfte aller Toten unter Unbeteiligten, wie die vorliegenden Polizeiberichte zeigen, den Regierungskräften zuzuschreiben.

Diese Verschleierungstaktik des Dollfuß-Regimes von 1934 traf sich nach 1945 gut mit dem deutlich erkennbaren Interesse der sozialdemokratischen und kommunistischen Geschichts- und Erinnerungspolitik, die eigenen Opfer der Kämpfe vom Februar 1934 möglichst hoch anzusetzen. Dazu bediente man sich hauptsächlich zweier Methoden: Erstens zitierte man die offiziellen Opferzahlen der Regierung und ergänzte sie häufig mit einem vagen Verweis darauf, dass die tatsächliche Zahl der Opfer unbekannt sei, aber vermutlich wesentlich höher liege. Zweitens deklarierte man sämtlicher Zivilopfer (also Aufständische und Unbeteiligte gemeinsam) als Schutzbündler.[141]

Anzahl und Verteilung der Februaropfer

Die folgende Auswertung beruht auf einer Datenbank, die vom Autor im Zuge eines vom Zukunftsfonds der Republik Österreich geförderten Forschungsprojektes erstellt wurde. (Näheres siehe S. 139 ff.)[142]

GESAMTZAHL. Insgesamt konnten 357 Personen namentlich ermittelt werden, die mit einiger Sicherheit als direkte oder indirekte Todesopfer des Februaraufstandes zu werten sind. 25 Prozent sind den Aufständischen zuzurechnen und 31 Prozent den Regierungskräften. Ebenfalls 31 Prozent sind als Nicht-Kombattanten zu werten, die dem Aufstand als Unbeteiligte zum Opfer fielen. Zudem enthält die Datenbank 44 unklare Fälle (12 Prozent). (Siehe Tab. 1.)

Tab. 1: Februaropfer – Rohzahlen

	Anzahl der Toten
Aufständische (Republikanischer Schutzbund und Verbündete)	89
Exekutive/Regierungskräfte (Bundesheer, Polizei, Gendarmerie, Freiwilliges Schutzkorps)	112
Nicht-Kombattanten (Unbeteiligte, Zufallsopfer)	112
Unklare Fälle (nicht eindeutig zuzuordnende Opfer)	44
Gesamt	357

Aufgrund einiger zweifelhafter Fälle ist von einer gewissen Schwankungsbreite auszugehen. Daher erscheint es angemessen, die Zahl der Opfer des Februaraufstandes mit *ungefähr 350 bis 360 Toten* zu beziffern.

Mit »unklaren Fällen« sind getötete Personen gemeint, die mit einiger Sicherheit als Februaropfer zu werten sind. Allerdings kann bei ihnen nicht geklärt werden, ob sie sich am Aufstand auf Seiten der Aufständischen beteiligt hatten oder den Kämpfen vielmehr durch Zufall zum Opfer gefallen waren. Die kritische Prüfung und Einschätzung aller derartigen Fälle ergibt, dass rund die Hälfte dieser Opfer den Aufständischen zuzuschlagen sein dürfte, die andere Hälfte den Nicht-Kombattanten. Bei anteilsmäßiger Zurechnung ergibt sich ein Anteil der Aufständischen und der Regierungskräfte an den Februaropfern von jeweils rund 31 Prozent. Die meisten Todesopfer stellte aber die Gruppe der Unbeteiligten. Ihr Anteil beträgt 38 Prozent. (Siehe Tab. 2.)

Tab. 2: Februaropfer – bei Gewichtung der unklaren Fälle (50 : 50)

	Anzahl der Toten
Aufständische (Republikanischer Schutzbund und Verbündete)	111
Exekutive/Regierungskräfte (Bundesheer, Polizei, Gendarmerie, Freiwilliges Schutzkorps)	112
Nicht-Kombattanten (Unbeteiligte, Zufallsopfer)	134
Gesamt	357

Tab. 3: Februaropfer der Exekutive – Verteilung auf die verschiedenen Formationen und Bundesländer

	Wien	Oberösterreich	Steiermark	Niederösterreich	Gesamt
Polizei	26	2	6	0	34
Gendarmerie	0	1	10	1	12
Bundesheer	6	22	3	0	31
Freiwilliges Schutzkorps	20	3	10	2	35
Gesamt	52	28	29	3	112

Die meisten Todesopfer (insgesamt 46) auf Seiten der Regierungskräfte waren Angehörige der staatlichen Exekutive im engeren Sinn, also der Polizei und Gendarmerie. (Siehe Tab. 3.) Der Hauptgrund für diesen hohen Blutzoll: Es waren fast immer Polizisten oder Gendarmen, die beim Ausbruch des Aufstandes als Erste mit den Schutzbündlern zusammenstießen und – häufig ungedeckt – in verlustreiche Feuergefechte verwickelt wurden. 27 von 35 Todesopfern des Freiwilligen Schutzkorps gehörten der Heimwehr (Heimatschutz) an, allein 18 davon der Wiener Heimwehr. Daneben starben noch sechs Angehörige des Freiheitsbundes (Wehrformation der Christlichen Gewerkschaften) und zwei der Ostmärkische Sturmscharen.

FRAUEN UND KINDER. Unter den 357 erfassten Februaropfern finden sich 28 Frauen und fünf Kinder (zwei Mädchen im Alter von viereinhalb und vierzehn Jahren sowie drei Buben im Alter von sechs, dreizehn und vierzehneinhalb Jahren). Alle diese Opfer sind den Nicht-Kombattanten zuzurechnen.

Unter diesen betrug der Anteil der Frauen somit 24 Prozent und derjenige der Kinder 4,5 Prozent. Zu fragen ist, wieso der Frauenanteil nicht um die 50 Prozent lag, wie es bei »Zufallsopfern« eigentlich erwartet werden sollte. Das könnte damit zu tun haben, dass es eher Männer waren, die sich – sei es für dringende Erledigungen, sei es aus Neugier – in der Nähe der Kampfzonen ins Freie wagten. Immerhin starben zwei Drittel der Zufallsopfer in Wien auf der Straße oder an anderen Plätzen im Freien. Eine bekannte Fotografie zeigt Personen, die sich neugierig an einer Straßenecke drängen, um die Kämpfe um das Ottakringer Arbeiterheim zu beobachten (siehe S. 49). Es handelt sich ausschließlich um Männer. Unter den insgesamt 18 Opfern in Wien, die durch zumeist überraschenden Beschuss von außen in ihrer Wohnung getötet wurden, gab es hingegen neun Frauen und zwei Kinder.

REGIONALE VERTEILUNG. In vier Bundesländern forderte der Februaraufstand Todesopfer. Die weitaus meisten Opfer gab es in Wien (57 Prozent), gefolgt von Oberösterreich (21 Prozent) und der Steiermark (18 Prozent). In Niederösterreich kam es nur an einigen Orten – vor allem in der Umgebung von Wien und im Raum St. Pölten – zu einem kurzzeitigen Aufflackern von Kämpfen. (Siehe Tab. 4.)

Tab. 4: Verteilung der Februaropfer nach Bundesländern – Rohzahlen

	Wien	Oberösterreich	Steiermark	Niederösterreich
Aufständische	33	30	19	7
Exekutive	52	28	29	3
Nicht-Kombattanten	92	12	6	2
Unklare Fälle	26	6	9	3
Gesamt	203	76	63	15

Der Anteil der Nicht-Kombattanten an allen Todesopfern der Februarkämpfe lag in Niederösterreich, Oberösterreich und Steiermark jeweils bei ungefähr 20 Prozent oder knapp darunter. In Wien hingegen waren mehr als 50 Prozent aller Opfer Unbeteiligte. In Wien und in der Steiermark fällt zudem auf, dass es auf Seiten der Exekutive mehr Opfer gab als unter den Aufständischen.

Die spezifische Verteilung der Opfer in Wien mit dem hohen Anteil an Nicht-Kombattanten dürfte hauptsächlich auf die beiden folgenden Ursachen zurückzuführen sein: Erstens konzentrierten sich die Kämpfe auf dicht verbaute und besiedelte Wohngebiete. Feuergefechte in Bezirken wie Simmering, Ottakring oder Floridsdorf mussten fast zwangsläufig dazu führen, dass unbeteiligte Passanten und Hausbewohner unabsichtlich ins Feuer gerieten und getötet wurden. Zweitens ist die überwiegend defensive Kampfweise der Aufständischen zu nennen. Die Schutzbündler verschanzten sich in der Regel ausreichend mit Maschinengewehren, Karabinern, Infanteriegewehren, Faustfeuerwaffen und sogenannten »Schmiervasen« (Handgranaten) bewaffnet in Wohnbauten. So kam es gerade in den ersten Stunden des Aufstandes häufig vor, dass alarmierte Einheiten der Polizei und des Freiwilligen Schutzkorps den Aufständischen ins offene Feuer liefen und entsprechend hohe Verluste erlitten. Als die Verteidiger der Wohnhäuser dann erkannten, dass sie dem Druck der häufig durch Artillerie unterstützten Angreifer nicht mehr standhalten würden, verstanden sie es zumeist, rechtzeitig zu entkommen, oder sie ergaben sich und gerieten in Gefangenschaft.

KAMPFGEBIETE. Mehr als ein Fünftel aller Februaropfer kamen in Wien-Floridsdorf ums Leben, wo am 13. und 14. Februar die blutigsten Kämpfe des Februaraufstandes stattfanden. Auffallend viele Todesopfer (jeweils mehr als dreißig) waren noch in Linz und in Wien-Ottakring zu verzeichnen. Legt man die Opferzahl hingegen auf die Wohnbevölkerung um, so war der Aufstand im dünn besiedelten ländlichen Hausrucker Braunkohlerevier (Holzleithen) der weitaus verlustreichste, gefolgt von den Aufständen in den Kleinstädten Bruck an der Mur und Steyr. (Siehe Tab. 5.)

In sieben Wiener Gemeindebezirken waren keinerlei Todesopfer der Februarkämpfe zu verzeichnen. Ebenfalls weitgehend von Kämpfen verschont blieben der 17., 18. und 20. Bezirk, im 13. und 19. Bezirk erfasste der Aufstand nur einzelne proletarische Bezirksteile (wie etwa die Gegend um den Karl-Marx-Hof). Auch in anderen Bezirken kam es nur in bestimmten Bereichen zu einem Aufstand. In der Regel waren dies die Gebiete, in denen die großen Gemeindebauten des »Roten Wien« lagen.

Tab. 5: Die Todesopfer in den wichtigsten Kampfgebieten

	Anzahl der Toten	Anteil an den Februaropfern in ganz Österreich
Wien 5/12 (Margareten, Meidling)	25	7,0 %
Wien 11 (Simmering)	17	4,8 %
Wien 16 (Ottakring)	33	9,2 %
Wien 19 (Döbling)	14	3,9 %
Wien 21 (Floridsdorf)	76	21,3 %
Linz, OÖ	37	10,4 %
Steyr, OÖ	19	5,3 %
Holzleithen, OÖ	16	4,5 %
Graz und Graz-Umgebung, Stmk.	27	7,6 %
Bruck an der Mur, Stmk.	20	5,6 %

Kampfgebiet Wien 5/12: Umfasst die am Margaretengürtel liegenden großen Gemeindewohnanlagen in Meidling (Wien 12) sowie den in unmittelbarer Nachbarschaft befindlichen, aber in Margareten (Wien 5) liegenden Reumannhof. – Kampfgebiet Holzleithen: Umfasst die Gemeinden Ottnang am Hausruck und Zell am Pettenfirst, Bez. Vöcklabruck, Oberösterreich. – Kampfgebiet Graz: Umfasst neben der Stadt Graz die unmittelbar an das damalige Stadtgebiet angrenzenden, rechts der Mur liegenden Gemeinden Eggenberg, Gösting und Straßgang. – Kampfgebiet Bruck: Umfasst die Stadt Bruck an der Mur; eingerechnet sind auch Personen, die im Zusammenhang mit der Flucht der Februarkämpfer in den südlich von Bruck gelegenen Bergen getötet wurden.

Tab. 6: Februaropfer in Wien nach Gemeindebezirken

	Anzahl der Toten	Anteil an allen Februaropfern in Wien
Wien 21 (Floridsdorf)	76	37,4 %
Wien 16 (Ottakring)	33	16,3 %
Wien 12 (Meidling)	21	10,3 %
Wien 11 (Simmering)	17	8,4 %
Wien 19 (Döbling)	14	6,9 %
Wien 10 (Favoriten)	7	3,4 %
Wien 13 (Hietzing)	6	3,0 %
Wien 2 (Leopoldstadt)	5	2,5 %
Wien 14 (Penzing)	5	2,5 %
Wien 3 (Landstraße)	4	2,0 %
Wien 5 (Margareten)	4	2,0 %
Wien 17, 18, 20	jew. 1	jew. 0,5 %
Unklare Bezirkszuordnung	8	3,9 %
Wien insgesamt	203	

Die Zuordnung folgt der Bezirkseinteilung von 1934. Der gesamte heutige 22. Bezirk (Donaustadt) gehörte zu Floridsdorf, und weite Teile des heutigen 14. Bezirks (Penzing) waren Teil des 13. Bezirks (Hietzing). Liesing (heute 23. Bezirk) war damals noch ein Teil Niederösterreichs.

37 Prozent aller Todesopfer der Februarkämpfe in Wien stammten aus dem nordöstlich der Donau gelegenen stark industrialisierten und proletarischen Gemeindebezirk Floridsdorf. Weitere Kampfgebiete mit überdurchschnittlich vielen Todesopfern waren Ottakring, Meidling und Simmering. (Siehe Tab. 6.)

ZUSAMMENFASSUNG. Insgesamt starben infolge der Kämpfe rund 350 bis 360 Personen. Jeweils etwas mehr als 31 Prozent dieser Opfer sind den beiden Kampfparteien (Schutzbund und Exekutive) zuzurechnen. Die Mehrheit der Opfer aber waren mit knapp 38 Prozent Nicht-Kombattanten und Unbeteiligte, die mehr oder weniger zufällig in die bewaffneten Auseinandersetzungen gerieten. Diese Toten mögen mit der einen oder anderen Kampfpartei sympathisiert haben, an den Kämpfen selbst waren sie – zumindest auf Basis der bislang ausgewerteten Quellen – weder aktiv noch passiv beteiligt.

Neun der Todesopfer des Schutzbundes starben durch eine Hinrichtung, ungefähr zehn bis fünfzehn verübten Selbstmord. Daraus folgt, dass im Zuge der Kämpfe selbst deutlich mehr Angehörige der Exekutive als der Aufständischen fielen.

Damit sollten die von 1934 bis heute hartnäckig lancierten stark überhöhten Opferzahlen eigentlich endgültig vom Tisch sein. Von über 1000 Toten oder gar von 1500 bis 2000 getöteten Sozialdemokraten kann keine Rede sein. Im Grunde liegen ohnehin seit vielen Jahren seriöse, leider immer wieder ignorierte Schätzungen vor (Stadler, Botz, Garscha und andere).

Wie verhalten sich die seinerzeit vom Regime genannten offiziellen Zahlen zu den vorliegenden Forschungsergebnissen? Erstens fällt auf, dass die Zahl der Opfer der staatlichen Exekutive leicht nach oben lizitiert wurde. Vermutlich dürften in die regimeoffizielle Angabe von 118 Opfern[143] einige Tote miteingerechnet worden sein, die im Zuge des vorliegenden Projektes als Nicht-Kombattanten, unklare Fälle und Zweifelsfälle klassifiziert wurden. Zudem ist zu erkennen, dass bei den Zivilopfern (Schutzbund und Nicht-Kombattanten zusammen) deutlich tiefgestapelt wurde. Statt 193/196 gab es auf dieser Seite tatsächlich immerhin 245 Todesopfer. Das ist eine Abweichung von mehr als 20 Prozent. Das Dollfuß-Regime war erkennbar bemüht, die Zahl der Todesopfer des Februar 1934 niedrig zu halten, ohne dabei allzu weit von der Wahrheit abzuweichen.

Umstände und Ursachen des Todes der Februaropfer

Im Gegensatz zu den Kämpfen in den anderen Bundesländern liegen für Wien mit den Februarakten der Polizeidirektion Wien und dem Manuskript des Stadthauptmannes von Floridsdorf, Heinrich Petri, zwei Quellenbestände vor, aus denen sich Rückschlüsse über die Ursachen und Umstände des Todes der meisten (nicht aller) Februaropfer in Wien ziehen lassen. Aus diesem Grund konzentriert sich die nachfolgende Auswertung ausschließlich auf die Bundeshauptstadt.

Zwei Drittel aller Todesopfer unter Nicht-Kombattanten wurden durch Beschuss auf der Straße und auf öffentlichen Plätzen verursacht. (Siehe Tab. 7.) 18 Personen, also rund ein Fünftel aller Zufallsopfer, starben durch Gewehrfeuer in der eigenen Wohnung oder im eigenen Wohnhaus. Bei fünf Opfern war die Ursache des Todes der Artilleriebeschuss durch das Bundesheer. Einer dieser fünf, ein 64-jähriger Pensionist, verübte während des Artilleriebeschusses Selbstmord, ein zweiter, ein 70-jähriger Pensionist, erlag einem Schlaganfall. Daneben wurden drei Selbstmorde von Familienangehörigen von Aufständischen registriert. Ein 53-jähriger, nicht am Aufstand beteiligter Sozialdemokrat starb vermutlich durch Misshandlung in Polizeihaft. Ein christlichsozial eingestelltes Ehepaar in Floridsdorf wurde von einem Schutzbündler vorsätzlich ermordet. (Siehe S. 96 f.)

Tab. 7: Todesursachen von Nicht-Kombattanten (Wien)

	Anzahl der Toten	Anteilsmäßig
Personen insgesamt	92	
Artilleriebeschuss (Bundesheer)	5	5,4 %
Beschuss in der Wohnung (Gewehr etc.)	18	19,6 %
Beschuss auf der Straße/im Freien	61	66,3 %
Andere Todesursachen	8	8,7 %

Opfer unter Unbeteiligten bzw. Nicht-Kombattanten ohne gewichtete Zurechnung von unklaren Fällen.

Auch von den als unklar gewerteten und nicht zweifelsfrei den Aufständischen oder den Unbeteiligten zuzurechnenden Februaropfern starben die meisten (54 Prozent) durch Beschuss auf der Straße oder an anderen Plätzen im Freien.

Betrachten wir die Todesursachen der Aufständischen. (Siehe Tab. 8.) Vier von ihnen starben durch den Artilleriebeschuss des FAC-Baus in Floridsdorf (heute Paul-Speiser-Hof),[144] einer durch den Artilleriebeschuss des Floridsdorfer Nordbahnhofs. Durch Gewehrfeuer von außen wurde nachweisbar nur ein Aufständischer in einem Wohngebäude tödlich getroffen. Es ist aber davon auszugehen, dass in einigen Fällen die Leichen getöteter Schutzbündler auf die Straße gelegt wurden. Auch dürften Schwerverletzte, die später starben, versucht haben, die Gründe für ihre Verletzung zu vertuschen und sich selbst als Zufallsopfer darzustellen. Trotzdem kann kaum mehr als ein halbes Dutzend Aufständischer bei der Verteidigung von besetzten Wohnanlagen durch Gewehrbeschuss von außen umgekommen sein. Wesentlich mehr, nämlich elf, wurden durch Schüsse bei Kämpfen auf der Straße oder sonstigen Plätzen im Freien getötet. Bei überraschenden nahkampfartigen Zusammenstößen mit der Polizei im Zuge von Hausdurchsuchungen in Wohnräumen oder mit Patrouillen der Polizei oder des Freiwilligen Schutzkorps im Freien starben insgesamt fünf Aufständische.

Tab. 8: Todesursachen von Aufständischen (Wien)

	Anzahl der Toten	Anteilsmäßig
Personen insgesamt	33	
Artilleriebeschuss (durch das Bundesheer)	5	15,2 %
Beschuss in Wohngebäuden (mit Gewehr etc.)	1	3,0 %
Beschuss auf der Straße/im Freien (Straßenkampf)	11	33,3 %
Andere Ursachen	16	48,5 %
Selbstmord	1	(3,0 %)
Hinrichtung	3	(9,1 %)
Zusammenstoß mit Polizei/Schutzkorps	5	(15,2 %)
Unbekannt bzw. unklar	7	(21,2 %)

Opfer unter Aufständischen ohne gewichtete Zurechnung von unklaren Fällen.

Bei der Gesamtbetrachtung sämtlicher Zivilopfer (das heißt aller nicht der Exekutive angehörigen Februaropfer) ergibt sich ein deutlicher Überhang von Personen, die auf der Straße oder sonstigen Plätzen im Freien getötet wurden. (Siehe Tab. 9.) Mehr als die Hälfte aller Exekutivangehörigen starben im Freien beim schlecht oder gar nicht gedeckten Angriff auf befestigte Stellungen der Aufständischen. (Siehe Tab. 10.)

Tab. 9: Todesursachen von Zivilopfern insgesamt (Wien)

	Anzahl der Toten	Anteilsmäßig
Personen insgesamt	151	
Artilleriebeschuss (durch das Bundesheer)	11	7,3 %
Beschuss in der Wohnung (mit Gewehr etc.)	19	12,6 %
Beschuss auf der Straße/im Freien	86	57,0 %
Andere Todesursachen	35	23,2 %

Die Kategorie Zivilopfer umfasst Nicht-Kombattanten, unklare Fälle und Aufständische.

Tab. 10: Todesursachen von Angehörigen der Exekutive insgesamt (Wien)

	Anzahl der Toten	Anteilsmäßig
Personen insgesamt	52	
Beim Vorgehen gegen ein besetztes Gebäude bzw. Stellungen der Aufständischen	28	53,9 %
Straßenkampf mit Aufständischen	6	11,5 %
Zusammenstoß mit Aufständischen im Gebäudeinneren (Hausdurchsuchung) oder im Freien (Patrouille)	7	13,5 %
Andere Todesursachen	11	21,2 %

Umfasst Angehörige der Polizei, des Bundesheeres und des Freiwilligen Schutzkorps.

Gegen die hauptsächlich – in Ermangelung anderer Quellen – herangezogenen Polizeiberichte ist dem Autor gegenüber in Diskussionen argumentiert worden, diese seien prinzipiell nicht glaubwürdig, einseitig, manipuliert etc. Bei Auswertung dieser Berichte stößt man tatsächlich auf viele Ungereimtheiten und Unklarheiten. So ist es durchaus lehrreich, wenn über ein Februaropfer zwei voneinander unabhängige, von unterschiedlichen Polizeibeamten verfasste Berichte vorliegen, was hin und wieder vorkommt. Es zeigt sich dann, dass beispielsweise zur politischen Orientierung eines Opfers stark voneinander abweichende, widersprüchliche Angaben gemacht werden. Diese Widersprüche dürften hauptsächlich darauf zurückzuführen sein, welche Auskunftspersonen vom jeweils untersuchenden Polizeibeamten befragt wurden.

Es trifft aber keineswegs zu, dass in Polizeiberichten systematisch vertuscht worden wäre, wenn die Verursacher von Tötungen aus dem Lager der Exekutive kamen. Wieso auch? Schließlich handelte es sich nur um für den Dienstgebrauch gedachte, nicht für die Öffentlichkeit bestimmte Berichte. In zwei Drittel aller von der Polizei berichteten Todesfälle liegen keine oder unklare, widersprüchliche und nicht plausible Angaben über die Verursacher vor. Verständlich, denn tatsächlich war es für die erst viele Stunden oder auch Tage später Erhebungen durchführende Polizei häufig unmöglich, die Täter festzustellen. In 17 Prozent aller Todesfälle werden in den Polizeiberichten explizit die Exekutive (Polizei, Schutzkorps, Bundesheer) und in 13 Prozent die Aufständischen als Verursacher genannt.[145] Im Großen und Ganzen wird man also richtig liegen, wenn man die Verursacher von Tötungen ungefähr zu gleichen Teilen bei beiden Kampfparteien sucht, mit einem leichten Überhang der Regierungseinheiten.

23 Personen (rund 6,4 Prozent aller Februaropfer) verübten Selbstmord. Das heißt, in diesen Fällen liegen seriöse Hinweise vor, dass der in zeitlicher Nähe zum Februaraufstand begangene Suizid in direktem oder indirektem Zusammenhang mit diesem Ereignis stand. 17 Personen, die sich selbst töteten, waren Männer, vier Frauen und zwei Kinder. Einerseits handelte es sich um Taten, die unter dem unmittelbaren Eindruck der Kampfhandlungen begangen wurden. Häufiger kam es jedoch vor, dass die Selbsttötung erst nach Ende der Kämpfe vollzogen wurde.

Drei Motive für diese Welle an Suiziden lassen sich herausarbeiten: erstens die Verzweiflung über den fehlgeschlagenen Aufstand, die Zerschlagung der Sozialdemokratischen Partei, der Freien Gewerkschaften etc.; zweitens der Gram und die Verzweiflung über den Tod oder die Gefangennahme von nahen Angehörigen; drittens die Angst vor dem drohenden Existenzverlust wegen der Teilnahme an dem Aufstand. Zudem könnten auch andere, mit dem Februaraufstand nicht ursächlich im Zusammenhang stehende Motive zusätzlich eine Rolle gespielt haben. In einem Zeitungsbericht über den Selbstmord einer Familie in Kaisermühlen (Ehefrau, Ehemann, großjähriger Sohn) wird etwa folgende Begründung genannt: »Als Motiv bezeichnen die Nachbarn arge Notlage und Verzweiflung über die sinnlose Schutzbundrevolte.«[146] Zumindest in einem Fall muss man von einem erweiterten Suizid oder Mitnahmesuizid sprechen.[147] Der Linzer Gemeindeangestellte Hans Winter, der während der Kämpfe in der Diesterwegschule eine MG bedient hatte, vergiftete in der Nacht vom 15. auf den 16. Februar 1934 sich selbst, seine 27-jährige Ehefrau Maria und seine viereinhalbjährige Töchter Gisela mit Leuchtgas.[148]

Bei rund zehn Februaropfern ist von vorsätzlichem Mord und Lynchjustiz auszugehen. Der Tod des Sozialdemokraten Johann Kupfinger dürfte, wenn man zeitgenössischen sozialdemokratischen und kommunistischen Publikationen Glauben schenkt, auf Misshandlung in Polizeihaft zurückzuführen sein. Die neun zwischen 14. und 22. Februar von Standgerichten zum Tod verurteilten und hingerichteten Schutzbündler sind zweifellos die bekanntesten Februaropfer. Ihre Namen sind bis heute einer breiteren Öffentlichkeit bekannt, für sie werden regelmäßig Kranzniederlegungen und Gedenkfeiern abgehalten.

Resümee Todesursachen. Der Beschuss von Wohngebäuden in Wien durch die Artillerie des österreichischen Bundesheeres verursachte vergleichsweise geringe Opferzahlen. Nachweisbar sind fünf oder sechs Tote unter Nicht-Kombattanten und fünf oder sechs Tote unter den aufständischen Schutzbündlern. Am blutigsten fiel die Bilanz der Beschießung des FAC-Baus in Floridsdorf auf, wo fünf Menschen ums Leben kamen.[149] Drei Opfer unter an den Kämpfen unbeteiligten Hausbewohnern gab es im Arbeiterheim Ottakring: Ida Sever und Mathilde Skoda starben an den Folgen der Einwirkung von Granatsplittern, Johann Bernard erhängte sich während des Beschusses, vermutlich aus Verzweiflung über den vermeintlichen Tod seiner Ehefrau.

Verhältnismäßig wenig Aufständische, die sich in Wohngebäuden und sonstigen ummauerten Anlagen verschanzt hatten, starben durch das Feuer von Maschinengewehren und Karabinern. In diesem Fall gibt es einige Unsicherheiten. Denn bei einigen, nach Rückzug der Aufständischen aufgefundenen Leichen und später verstorbenen Schwerverletzten ist nicht klar, wo und unter welchen Umständen sie tödlich getroffen wurden. Trotzdem: Kaum mehr ein halbes Dutzend der getöteten Aufständischen kam durch Gewehrfeuer von außen ums Leben.

Allerdings starben immerhin rund 20 Prozent aller in Wien getöteten Nicht-Kombattanten in ihrer Wohnung. Nichtsahnend wurden sie während unvermutet einsetzender Schusswechsel durch abprallende oder in die Irre gehende Geschosse tödlich verletzt. Oder es traf sie, weil sie sich unvorsichtigerweise dem Fenster genähert oder neugierig hinausgeblickt hatten. Es liegen auch mehrere Hinweise auf gezielte Schüsse in Fenster vor, durch die Menschen starben. In der Regel betrafen diese Fälle nicht Gebäude, in denen sich Aufständische verschanzt hatten. Die Bewohner solcher Häuser dürften zumeist rechtzeitig geflüchtet sein oder sich zumindest gut gedeckt haben. Wesentlich mehr Tote gab es in nicht als Festungen verwendeten Gebäuden, die im näheren und weiteren Kampfgebiet lagen, in Gebäuden, deren Bewohner offensichtlich nicht mit einer Beschießung gerechnet hatten.

Ungleich höher als durch den Artilleriebeschuss von Wohnhäusern war in Wien die Zahl der im Freien tödlich verletzten Nicht-Kombattanten. Fünf an den Kämpfen Unbeteiligte starben infolge des Einsatzes von Kanonen gegen Wohnhäuser, 61 hingegen, weil sie auf offener Straße oder anderen öffentlichen Plätzen in einen Schusswechsel gerieten oder gezielt – von der einen oder anderen Seite – beschossen wurden.

Die Regierungskräfte verzeichneten mehr als die Hälfte ihrer Opfer beim Vorgehen gegen von den Aufständischen besetzte Wohnanlagen, also im Freien, wo sie sich nur unzureichend oder gar nicht decken konnten. Wo Einheiten der Aufständischen aber ihrerseits offensive Aktionen starteten oder beim Rückzug auf offener Straße oder im freien Gelände in einen Schusswechsel gerieten, hatten sie nicht geringere Verluste zu verzeichnen als ihre Gegner.

Die insgesamt relativ geringe Zahl von Opfern unter den Aufständischen in Wien dürfte folgende Gründe haben: Erstens vermieden die meisten Schutzbundgruppen von vornherein offensive Aktionen und verschanzten sich in stabil gemauerten Wohngebäuden und an sonstigen Örtlichkeiten, mit denen sie vertraut waren. Die Bewaffnung der Aufständischen mit Maschinengewehren, Karabinern, Handgranaten und Faustfeuerwaffen und die Munitionierung war ausreichend, um Gegner, die mit ähnlichen Waffen angriffen, unter oft beträchtlichen Verlusten zurückzuschlagen und ihnen einige Zeit lang Paroli zu bieten. Zweitens verstanden es die Schutzbündler zumeist, sobald sie die Übermacht der Gegner erkannt und die Aussichtslosigkeit des Widerstandes eingesehen hatten, sich rechtzeitig zurückzuziehen und zu entkommen. Viele ergaben sich auch ohne Gegenwehr. Jedenfalls liegen keine ernstzunehmenden Berichte darüber vor, dass es in den Höfen und auf den Gängen und Stiegen der ursprünglich vom Schutzbund besetzten Wohnanlagen nach der Stürmung durch die Exekutivkräfte zu ernsthaften Kampfhandlungen kam. Eine geradezu verheerende Wirkung auf die Kampfmoral der Aufständischen übte der Einsatz der Artillerie aus.

Sozialstrukturelle Aspekte

Die überlieferten Personendaten lassen in begrenztem Ausmaß eine Betrachtung der Struktur der Februaropfer nach dem Alter, dem Familienstand, der Konfession und der Zugehörigkeit zu sozialen Milieus zu. Darüber hinaus sind Aussagen über den Grad der Arbeitslosigkeit möglich.

ALTERSSTRUKTUR. Mit 41 Jahren waren die Nicht-Kombattanten (Unbeteiligte) die Gruppe mit dem höchsten Durchschnittsalter unter den Februaropfern. (Siehe Tab. 11.) In dieser Gruppe findet sich sowohl das jüngste als auch das älteste Todesopfer der Februarkämpfe: Die viereinhalbjährige Gisela war die Tochter des Linzer Gemeindeangestellten Hans Winter. Sie starb, weil ihr Vater – vermutlich aus Verzweiflung über den misslungenen Aufstand und aus Angst vor drohendem Existenzverlust – sich und seine Familie in der Nacht vom 15. auf den 16. Februar 1934 mit Leuchtgas vergiftete. Der 77-jährige Anton Überbacher wurde am Nachmittag des 13. Februar 1934 mit einigen Hundert anderen Gefangenen (zumeist Nicht-Kombattanten) vom Gemeindebau Schlingerhof zum Polizeikommissariat Wien-Floridsdorf eskortiert. Unmittelbar vor Erreichen des Gebäudes traf ihn ein Bauchschuss. Täter: unbekannt. Er starb kurze Zeit später auf dem Transport ins Allgemeine Krankenhaus.

Tab. 11: Durchschnittsalter der Februaropfer

	Erfasste Personen	Altersschnitt in Jahren	Median (Altersjahr)
Aufständische	85	33,33	32
Exekutive insgesamt	104	32,10	31/32
Polizei/Gendarmerie	44	38,61	37/38
Bundesheer	28	23,89	22
Freiwilliges Schutzkorps	32	30,31	30/32
Nicht-Kombattanten	110	41,06	41

Der Altersschnitt der getöteten Exekutivangehörigen entspricht exakt dem Altersschnitt der männlichen österreichischen Bevölkerung im Jahr 1934, der ebenfalls bei 32,1 Jahren lag. Allerdings weichen die einzelnen unterscheidbaren Gruppen stark voneinander ab. Die Gruppe mit den ältesten Todesopfern war die staatliche Exekutive im engeren Sinn. Die im Februar 1934 getöteten Polizisten und Gendarmen waren im Schnitt immerhin fast 15 Jahre älter als die getöteten Bundesheersoldaten und immerhin noch mehr als acht Jahre älter als die getöteten Angehörigen des Freiwilligen Schutzkorps.

Das Bundesheer stellte mit nicht ganz 24 Jahren die im Schnitt jüngsten Opfer unter den Kombattanten der Februarkämpfe. Sechs Soldaten waren zum Zeitpunkt ihres Todes jünger als 20 Jahre, 17 Soldaten gehörten der Altersgruppe zwischen 20 und 25 Jahren an. Unter den Angehörigen des Freiwilligen Schutzkorps gab es ebenfalls zahlreiche Opfer im jugendlichen Alter: Vier waren unter 20 Jahren und neun zwischen 20 und 25 Jahren alt. Das jüngste Februaropfer unter den Kombattanten war der beim Überfall des Schutzbundes auf den Gendarmerieposten St. Michael bei Leoben per Kopfschuss getötete Freiheitsbündler Franz Pracher. Alter: 17½ Jahre.

Unter den getöteten Aufständischen hatten fünf das zwanzigste Lebensjahr noch nicht erreicht, 13 waren zwischen 20 und 25 Jahren alt. Das Durchschnittsalter der bei den Kämpfen ums Leben gekommenen Aufständischen lag aber insgesamt gesehen bei immerhin 33⅓ Jahren. Sie waren damit im

Schnitt mehr als ein Jahr älter als die männliche österreichische Gesamtbevölkerung im Jahr 1934. Noch markanter aber ist, dass ihr Durchschnittsalter um beachtliche fünf Jahre höher lag als das einer vergleichbaren Gruppe – nämlich der Beteiligten am nationalsozialistischen Putschversuch vom Juli 1934.[150]

Einschränkend ist anzumerken, dass dabei die Gruppe der getöteten Februaraufständischen (85 Personen) mit der Gruppe der überlebenden Juliputschisten (rd. 2500 Personen) verglichen wird, was in vieler Hinsicht problematisch erscheint. Zu fragen wäre zum einen, ob die kleine Gruppe der getöteten Aufständischen repräsentativ für alle Februarkämpfer stehen kann, zum anderen, ob sich die erlittenen tödlichen Verletzungen gleichmäßig auf alle Geburtsjahrgänge und Generationen unter den Februaraufständischen verteilten oder ob es Verzerrungen in die eine oder andere Richtung gab. (Starben aufgrund ihrer nachlassenden körperlichen Kräfte eher mehr ältere Aufständische – oder starben aufgrund ihrer Unerfahrenheit im Gegenteil eher jüngere Aufständische?)

Wenden wir uns unter Berücksichtigung dieser methodischen Vorbehalte dem Vergleich der beiden Gruppen (Sozialdemokraten und Nationalsozialisten) nach dem Generationenmodell[151] zu. Während der Anteil der Kriegsgeneration (Jahrgang 1889 bis 1899) unter den überlebenden Juliputschisten dessen Anteil an der Gesamtbevölkerung entsprach, waren Angehörige der Kriegsgeneration unter den getöteten Februaraufständischen um mehr als das Doppelte überrepräsentiert. Dass dieses Ergebnis als einigermaßen repräsentativ für die Altersstruktur der damaligen Sozialdemokratie gelten kann, zeigt der Vergleich mit den sozialdemokratischen Anhaltehäftlingen des Jahres 1934, die ebenfalls in der Kriegsgeneration deutlich überrepräsentiert waren.

Im Gegensatz zur jungen Partei der Nationalsozialisten war die Sozialdemokratie eine wesentlich ältere, seit vielen Jahren etablierte politische Bewegung. Die im Schnitt mehr als 30 Jahre alten Sozialdemokraten, die im Februar 1934 gegen das Dollfuß-Regime kämpften, hatten etwas zu verteidigen – nämlich ihre schwer erkämpften Arbeiterrechte und die nicht weniger mühsam errungenen Machtpositionen ihrer Partei. Wahrscheinlich erklärt allein schon diese mentale Ausgangslage und die Altersstruktur der Februaraufständischen ihre defensive Grundhaltung in diesem Kampf.

FAMILIENSTAND. Die vom Autor durchgeführte Analyse der Sozialstruktur der nationalsozialistischen Juliputsch-Beteiligten ergibt, dass dem Familienstand eine ganz spezielle Aussagekraft zukommt. Der NS-Aufstand im Juli 1934 trug sich nämlich vor allem in eher ländlichen, agrarisch geprägten Regionen zu, in denen das sozial- und mentalitätsgeschichtliche Phänomen der

»späten Heirat« eine starke Rolle spielte. Beinahe drei Viertel der Juliputsch-Beteiligten waren ledig, nur ein gute Viertel verheiratet. Und das durchschnittliche Heiratsalter lag rund zwei Jahre über dem der männlichen österreichischen Gesamtbevölkerung.[152]

Der Gegensatz zu den zumeist aus urbanen, industriellen Ballungszentren stammenden aufständischen Schutzbündlern des Februar 1934 könnte größer nicht sein. 38 Prozent der den Aufständischen zuzurechnenden Februaropfer waren ledig, die überwiegende Mehrheit, nämlich 62 Prozent hingegen verheiratet oder geschieden. Die meisten der Verheirateten waren übrigens Väter von einem oder mehreren Kindern. Sie waren in aller Regel die Alleinerhalter, von denen die Existenz ihrer Familie abhing – was ihrem Tod im Zuge der Kämpfe eine besonders tragische Note verlieh.

Auch darin dürfte ein Erklärungsfaktor für die im Allgemeinen eher vorsichtige, defensive Kampfweise des Schutzbundes zu suchen sein. Die Mehrheit der kämpfenden Schutzbündler – sofern man die Getöteten in ihrer sozialstrukturellen Zusammensetzung als repräsentativ für die Gesamtheit der Kämpfer akzeptiert – war verheiratet und hatte eine Familie zu erhalten.

KONFESSION. Die Analyse der Konfessionszugehörigkeit der Februaropfer bringt ein bemerkenswertes, letztlich aber aufgrund der erbitterten Gegnerschaft zwischen römisch-katholischer Kirche und Sozialdemokratischer Partei in der Zwischenkriegszeit zu erwartendes Ergebnis: Der Anteil der Konfessionslosen unter den getöteten Aufständischen war mit 28 Prozent enorm hoch, wenn man diesen Anteil mit dem gesamtösterreichischen Anteil der Konfessionslosen von 1,6 Prozent vergleicht. Aber auch bei den anderen Zivilopfern lag er weit über dem Durchschnitt.

Nicht die geringste Überraschung birgt dagegen die Konfessionszusammensetzung der Februaropfer der Regierungskräfte: 94 Prozent aller Opfer dieser Seite gehörten der römisch-katholischen Kirche an. Dieser Anteil lag damit über dem Österreich-Schnitt. Katholizismus war in der Zwischenkriegszeit wohl eine Grundvoraussetzung für eine Anstellung bei Polizei, Gendarmerie und im Bundesheer. Auch die regierungstreuen Wehrverbände dürften bei der Rekrutierung ihrer Mitglieder darauf geachtet haben.

ZUGEHÖRIGKEIT ZU SOZIALEN MILIEUS.[153] Unter den Todesopfern der Aufständischen sind – wenig überraschend – 86 Prozent Arbeitermilieus zuzurechnen. Daneben gab es noch einige Beamte von öffentlichen Institutionen sowie Klein-Selbständige. Sieht man sich die Februaropfer mit Arbeiterberufen näher an, so ist ein deutlicher Überhang von Industrie- und großbetrieblichen Arbeitern zu registrieren (über 50 Prozent), rund 30 Prozent waren Handwerker und kleinbetriebliche Arbeiter, rund 20 Prozent Arbeiter in kommunalen Betrieben und sonstigen öffentlichen Diensten.

Etwas breiter gestreut als die der Aufständischen ist die Milieuverteilung der Nicht-Kombattanten. Aber auch hier dominierten Arbeiterberufe absolut. Was wenig verwundert, denn die Februarkämpfe trugen sich fast ausschließlich in Orten und Wohngegenden zu, in denen Arbeiter in der Wohnbevölkerung überdeutlich dominierten. Insgesamt gehörten vier Fünftel aller zivilen Todesopfer des Februaraufstandes Arbeitermilieus an. (Siehe Tab. 12.)

Tab. 12: Verteilung der zivilen Februaropfer nach sozialen Milieus

	Aufständische	Nicht-Kombatt.	Unklare Fälle	Zivilopfer insges.
Erfasste Personen	86	100	41	227
Arbeitermilieus	74	71	36	181
Kleinbürgerl./bürgerl. Milieus	12	29	5	46
Bäuerliche Milieus	0	0	0	0

Die regierungstreuen Wehrverbände, allen voran die Heimwehren, dürften sich – zumindest was die Mannschaften betrifft – ebenfalls überwiegend aus Personen mit manuellen Berufen rekrutiert haben. Jedenfalls sind 58 Prozent der Todesopfer des Freiwilligen Schutzkorps Arbeitermilieus zuzurechnen. Acht Todesopfer (30 Prozent) – darunter viele zumeist als Führer und Kommandanten bezeichnete Personen, häufig ehemalige Offiziere – gehörten kleinbürgerlich/bürgerlichen Milieus an.

ARBEITSLOSIGKEIT. Mit einigen Einschränkungen ist auf Basis der erhobenen Daten die Beantwortung der Frage nach der Arbeitslosigkeit bzw. dem Beschäftigungsstatus der zivilen Februaropfer möglich. Worin bestehen die Einschränkungen? Für viele Februaropfer liegen überhaupt keine Angaben über ihren Beschäftigungsstatus und ihre Einkommenssituation vor. Bei anderen lässt sich diese nur aus bestimmten Angaben indirekt erschließen. (Wenn etwa ein Familienvater auf dem Heimweg von der Arbeitsstätte erschossen wurde, ist anzunehmen, dass er in Beschäftigung stand und nicht arbeitslos war.)

Ungefähr 47 Prozent aller lohnabhängigen (also keine Rente beziehenden oder selbstständigen) Februaropfer waren ohne Arbeit. Immerhin zehn von den erhobenen 61 Arbeitslosen erhielten weder Arbeitslosen- noch Notstandsunterstützung, sie waren »ausgesteuert«. Damit lag die Arbeitslosenquote der

Februaropfer noch beträchtlich über dem ohnehin deprimierenden österreichischen Niveau. Laut den Ergebnissen der Ende März 1934 durchgeführten Volkszählung betrug die österreichweite Arbeitslosigkeit rund 28 Prozent. Da die allermeisten hier zum Beschäftigungsstatus der Februaropfer verwerteten Daten aus den Februarakten der Bundespolizeidirektion Wien stammen, ist der Vergleich mit der Arbeitslosenquote in Wien angebracht. Diese lag bei insgesamt 33 Prozent, im volkswirtschaftlichen Sekundärsektor (Industrie und Gewerbe) – dem die meisten der Februaropfer von ihren Berufen her zuzuordnen sind – sogar bei 45 Prozent.[154] Kurzum, die Arbeitslosenquote der zivilen Februaropfer entsprach in etwa dem erschreckenden Niveau ihrer unmittelbaren sozialen Umgebung.

Besondere Fälle

Die Morde von Steyr

Gegen Mittag des 12. Februar wurden die Schutzbündler von Steyr-Ennsleite alarmiert. Einer von ihnen war der 25-jährige arbeitslose Bauschlosser Josef Ahrer. Er wohnte in einer als Miethaus dienenden Baracke in der Kammermayerstraße. Bald nachdem Ahrer von der Alarmierung erfahren hatte, kam es in dem Gebäude zu einer Schießerei, über die nur eine gesicherte, von keiner Seite in Zweifel gezogene Erkenntnis vorliegt: dass dabei der Hilfsarbeiter und Heimwehrmann Johann Zehetner durch einen Herzschuss und dessen Braut Josefine Nagelseder durch einen Bauchschuss getötet wurden.

Das Standgericht, das in Steyr am 17. Februar tagte, verurteilte Ahrer für diese Tat zum Tod durch den Strang. Im Urteil hieß es, Ahrer habe »durch die halbgeöffnete Tür der Wohnung des Johann Zehetner zwei scharfe Pistolenschüsse abgegeben«, durch welche Zehetner und Nagelseder tödlich getroffen worden seien. Dies sei durch beeidete Aussagen von Zeugen »einwandfrei erwiesen«.

Ahrer erklärte, dass in der Baracke Schüsse gefallen seien, und er dadurch den Eindruck gewonnen habe, die Heimwehranhänger unter den Bewohnern würden auf die hier wohnenden Schutzbündler schießen. Deshalb habe er selbst mit seiner Pistole ohne zu zielen einmal nach oben und ein zweites Mal in den Boden gefeuert, um die Heimwehrleute einzuschüchtern. Die tödlichen Schüsse in die Zehetner-Wohnung hätte hingegen sein Genosse August Hilber mit einem Gewehr abgegeben. (Hilber wurde später bei den Kämpfen durch Artilleriebeschuss getötet.) Laut zwei Zeugen soll allerdings Ahrer in die Zehetner-Wohnung hineingeschossen haben. Und eine weitere Zeugin sagte aus, dass ihr die im Sterben liegenden Opfer gesagt hätten, dass Ahrer der Täter gewesen sei.[155]

In von sozialdemokratischer und kommunistischer Seite lancierten Darstellungen wird die Täterschaft Ahrers entschieden bestritten. Vielmehr hätten in der Baracke lebende Heimwehrleute Ahrer bedroht, dieser habe sich mit der Pistole zur Wehr setzen wollen, die Waffe habe aber versagt. In dem Moment sei August Hilber aufgetaucht und Ahrer sofort zur Hilfe geeilt. Mit seinem Infanteriegewehr habe er Zehetner und mit demselben Schuss dessen hinter ihm stehende Braut niedergestreckt.[156]

Es ist aus heutiger Sicht schlichtweg unmöglich, schlüssig zu entscheiden, was in den Kammermayerbaracken wirklich geschah. Der Standgerichtsprozess gegen Ahrer wurde überhastet und parteiisch geführt. Ob den Hauptbelastungszeugen gegen Ahrer zu trauen ist, kann in Zweifel gezogen werden. Sie stammten durchwegs aus dem Heimwehrmilieu und äußerten sich widersprüchlich. Allerdings ist bei den Augenzeugen des Schutzbundes nicht weniger Misstrauen angebracht, ging es bei ihrer Darstellung doch in erster Linie um die propagandistische Verwertung des Falles und die Stilisierung Ahrers zum Märtyrer des Februaraufstandes.

Von besonderer Brisanz war der Mord, der sich nur wenige Minuten später und nur einige Hundert Meter entfernt zutrug. – Ing. Wilhelm Herbst war ein Sohn aus reicher Wiener Industriellenfamilie, studierter Techniker, Aktionär verschiedener großer Firmen, Motorsportler. Nach Kriegsende hatte er die Funktion eines Direktors der Hauptanstalt für Sachdemobilisierung übernommen, war 1920 als stellvertretender Direktor und Geschäftsführer zu Austro-Fiat in Wien gegangen, anschließend zu Austro-Daimler in Wiener Neustadt, dann zu Puch in Graz und schließlich als Werksdirektor nach Steyr.

Herbst hielt sich am Vormittag des 12. Februar im Werk auf. Als gegen elf Uhr der Generalstreik ausgerufen wurde, warnte man den Direktor sofort und forderte ihn auf, augenblicklich wegzufahren. Er ließ sich aber nicht drängen, sondern machte sich erst um die Mittagszeit herum auf den Weg. Sein Automobil Marke »Steyr 30« steuerte er persönlich. Als Herbst das Werk beim »Autobautor« verließ, wurde er am Lenkrad sitzend erschossen. Das Auto blieb stehen, der Motor lief im Leerlauf so lange weiter, bis das Benzin verbraucht war. Erst am Abend des 13. Februar konnte die Leiche geborgen werden.[157]

In einem auf den polizeilichen Ermittlungen basierenden Bericht der *Steyrer Zeitung* vom 18. Februar heißt es, dass an dem Mord an Herbst sieben Männer beteiligt gewesen seien. Herbst habe noch kurz mit dem Portier gesprochen. »Auf Grund von Zeugenaussagen bei der Polizei hatten sich hinter der Portierloge sieben Männer versteckt gehalten. Zwei davon sind mit Karabinern in der Hand hervorgetreten und hatten sich hinter das Auto geschlichen, wo sie dann die tödlichen Schüsse abgaben. Kurz darauf waren die Mörder, die alle maskiert waren, verschwunden. Damit sich niemand dem Auto des Direktors Herbst nähern und die Mörder die Flucht ergreifen konnten, wurde das Auto von den bereits auf der Ennsleite verbarrikadierten Schutzbündlern unter Sperrfeuer der Maschinengewehre genommen.« Die gerichtsärztliche Obduktion habe ergeben, dass der Schädel des Opfers völlig zerrissen worden sei.[158]

Ein in die Sowjetunion geflüchteter Schutzbündler, Alois Zehetner, berichtete in einem 1936 in Moskau erschienenen Buch, dass ein Trupp Wehrturner (die Alarm- und Eliteeinheit des Schutzbundes) versucht habe, von der Ennsleite aus einen Vorstoß ins Stadtzentrum zu unternehmen. Auf dem Wege habe man als ersten Stützpunkt das Portierhaus »Autobau« eingenommen. In diesem Moment sei Werksdirektor Herbst vorgefahren. »Ein einziger Schuss fiel aus 30 Meter Entfernung und Herbst war sofort tot.«[159] – Eine Version, die mit gewissen Abweichungen zu dem oben zitierten polizeilichen Untersuchungsergebnis passt.

Dass Herbst gezielt erschossen worden war, wird in der vorliegenden Literatur weitgehend anerkannt. Allerdings gibt es auch abweichende Versionen. Nach der einen soll Herbst zufällig in ein Feuergefecht zwischen Schutzbündlern und Bundesheer geraten sein. Nach der anderen wurde auf das Auto geschossen, um die Einfahrt Herbsts ins Werk zu verhindern. Dabei sei er unabsichtlich getötet worden.[160] Beide Darstellungen sind unplausibel. (So etwa fand das gemeinte Feuergefecht zwischen Schutzbund und Bundesheer erst nach 13 Uhr statt, während Herbst spätestens um 12.30 Uhr getötet wurde.) Da sie auch quellenmäßig in keiner Weise untermauert werden, sollte man von parteipolitisch motivierten unbewiesenen Behauptungen ausgehen.

Tatsächlich dürfte der Direktor der Steyr-Werke einigen rachedurstigen Schutzbündlern zufällig vor die Gewehrläufe geraten sein. Zu den Motiven Rache und Hass passt, dass in praktisch allen Darstellungen erwähnt wird, dass Herbst bei den Arbeitern und darüber hinaus bei der gesamten Bevölkerung äußerst unbeliebt gewesen sein soll – was angesichts der Entlassungen und Lohnkürzungen nachvollziehbar wäre. Der erwähnte Alois Zehetner, auf den dieses Rechtfertigungsmuster zurückgehen dürfte, schreibt: »Einer aus den Reihen der Peiniger der Arbeiterschaft hatte sein Leben beendet und konnte nun nicht mehr die geplanten Lohnkürzungen durchführen. Er hatte sich besonders verhasst gemacht, als er bei den Verhandlungen erklärte: Solange die Arbeiter in ihren Schrebergärten Rosen pflanzen statt Kartoffeln anzubauen, sind die Löhne immer noch zu hoch.«[161]

Die Morde von Holzleithen

Die Erschießung von vier Arbeitersamaritern auf der für eine Faschingsveranstaltung geschmückten Bühne des Arbeiterheims im oberösterreichischen Bergarbeiterdorf Holzleithen am 13. Februar 1934 spielt in der Opfermythologie des Februaraufstandes eine besondere Rolle. Eine oft gedruckte Fotografie zeigt den Moment, in dem die Soldaten und Heimwehrleute mit ihren Gewehren auf die wehrlosen Opfer anlegen. Trotzig stehen sie da, blicken dem Tod mutig ins

Auge, keineswegs verzagt, verzweifelt oder geschockt. Es handelt sich um junge Männer, ihre Kleidung zeigt, dass sie alles andere als wohlhabend sind. Stolze Proletarier, die im Kampf für die Rechte der Arbeiter und die Revolution den Tod nicht fürchten. – Selbstverständlich ist das Foto eine Fälschung. Wer hätte eine solche Aufnahme in einem solchen Moment machen sollen?[162]

Die schrecklichen Fakten der Tat selbst, aber auch ihre äußeren Umstände waren zur Mythologisierung nur zu gut geeignet. Allein schon der Tatort, das Arbeiterheim, das sich die schwer und für einen kargen Lohn schuftenden Bergleute geschaffen hatten. Was für ein Symbol der Arbeiterbewegung und ihrer stolzen Leistungen! Dazu kam, dass es sich bei den Opfern um Sanitäter handelte, um Männer, deren Aufgabe nicht das Kämpfen, nicht das Töten von Feinden, sondern das Helfen, das Bergen und Versorgen von Verwundeten war. Man muss zweifellos von einer besonders verwerflichen Tat sprechen.

Über die Vorgänge in Holzleithen liegen zahlreiche, oft widersprüchliche und sich widersprechende Darstellungen vor. Wilfried Wöss hat sie in einer Abhandlung penibel analysiert und vor Ort versucht, die Abläufe beim Angriff des Bundesheeres auf das Arbeiterheim zu rekonstruieren.[163] – Demnach geschah Folgendes: Als die Soldaten gegen 16 Uhr immer näher an das Arbeiterheim heranrückten und die Situation für die dort noch Ausharrenden immer bedrohlicher wurde, hisste man im Arbeiterheim weiße Tücher als Zeichen, die Waffen zu strecken. Die am ungefähr fünfhundert Meter entfernt liegenden Bahnhof verschanzten Schutzbündler sahen dies allerdings nicht. Sie nahmen nur die herannahenden Soldaten wahr und legten deshalb ein Sperrfeuer vor das Arbeiterheim, um ihren dort verschanzten Genossen das Entkommen zu ermöglichen. Bei den angreifenden Soldaten hatte man das Gefühl, aus dem Gebäude heraus beschossen worden zu sein, trotz der weißen Fahnen. »Die eigenen Kämpfer«, heißt es im Bundesheerbericht, »erfasste eine derartige Erbitterung, dass sie die letzte Entfernung von etwa 200 Schritt bis zum Arbeiterheim in einem Zug durcheilten und sodann das Gebäude stürmten. Die sich mit Revolvern und Dolchen zur Wehr setzenden Schutzbündler wurden niedergeschossen.«[164]

Der letzte Satz entspricht nicht den Tatsachen. Er sollte in dieser offiziellen Darstellung offensichtlich dazu dienen, zu verschleiern, was im Arbeiterheim nach der Erstürmung durch das Bundesheer tatsächlich geschah.

Was passierte, geht aus dem Bericht von Josef Zaribnicky, einem von zwei Überlebenden, hervor. – Bei Näherrücken des Bundesheeres waren die Sanitäter in den Keller geschickt worden. Dort harrten sie stundenlang aus, ohne zu wissen, was draußen vor sich ging. Als das Bundesheer das Haus besetzte, beorderte man die Männer aus dem Keller nach oben. Im großen Saal des Arbeiterheims durchsuchte man sie, nahm ihnen alle Habseligkeiten ab. Alle trugen sie eine Sanitätstasche und waren mit weißen Armbinden und dem roten Kreuz gekennzeichnet. Schließlich kam Dr. Johann Fruhwürth, der stellvertretende Bezirkshauptmann von Vöcklabruck, herein. Dieser dürfte an den Kämpfen in Holzleithen als Heimwehrführer beteiligt gewesen sein.[165] Fruhwürth sah die Schutzbundsanitäter und sagte: »An die Wand mit ihnen! Standrecht ist.«

Die Männer wurden auf die Bühne gestellt, als letzter Josef Zaribnicky. Und dann geschah das Unfassbare: »Da haben sie schon darauf geschossen auf die anderen, und ich habe sofort einen Schuss durch das rechte Bein, einen Durchschuss, gekriegt und bin hinter den tödlich getroffenen Krobatschek gefallen und habe mich sofort totgestellt, weil mir klar war, wenn einer sieht, was da vor sich gegangen ist, dass ich da einen Gnadenschuss bekomme.«

Es habe, erinnerte sich Zaribnicky, kein militärisches Kommando gegeben, es sei einfach nur wild hineingeschossen worden. Alle hätten ihre Magazine leergeschossen, dann habe einer »Feuer einstellen!« gerufen und die Täter hätten den Raum verlassen.

Josef Zaribnicky zog seinen noch lebenden Bruder Anton unter die Bühne, um sich gemeinsam mit ihm dort zu verstecken. Das Blut der Getroffenen tropfte durch die Bretter. Deshalb schleppte er seinen Bruder wieder hinaus. Gendarmen kamen, die mit Entsetzen sahen, was geschehen war. Bald starb Anton Zaribnicky. Später brachte man Josef zu einem weiteren Sterbenden, Josef Schmied, der ihm letzte Grüße an seine Frau und seinen Sohn auftrug. Schließlich kam Dr. Fruhwürth in den Saal. Zaribnicky fuhr ihn an: »Was lassen Sie diese Leute erschießen, die Sanitäter, die haben doch gar nichts getan, die sind nicht bewaffnet.« Fruhwürth war erkennbar verlegen: »Ja, ich hab gesagt: An die Wand mit ihnen. Aber nicht: erschießen. Zu blöd, zu blöd.«

Josef Zaribnickys Wunde wurde versorgt. Ein Arzt aus einem benachbarten Ort gab ihm eine Tetanusinjektion und bezeugte, dass er Sanitäter sei. So ließ man ihn laufen. Von den sechs auf der Bühne des Arbeiterheims an die Wand gestellten Arbeitersamaritern starben Franz Holzinger, Andreas Kropatschek, Josef Schmied und Anton Zaribnicky. Johann Hamminger erlitt einen Schuss ins Rückgrat, Josef Zaribnicky einen Durchschuss des Beines.[166]

Wilfried Wöss' Untersuchung zufolge waren keine Bundesheersoldaten an der Tat beteiligt, die »quasistandrechtliche Erschießung« wurde vielmehr von der Heimwehr vorgenommen. Der Auslöser dieses »krassen Aktes von Lynchjustiz«, Johann Fruhwürth, wäre eindeutig strafrechtlich zu verfolgen gewesen. Darauf verzichtete das Dollfuß-Regime allerdings, sondern tat alles, um die Geschehnisse möglichst zu vertuschen. Fruhwürth entpuppte sich 1938 als illegaler Nazi und SS-Sturmführer.[167]

Der Doppelmord von Floridsdorf

Eine in der Fachliteratur völlig unbeachtete, besonders brutale Tat trug sich am frühen Vormittag des 14. Februar am jüdischen Friedhof in der Ruthnergasse in Wien-Floridsdorf zu. Der Schutzbündler Richard Groß, ein ehemaliger Gefreiter des Bundesheeres, der als »Meisterschütze« galt, hatte während der Kämpfe an der Ecke Siemensstraße/Brünner Straße zwei Maschinengewehre bedient. Am Morgen des 14. Februar sah sich die hier postierte Schutzbundeinheit gezwungen, die Stellung zu räumen. Aber wohin mit den MGs und der Munition? Man beschloss, sie auf dem nahen jüdischen Friedhof zu verstecken.

An den Friedhof grenzte das Haus des Ehepaares Menzler. Zu dem Zeitpunkt, als die Schutzbündler auftauchten, waren der 51-jährige Straßenbahnschaffner Johann Menzler und die 44-jährige Hebamme Ludmilla Menzler im Haus anwesend, ebenso eine Bedienerin. Das Ehepaar galt als christlichsozial eingestellt. Vom Fenster aus sahen die drei die verdächtigen Aktivitäten auf dem Friedhof. Groß und seine Kameraden bemerkten, dass sie von den Menzlers beobachtet wurden. Deren regierungstreue Einstellung war ihnen bekannt. Deshalb fürchteten sie, verraten zu werden. Richard Groß fasste einen raschen Entschluss, um das zu verhindern.

Er nahm sein Gewehr, schlich zur Friedhofsmauer, sah in der Küche des Menzler-Hauses die beiden Frauen, die beim Geschirrwaschen etwas besprachen. Groß legte an, zielte und schoss durch das Küchenfenster Ludmilla Menzler in den Kopf. Sie war auf der Stelle tot. Dann sprang Groß über die Mauer, lief ins Haus, durch die Küche an der toten Frau vorbei ins Schlafzimmer, wohin Johann Menzler geflohen war. Schon an der Tür gab Groß einen Schuss auf ihn ab. Aber das Gewehr versagte. In Todesangst versuchte Menzler, unter das Bett zu kriechen, Groß repetierte und drückte erneut ab. Nun funktionierte die Waffe. Groß tötete den Gejagten durch einen Schuss in die Schläfe aus ungefähr zwanzig Zentimeter Entfernung. Die Bedienerin war schon vorher durch das Fenster gesprungen und weggelaufen.

Groß kehrte zum Friedhof zurück, nahm einen Imbiss, verbarg den Karabiner unter seinem Mantel, besuchte seine Schwester und begab sich dann zum Leopoldauer Gaswerk, wo er anderen Schutzbündlern dabei half, die Waffen auf Lastautos zu verladen. Als der Panzerwagen der Polizei anrückte, ging er nach Hause. Am 15. Februar stellte er sich unter Berufung auf den vom Bundeskanzler versprochenen Pardon der Polizei, wobei er selbstredend den Doppelmord verschwieg. Er wurde schon nach einem Tag wieder entlassen. Als er zwei Tage später erfuhr, dass er als Täter gesucht wurde, irrte Groß eine

Links Ludmilla und Johann Menzler, rechts ihr Mörder Richard Groß
(Abbildungen aus dem *Kleinen Blatt* vom 29. August 1934).

Zeitlang durch Wien. Im Penzinger Friedhofspark verübte er schließlich einen Selbstmordversuch, indem er mit einem Messer versuchte, sich die Pulsadern aufzuschneiden. Passanten riefen die Rettung, er kam ins Spital und überlebte. So gelang die Festnahme des Täters. Der versuchte Selbstmord und die damit verbundene lebensgefährliche Verletzung bewahrten ihn vor dem Standgericht, das ihn unweigerlich zum Tod verurteilt hätte.

Am 28. und 29. August 1934 stand Richard Groß vor dem Geschworenengericht und wurde zu lebenslänglichem schweren Kerker verurteilt. Bei der Vernehmung durch den Vorsitzenden ergab sich folgender Dialog: »Angekl.: Während wir um die Grube herumstanden, hörte ich Stimmen: Die Menzler schauen zu. – Vors.: Andere haben doch auch zugeschaut. – Angekl.: Aber die Menzler waren als Christlichsoziale bekannt. Ich befürchtete Verrat. Deshalb habe ich beschlossen, die beiden Menzler zu töten. In der Annahme, dass die beiden Menzler meine Genossen verraten werden, habe ich die Tat begangen. Herr Vorsitzender wissen, dass ein Soldat in außerordentlichen Fällen selbständig handeln muss, und in dieser Lage habe ich den Beschluss gefasst, nicht um einen Vorteil zu haben, sondern zum Schutze meiner Genossen. – Vors.: Aber, aber, drei [sic!] anständige Menschen so kaltblütig umzubringen! Und gerade Ihre Partei hat doch immer gepredigt: ›Nie wieder Krieg!‹ [...] Wie konnten Sie also gegen Wehrlose so vorgehen? – Angekl.: Ich war in einem furchtbaren Dilemma. – Vors.: War es nicht vielleicht doch persönlicher Hass gegen die Menzler? – Angekl.: Nein. Ich habe sie ja fast nicht gekannt. – Vors.: Warum haben Sie die Bedienerin Jirowetz laufen lassen? – Angekl.: Weil sie nicht christlichsozial eingestellt war.«[168]

Der Mord von Graz

Johann Fuchs, ein verheirateter Mann mittleren Alters und Vater von vier Kindern, diente im Freiwilligen Schutzkorps. Er gehörte dem Freiheitsbund an, der Wehrorganisation der Christlichen Arbeiter. Am 18. März 1934 hatte er bis Mitternacht Dienst am Jakominiplatz in Graz. Auf dem Heimweg durchquerte er die Innenstadt, wechselte auf die rechte Seite der Mur und ging den Kai entlang flussaufwärts. Ein paar Tage zuvor war er, ebenfalls spätnachts, am Lendplatz von vier oder fünf junge Burschen bedroht worden. Deshalb nahm er jetzt diese neue Route. Trotz dieser Vorsichtsmaßnahme wurde Fuchs zwischen den Häusern Lendkai 117 und 119 von mehreren Tätern überfallen. Sie schossen ihm aus nächster Nähe in den Hinterkopf, schleppten den Ermordeten dann über die Böschung zur Mur und warfen ihn ins Wasser. Die Leiche trieb aber nicht ab, sondern blieb zwei Meter vom Ufer entfernt an einem Stein hängen.[169]

Was war der Hintergrund dieser Tat? Es scheint sich nicht um einen kriminellen Akt gehandelt zu haben. Die Grazer Polizei vermutete politische Motive: »Die Täter dürften in Schutzbundkreisen zu suchen sein, da Fuchs heute in einem Hochverratsprozess als Zeuge hätte erscheinen sollen.« Eine Fehlinformation. Am 20. März fand kein Prozess gegen Schutzbündler in Graz statt.[170]

In einer kommunistische Publikation findet sich im Abschnitt über den hingerichteten Arbeiterkammersekretär Josef Stanek folgende Passage: »Einen Monat später berichtet die Presse, dass am 21. März in Graz die Leiches des Schutzkorpsmannes Johann Fuchs aus der Mur gezogen wurde. Der Leichnam wies eine Schusswunde am Hinterkopf auf. Fuchs war der Henker von Stanek. Er war Diener am Anatomischen Institut der Grazer Universität und hatte sich freiwillig als Scharfrichter zur Verfügung gestellt. Er hielt sich dann eine Zeitlang versteckt, dann erreichte ihn dasselbe Schicksal wie die zwei Heimwehrler, die am 5. März in Eggenberg bei Graz erschossen aufgefunden wurden. Neben ihnen lag ein Zettel mit der Aufschrift: ›Rache für Stanek!‹«[171] – In einem nationalsozialistischen Flugblatt mit dem Titel »Was österreichische Zeitungen nicht bringen dürfen« klingt es ähnlich: Der Henker Staneks, der Schutzkorpsmann Fuchs, sei der »blutigen Rache der Sozialdemokraten« anheimgefallen, ähnlich wie dem Eisenbahner, der Koloman Wallisch verraten habe.[172]

Tatsächlich aber hatte der Obduktionsgehilfe Julius Fuchs aus Eggenberg das Amt des Henkers im Falle Josef Stanek ausgeübt. Und das war in Schutzbundkreisen offenbar bekannt. Denn Julius Fuchs wurde Mitte Juni 1934 an einer Straßenbahnhaltestelle in Graz von einem ehemaligen Schutzbündler aus Rache attackiert und erlitt leichte Verletzungen.[173] Mit großer Wahrscheinlichkeit musste der Familienvater Johann Fuchs also deshalb sterben, weil er mit Julius Fuchs, dem wahren Henker Staneks, verwechselt worden war.

Das Massaker an den Schlingerhof-Gefangenen

Dasjenige Einzelereignis während des Februaraufstandes, das die meisten Todesopfer und Verletzten zur Folge hatte, trug sich am Nachmittag des 13. Februar in Wien-Floridsdorf zu. In der Fachliteratur wird es zumeist nur am Rande erwähnt.

Im Grunde liegen zwei Berichte über den Vorgang vor. Der eine stammt vom Kommandanten des Floridsdorfer Schutzbundes Heinz Roscher. Dessen zur Tarnung im Format und Aussehen eines Taschenkalenders verbreitete Schrift »Die Februarkämpfe in Floridsdorf« muss als lupenreine kommunistische Propaganda bezeichnet werden. Besonders der Bericht über die Eskortierung der Schlingerhof-Gefangenen ist eine blutrünstige Mischung aus Halbwahrem und Erlogenem.[174] Die zweite, wesentlich ausführlichere Darstellung verfasste der Floridsdorfer Stadthauptmann (Leiter des Polizeikommissariats) Heinrich Petri. Er hat die Ereignisse in einem 1937 fertiggestellten, »nur für den Dienstgebrauch« bestimmten Manuskript aufgearbeitet.[175] Petris insgesamt 413 Seiten umfassendes Werk ist als faktenorientierte, sorgfältige, weitgehend neutrale Polizeiarbeit zu werten. Selbstverständlich steht der Autor den aufständischen Schutzbündlern und Kommunisten nicht nahe, wahrt aber auch dem herrschenden Ständestaatsregime gegenüber erkennbar Distanz.

Am 13. Februar, gegen 12.30 Uhr, hatten die Regierungskräfte nach verlustreichen Kämpfen die Gemeindewohnanlage »Schlingerhof« in der Brünner Straße in Floridsdorf besetzt. Danach waren alle »wehrfähigen männlichen Bewohner« dieses Gemeindebaus sowie der angrenzenden Eisenbahner-Wohnhäuser in einem Hof zusammengetrieben worden. Es handelte sich dabei um Männer fast jeden Alters, die sich in der Regel nicht am Aufstand beteiligt hatten. Den allermeisten Kämpfern des Schutzbundes war es gelungen, sich rechtzeitig vor dem Eindringen des Feindes abzusetzen.

Gegen 15 Uhr setzte sich ein Zug von rund 350 Gefangenen, flankiert von Polizei und Militär, in Bewegung. Die Gefangenen sollten von der Werndlgasse zum Polizeikommissariat Floridsdorf eskortiert werden. Zu dem, was nun folgen sollte, heißt es bei Petri: »Die nur wenig über 400 Meter lange Strecke […] wurde für die Gefangenen und ihre Begleitmannschaft zu einem

Verhaftete in der Gerichtsgasse in Floridsdorf, vermutlich am 14. Februar 1934.

furchtbaren Leidenswege, da disziplinlose Mitläufer sowohl auf Seite des Schutzbundes als auch auf Seite der staatlichen Exekutivformationen, teilweise erschrocken über den plötzlich erscheinenden gewaltigen Zug von Menschen, teilweise aber wohl auch aus Bösartigkeit oder jugendlichem Übermut aus vielen Gebäuden heraus in den mit hocherhobenen Händen einherschreitenden Zug hineinschossen.«[176]

Die ersten Schüsse fielen schon beim Einbiegen von der Werndlgasse in die Brünner Straße. Sie dürften aus dem von Schutzbündlern besetzten Gebäude Gerichtsgasse Nr. 7 gekommen sein und den Begleitmannschaften gegolten haben, aber selbstverständlich auch den Gefangenen gefährlich geworden sein. Die wenigen Schüsse richteten keinen Schaden an. Umso schlimmer wurde es, als der Zug den Paul-Hock-Park (Brünner Straße 29) erreichte. Nun fielen Schüsse von allen Seiten. Vier Menschen starben, vier erlitten Verletzungen. Die Panik muss unbeschreiblich gewesen sein. Alles warf sich zu Boden oder versuchte, wegzulaufen und sich zu decken. Eine Reihe von Gefangenen nützte das entstandene Chaos zur Flucht. Bemerkenswert ist, was der Bundesbahnpensionist Richard Jahsenek erlebte. Er stürzte infolge eines Schlages auf den Kopf zwischen zwei Tote und blieb mit ihnen im Straßenrinnsal liegen. Jedenfalls fand er sich in dieser Lage, als er am nächsten Vormittag, um zehn Uhr, aus der Bewusstlosigkeit erwachte. Da er für tot gehalten worden war, hatte die Rettungsgesellschaft ihn nicht abtransportiert.

Als das Schießen aufgehört hatte und die verbliebenen Gefangenen gesammelt waren, bewegte sich der Zug noch ein kurzes Stück weiter auf der Brünner Straße, um dann nach rechts in die Kretzgasse (heute Weisselgasse) einzubiegen. Hier ging es wieder los. Petri vermutet aufgrund von Zeugenaussagen Schüsse vom Floridsdorfer Nordbahnhof her, der zu dieser Zeit in der Hand des Schutzbundes war, aber auch von anderen, teils von der Heimwehr besetzten Gebäuden. Es starben drei Gefangene und ein Polizist. Neun Personen erlitten mehr oder weniger schwere Verletzungen, darunter ein Polizist und ein Schutzkorpsmann.

Bis zum rettenden Polizeikommissariat waren es keine zweihundert Meter mehr. Die Gefangenen wurden nach Abflauen des Feuers nunmehr in mehreren Gruppen dorthin gebracht. Als die letzte Gruppe um 15.30 Uhr in das Tor des Kommissariats einbog, setzte plötzlich eine wilde Schießerei aus Fenstern des ersten und zweites Stock des Polizeigebäudes und aus den gegenüberliegenden Häusern ein. Die Polizisten im Kommissariat feuerten ihrerseits wiederum auf die Häuser der anderen Seite, weil sie von dort einen Angriff auf die Polizei vermuteten. Man kann sich die grauenhafte Lage der Gefangenen und ihrer Begleiter inmitten des Kreuzfeuers vorstellen. Petri registrierte fünf tote und zwei schwerverletzte Gefangene sowie drei verletzte Polizisten und einen verletzten Schutzkorpsmann.

Zehn der dreizehn Todesopfer des Gefangenenzuges sind als Nicht-Kombattanten zu werten, zwei den Aufständischen und einer der Wiener Sicherheitswache zuzurechnen. Trotzdem werden die Getöteten in der Literatur immer wieder in Bausch und Bogen dem Schutzbund zugeschlagen.[177]

Zusammenstöße, Übergriffe, Exzesse

Ein besonders spektakulärer Fall trug sich in der Nacht vom 12. auf den 13. Februar südlich von Linz zu. Georg Buttinger war Betriebsrat der Nettingsdorfer Papierfabrik gewesen, hatte aber 1932 die Arbeit aus gesundheitlichen Gründen aufgeben müssen. Er war Kriegsinvalide. Aus diesem Grund hatte er auch nicht an der Sammlung des Schutzbundes in Traun am 12. Februar teilnehmen können. In einem Gendarmeriebericht wird er als »äußerst gewalttätiger Kommunist, Wilderer und Schutzbündler« bezeichnet. Seine Ehefrau charakterisierte ihn hingegen als guten Menschen, leidenschaftlichen Jäger und begeisterten »Waffenfreund«. Er habe einige Waffen besessen.

Am Abend kam der Heimwehrführer von Nettingsdorf, der Gutsbesitzer Heinrich Pollhammer, in Begleitung von drei Heimwehrleuten zu Buttinger in die Wohnung und forderte die Herausgabe der Waffen. Buttinger tötete den anscheinend Unbewaffneten ohne Vorwarnung durch einen Kopfschuss. Pollhammers Begleiter ergriffen die Flucht. Zwei daraufhin als Verstärkung anrückende Gendarmen wurden von Buttinger ebenfalls beschossen und verletzt. Anschließend verschanzte sich Buttinger im ersten Stock seines Hauses und feuerte aus allen Rohren auf die zur Verstärkung geholten Gendarmen. Ab Mitternacht wurde das Haus mit Maschinenpistolen und einem schweren Maschinengewehr beschossen. Die restlichen Hausbewohner evakuierte man. Schließlich entschloss sich die Gendarmerie, Buttinger mit brennenden Strohbüscheln auszuräuchern, die man auf langen Stangen in Buttingers Wohnung schob. Buttinger verübte, als er keinen Ausweg mehr sah, Selbstmord.

Bei nüchterner Betrachtung könnte man von der selbstzerstörerischen, mörderischen Aktion eines gewalttätigen Waffennarren sprechen. Im Kontext der linken Februarpropaganda wurde Buttingers sinnloser Kampf zu einer einsamen Heldentat hochstilisiert. Eine Lesart, die sich bis heute praktisch unverändert erhalten hat.[178]

Zumindest in der Entstehungsgeschichte vergleichbar sind die Geschehnisse, dies sich am 13. Februar in Hainfeld im niederösterreichischen Gölsental abspielten. Am Morgen hatte sich der örtliche Schutzbund in einem Wald gesammelt und bewaffnet, eine vorübergehende Gruppe von Heimwehrleuten beschossen und sich dann – was eher unklug anmutet – in das Haus des Schutzbundkommandanten Johann Hoys zurückgezogen. Es geschah das zu Erwartende: Heimwehr rückte an und umstellte das Gebäude. Heimwehrkommandant Johann Lintner trat ein, machte ein paar Schritte auf der Stiege in den oberen Stock, wo die Schutzbündler saßen. Plötzlich krachten zwei Schüsse, einer traf Lintner, er fiel unter dem Ausruf »Au« nach hinten und war auf der Stelle tot. Geschossen hatte der 25-jährige arbeitslose Maurergehilfe Viktor Rauchenberger aus einem Karabiner. Der zweite Schuss, abgefeuert von Johann Hoys aus einer Pistole, traf nicht. Geschockt von dem Vorgefallenen ergaben sich die im Haus versammelten Schutzbündler widerstandslos.

Es gibt zwei Versionen des Vorgangs. Die eine stammt von einem damals 18-Jährigen, der die Vorgänge persönlich miterlebte hatte. Er erzählte viele Jahre später, dass die das Haus umstellenden Heimwehrleute die verschanzten Schutzbündler aufgefordert hätten, sich zu ergeben. Die Schutzbündler hätten geantwortet und Lintner durch Zuruf gewarnt, sich zu nähern. Sie würden sofort schießen, habe man ihm unmissverständlich klargemacht. Allein Lintner habe diese Warnung ignoriert und sei ins Haus eingedrungen. So sei passiert, was eben passiert sei. Die zweite Version ergibt sich aus den Aussagen von Zeugen, die beim Standgerichtsverfahren in St. Pölten befragt worden waren.

Demnach wussten die Heimwehrleute keineswegs, dass sich Schutzbündler im Haus befanden. Sie hatten diese daher auch nicht aufgefordert, sich zu ergeben. Und die Schutzbündler hätten ihrerseits Lintner keineswegs gewarnt, das Haus zu betreten.

Über den tatsächlichen Hergang kann man immerhin Vermutungen anstellen: Es ist wahrscheinlich, dass die Schutzbündler beobachteten, wie das Haus umstellt wurde. Dadurch gerieten sie in Panik, wie sich der Aussage des Angeklagten Rauchenberger entnehmen lässt: »Wir saßen, im Zimmer des Hoys, da sagte einer, die Heimwehr kommt. Ich habe mir gedacht, jetzt ist alles vorbei, sie werden uns erschießen. Vom Boden aus sahen wir, wie die Heimwehr das Haus umstellte, und glaubten, dass sie uns in die Luft sprengen werden. [...] Ich war so aufgeregt. Ich habe einen doppelten Herzfehler.« Lintner dürfte, als er Hoys' Haus betrat, nicht gewusst haben, dass sich bewaffnete Gegner darin aufhielten. Die tödlichen Schüsse sind als Panikreaktion der Schutzbündler zu werten. – Viktor Rauchenberger und Johann Hoys büßten schwer für die unbedachte Tat. Sie standen am 16. Februar 1934 vor dem Standgericht in St. Pölten, wurden zum Tod verurteilt und noch am selben Abend hingerichtet.[179]

Straßensperren des Schutzbundes waren weitere Brennpunkte, an denen es mehrmals zu Exzessen kam. Besonders großes Aufsehen erregten die Vorgänge vom Nachmittag des 12. Februar auf dem Polygonplatz in Linz. Dieser strategisch wichtige Punkt wurde kurz nach Mittag von Schutzbündlern aus der nahegelegenen Poschacher Brauerei besetzt. Sie bauten ein Maschinengewehr auf und errichteten Barrikaden, um die Zufahrt in die Stadt kontrollieren zu können. Ungefähr um 15 Uhr näherte sich ein Taxi mit vier Fahrgästen. Es waren Angehörige des Alpenjägerregiments Nr. 8 in Wels. Als die Schutzbündler das Auto stoppten, ging eine mörderische Schießerei los. Sie wurde möglicherweise dadurch ausgelöst, dass ein Fahrgast, Oberleutnant Heinrich Nader, sofort seine Pistole gezückt hatte, als die Schutzbündler vor ihm gestanden waren. Aber ob er es war, der den ersten Schuss abfeuerte, oder ob die umstehenden, schwer bewaffneten Schutzbündler zuerst zu schießen begannen, ist nachträglich nicht zu klären. Aussage steht gegen Aussage. Jedenfalls starben Oberleutnant Nader, Korporal Paul Eiselsberg und Alpenjäger Josef Mangl. Der vierte Soldat im Auto überlebte mit schweren Verletzungen, ebenso der Taxifahrer.

Am 22. Februar 1934 verurteilte das Standgericht in Linz drei Schutzbündler wegen dieser Tat zum Tod. Zwei von ihnen begnadigte der Bundespräsident, der dritte – Anton Bulgari, ein 56-jähriger Brauereiarbeiter – wurde hingerichtet. Von einem Prozess nach rechtsstaatlichen Kriterien kann keine Rede sein. Die Voreingenommenheit und Parteilichkeit des Gerichts lässt sich gut im Prozessbericht des *Linzer Volksblattes* nachvollziehen. Ungeachtet seiner möglichen Schuld kann Bulgari durchaus als Opfer einer Rachejustiz bezeichnet werden. Kernpunkt ist die nicht mehr zu lösende Frage, ob die Bundesheersoldaten tatsächlich – trotz der Übermacht, der sie gegenüberstanden – sofort zu schießen begonnen hatten, wie Zeugen der Vorgänge von Seiten des Schutzbundes behaupteten.[180]

Nicht weniger widersprüchlich sind die Berichte, die über einen Vorfall in der Flurschützstraße in Wien-Meidling vorliegen. Schutzbündler hatten dort eine Straßensperre errichtet. Gegen zehn Uhr des 13. Februar fuhr ein Sanitätsauto des Bundesheeres durch diese Straße, um einen verwundeten Bundesheer-Korporal zu bergen. Als der Wagen an der Barrikade anhalten musste, wurde er sofort von vier Seiten unter Feuer genommen. Die Soldaten sprangen aus dem Auto und erwiderten das Feuer. Der Lenker und zwei Soldaten erlitten leichtere Verletzungen. Der schwer verwundet am Boden liegende 31-jährige Unteroffizier Josef Stitz soll laut Aussagen einiger Zeugen von einem Mann in Straßenbahneruniform mit einer Spitzhacke erschlagen worden sein.[181]

Es kann nicht verwundern, dass sich der Vorgang aus der Sicht der Aufständischen ganz anders darstellte. Schutzbund-Gruppenführer Lois Vallach befehligte einen Trupp von rund dreißig Mann. Seine Leute hatten gerade einen auf der nahen Südbahnstrecke vorbeifahrenden Panzerzug bekämpft. Nun sahen sie das Sanitätsauto des Bundesheeres näherkommen und an der Barrikade anhalten. Vallach: »Einige unbewaffnete Arbeiter wollten dem Sanitätsauto den Weg zur Fahrt freigeben. Im gleichen Augenblick schossen bewaffnete Wehrmänner aus dem Sanitätsauto auf diese Arbeiter. Das Auto wurde von uns gestürmt, und vier Wehrmänner blieben auf dem Kampfplatz.« (Vermutlich hatte Vallach in der Aufregung den Eindruck gewonnen, alle vier verletzten Soldaten seien ums Leben gekommen.) Ähnlich wird der Vorfall in einer kommunistischen Publikation dargestellt. Auch hier heißt es, die Schutzbündler hätten das Sanitätsauto passieren lassen, aber die Besatzung habe plötzlich das Feuer eröffnet. Und deshalb hätten die »empörten Arbeiter« mit den »uniformierten Meuchelmördern« abgerechnet.[182]

Übergriffe auf gefangen genommene Gegner und die Zivilbevölkerung sind übliche Begleiterscheinungen von kriegerischen und kriegsähnlichen Auseinandersetzungen. Sie kamen auch im Februar 1934 häufig vor. Verantwortlich dafür waren hauptsächlich die Heimwehren als bestimmender Teil des Freiwilligen Schutzkorps, weniger die Polizei, Gendarmerie oder das Bundesheer. (Ähnliches berichten übrigens nationalsozialistische Quellen vom Juliputsch 1934.) Das unbestreitbare Faktum des besonders brutalen Vorgehens der Heimwehren dürfte darauf zurückzuführen sein, dass es sich im Grunde um eine bunt zusammengewürfelte Truppe handelte. Die Heimwehrleute waren schlechter ausgebildet als die Angehörigen der Polizei, Gendarmerie und des Bundesheeres, und in der Regel verhielten sie sich auch wesentlich undiszipliniertet.

Derartige Übergriffe werden von allen Kampforten berichtet, wenngleich die sozialdemokratische und kommunistische Propaganda oft hemmungslos übertrieb. Nehmen wir als Beispiel die zweifellos besonders brutalen Kämpfe in Floridsdorf. Schutzbundkommandant Heinz Roscher beschreibt die Behandlung der Gefangenen des Schlingerhofs im Polizeikommissariat als eine einzige Orgie der Gewalt. Die Heimwehrleute hätten die Wehrlosen bespuckt, mit Gewehrkolben geschlagen, in jeder erdenklichen Weise gequält. Ein 19-jähriger Genosse, der die Namen der Führer des Floridsdorfer Aufstandes nicht habe angeben wollen, sei besinnungslos geschlagen worden. Den Namen dieses mutigen Genossen hätten die überlebenden Gefangenen später auf der Liste der Toten gefunden. Die Wände in den Gängen des Kommissariats seien blutbespritzt gewesen, im Hof seien blutgetränkte Fetzen von den Monturen der am Vormittag verhafteten Feuerwehrleute herumgelegen. Von diesen hätten wohl nur wenige überlebt.[183] – Das ist schlichtweg Gräuelpropaganda. So lässt sich, bis auf den hingerichteten Georg Weissel, kein einziges während des Februaraufstandes getötetes Mitglied der Wiener Berufsfeuerwehr nachweisen. Und wieso wird der Name des angeblich von der Polizei umgebrachten 19-Jährigen nicht genannt, der in einer Opferliste gestanden haben soll? Wo Roscher tatsächlich Namen von Getöteten kennt – zum Beispiel aus der Polizeizeitschrift *Öffentliche Sicherheit* – scheut er sich nicht, sie zu nennen.

Der Floridsdorfer Polizeichef Petri verschweigt in seinem Manuskript nicht, dass es »infolge der durch die schweren Blutopfer gereizten Stimmung« den Gefangenen gegenüber zu Übergriffen kam. Er nennt drei davon betroffene Personen: Ein 53-jähriger Schlosser habe einen Armbruch erlitten, ein 63-jähriger Pensionist eine Verwundung durch einen Schlag und schließlich ein 37-jähriger Monteur eine Risswunde am Kopf durch den Kolbenhieb eines Heimwehrmannes. Am 14. Februar wurden weitere rund fünfzig Personen in ein Notarrest im neunten Bezirk überstellt. Petri: »Die sehr jungen Schutzkorpsleute, welche dort die ankommenden Gefangenen nach deren Aussagen mit Kolbenhieben und Bajonettstichen in ihre Unterkunftsräume trieben, verletzten dabei unter anderen einen alten Mann durch einen Stich in den Rücken und [einen] Feinmechanikerlehrling [...] durch einen Bajonettstich ins Gesäß.«[184]

Weitere Fälle erwähnt Petri nicht – vielleicht, weil er nichts davon wusste oder wissen wollte.

Man kann davon ausgehen, dass ähnliche Übergriffe beim Abtransport von Gefangenen häufig vorkamen. Ein Beispiel: Franz Lettner, ein führender sozialdemokratischer Funktionär von Traisen in Niederösterreich, hatte eine Sammlung des örtlichen Schutzbundes veranlasst, die Aktion aber schließlich abgebrochen, als klargeworden war, dass der Generalstreik nicht funktionierte. Am späteren Nachmittag des 13. Februar wurde er von einer Bundesheerpatrouille verhaftet. Bei der Einlieferung ins Bezirksgericht standen beiderseits des Abgangs zum Arrest Männer der Ostmärkischen Sturmscharen, die die gefangenen Schutzbündler die Treppen hinunterstießen und mit Fußtritten und Faustschlägen traktierten. Am nächsten Tag kam Lettner ins Kreisgericht St. Pölten, wo 25 Männer in Zellen zusammengepfercht wurden, die für eine Belegung mit sechs Mann ausgelegt waren. Lettner traf hier auch mit den gefangen genommenen Schutzbündlern von Hainfeld zusammen. Lettner erfuhr, dass sie, nachdem sie sich ergeben hatten, mit Gewehrkolben und Ochsenziemern schwer misshandelt worden waren. Den später hingerichteten Viktor Rauchenberger bezeichnet er als von den Misshandlungen »arg mitgenommen«.[185]

Verhaftete Schutzbündler aus Wien und Linz berichteten durchwegs Ähnliches und Schlimmeres. Die von Lettner erwähnte »Salzergasse« war allgemein üblich. Auch deutete man, um die Gefangenen zu erschrecken, hin und wieder bevorstehende Exekutionen an. In Linz wurden ungefähr fünfzig Gefangene im Morgengrauen des 13. Februar an die Wand gestellt. Die Heimwehrleute legten an, die Männer an der Wand, die mit ihrem Leben wohl schon abgeschlossen hatten, hörten Kommandos – aber nichts geschah. Ein vom Standgericht zum Tod verurteilter, schließlich aber begnadigter Schutzbündler erzählt über seinen Empfang im Wiener Polizeigefängnis: »Die ersten Polizisten, die ich dort traf, riefen mir zu: ›Für dich ist auch schon der Strick gedreht, in 24 Stunden bist du hin!‹ Nach einer kurzen Einvernehmung wurde ich in die sogenannte Vorbereitungszelle geführt; auf dem Weg dorthin fielen die Polizisten über mich, der ich gefesselt war, mit Fäusten und Gummiknüppeln her. Ich wurde arg geschlagen und trug zwei Kopfwunden davon.«[186]

Häufig wird in der Literatur ein Vorfall in Steyr erwähnt. Bei Streifungen am Morgen des 14. Februar durch die Ennsleite tötete ein Angehöriger der Niederösterreichischen Heimwehr den 19-jährigen Heinrich Maurer, ein Mitglied der Sozialistischen Arbeiterjugend. Maurer machte eine unbedachte oder unabsichtliche Bewegung am Fenster, worauf der Heimwehrmann sofort feuerte und ihm mit einer Kugel den Kopf zertrümmerte.[187] Ähnliches dürfte sich an einigen Schauplätzen in Wien zugetragen haben. Der Nachweis ist allerdings schwierig, weil Untersuchungsergebnisse solcher und ähnlicher

Vorkommnisse nicht vorliegen und die öffentliche Berichterstattung darüber unterdrückt wurde. In einem Fall lässt sich zumindest näherungsweise rekonstruieren, was passiert sein dürfte. Am Vormittag des 14. Februar wurden Am Tivoli in Wien-Meidling drei Unbeteiligte in ihren Wohnungen getötet, und zwar die Ehefrau eines Webers, die Ehefrau eines Buchdruckers und ein arbeitsloser Tischlergehilfe. Der in der unmittelbaren Nachbarschaft liegende Gemeindebau »Indianerhof« hatte sich länger gehalten als die anderen Schutzbundstellungen in Meidling. Am Morgen des 14. Februar wurde die Wohnanlage unter dem Oberkommando von Vizekanzler Emil Fey von Militär aus der nahen Meidlinger Trainkaserne und einem Regiment der Wiener Heimwehr angegriffen. Als zudem noch das Panzerauto der Wiener Polizei anrollte, hissten die Schutzbündler die weißen Fahnen. Nach der Besetzung der weitläufigen Anlage beschmierte ein Heimwehrmann die zerschossene Fassade des Gebäudes mit dem Schriftzug »Fey-Hof 1934«.

Die erwähnten Tötungen dürften während der nachfolgenden »Säuberungsaktion« durch die Heimwehr passiert sein. Die ansonsten von ihrer Faktentreue her wenig verlässliche kommunistische Publikation »Österreich, Brandherd Europas« erhärtet diesen Verdacht zumindest in einem der drei Fälle. Dort wird der Bericht eines anonymen Schutzbündlers zitiert, in dem es um Übergriffe bei der Eroberung des »Indianerhofs« durch die Heimwehr geht: »Eine Frau Schmidt sieht aus dem Fenster. Ein Heimwehrmann ruft: ›Fenster zu!‹ Die Frau will das Fenster schließen und wird durch einen Halsschuss tödlich getroffen.« Der Polizeibericht stützt diese Darstellung. Hier heißt es über den Tod von Rosa Schmidt: »Wurde angeblich in ihrer Wohnung durch einen Schuss der Heimwehr durch das Fenster verletzt.« (Sie starb vier Tage später.) Auch die beiden anderen Erschießungen erfolgten in ähnlicher Weise durch das Fenster.[188]

Noch schwieriger ist ein schlüssiger Nachweis von Übergriffen des Schutzbundes während der Kämpfe. Die einschlägigen Publikationen des Regimes sind diesbezüglich nicht vertrauenswürdig. Nehmen wir das Manuskript des Stadthauptmanns Heinrich Petri als verhältnismäßig verlässliche Quelle. Er beschreibt unter anderem das Wirken eines im Westflügel des Schlingerhofs platzierten MG-Schützen des Schutzbundes am Vormittag des 13. Februar. Dieser habe nicht nur die sich auf dem Platz »Am Spitz« einfindenden Bundesheereinheiten beschossen, sondern auch alle Zivilisten, die an einer ihnen als sicher erscheinenden, aber vom Schützen einsehbaren Stelle die Floridsdorfer Hauptstraße zu überqueren versuchten. Die Folge: zwei Tote, eine Verwundete, allesamt Nicht-Kombattanten. Auf dem Bahnübergang Angererstraße war ebenfalls längere Zeit ein MG-Schütze des Schutzbundes positioniert, den

Petri anerkennend als »tüchtig« bezeichnet. Allerdings habe er nicht nur auf die Regierungskräfte gefeuert. Auch »gegen Zivilpersonen, welche sich durch Beobachtung der Aufrührer verdächtig machten, und auf Automobile, welche sich ihren Stellungen näherten« sei sofort geschossen worden. Dabei verletzte er einen 19-jährigen Lehrling und einen 17-jährigen Gymnasiasten durch Lungenschüsse schwer. Ersterer erlag seinen Verletzungen zwei Tage später. Drei weitere Nicht-Kombattanten erlitten bei anderer Gelegenheit ebenfalls schwere Verletzungen durch diesen MG-Schützen.[189]

Ein besonders tragischer Fall ereignete sich am späten Nachmittag des 13. Februar am Bismarckplatz (heute Hoßplatz) in Floridsdorf. Der sechsjährige Arnulf, das einzige Kind des Ehepaars Anton und Karoline Hanzl, wurde beim Spielen in der Küche getötet. Er war gerade aufgestanden, um ein Bilderbuch aus dem Kabinett zu holen, als ihn ein Schuss durchs Fenster traf. Petri verweist darauf, dass der Bismarckplatz stets der Sammelplatz der Floridsdorfer Kommunisten gewesen sei. So hätten sich auch an diesem Nachmittag zahlreiche Burschen hier gesammelt und mit Gewehren und Revolvern bewaffnet. Sie hätten zum Teil in alle Fenster geschossen, in denen sie Menschen bemerkten, und seien auch gezielt zu den Wohnhäusern von ihnen missliebigen Personen gegangen, um in deren Wohnungen hineinzuschießen.[190]

Mythen, Legenden, offene Fragen

Politische Mythen der Zwischenkriegszeit

Die Geschichte der Ersten Republik war während vieler Jahre der Zweiten Republik ein wichtiger historischer Bezugsrahmen für die beiden führenden Lagerparteien und ihre jahrzehntelange Zusammenarbeit in der »Großen Koalition«. Der 12. Februar und der 25. Juli 1934 sind in je eigener Art und Weise zentrale Bestandteile der Traditionspflege von Sozialdemokraten und Christlichsozialen. Die große Erzählung der Zerstörung oder – nach dem konservativen Deutungsstrang – »Transformation« der Demokratie in den Jahren 1933/34 mündete in zwei große politische Mythen, die auf die beiden Hauptereignisse des Jahres 1934 Bezug nehmen: Es handelt sich um den Februarmythos des sozialdemokratischen und den Julimythos des christlichsozialen Lagers.

Beide Mythen bildeten sich jeweils um Niederlagen und Katastrophen. Sie sind in ihrem Kern Opfer- und Auferstehungsmythen. Ohne den heldenhaften, aber aussichtslosen Widerstand gegen den Faschismus im Februar 1934 hätte es keinen erfolgreichen Kampf gegen den Faschismus gegeben, wäre die Wiedergeburt 1945 nicht möglich gewesen. Der Opfergang der österreichischen Arbeiter war dazu nötig. Adäquat dazu der Julimythos, den man auch als Dollfuß-Opfer-Mythos bezeichnen könnte: Erst durch Dollfuß' heldenhaften Widerstand gegen den Nationalsozialismus hat Österreich als unabhängiger Staat, als eigenständige Nation wiedererstehen können. Dollfuß schuf mit seinem Märtyrertod die Grundlage für die Geburt des neuen Österreich.

Die These »Februarmythos« und die Antithese »Julimythos« fanden ihre Synthese im versöhnenden Mythos von der »Lagerstraße«. Er lautet: Auf der Lagerstraße im KZ Dachau, in der Zeit der schlimmsten Not, als Österreich untergegangen und von der Landkarte verschwunden war, fanden die Vertreter der großen politischen Lager als Verfolgte des Nazi-Regimes wieder zueinander.

Am 12. Februar 1964 veranstalteten SPÖ und ÖVP erstmals eine gemeinsame Gedenkfeier für die Opfer des Februaraufstandes. Bundespräsident Adolf Schärf hielt an diesem Tag eine Rundfunkrede, die man als geradezu paradigmatisch für den heilenden und Einigkeit schaffenden Lagerstraßen-Mythos bezeichnen kann. – Schärf: Keine der großen Parteien habe damals, in der

Ersten Republik, auf die Verwirklichung ihrer besonderen Vorstellungen verzichten wollen. Die Sozialdemokratische Partei sei von der Mitwirkung ausgeschlossen geblieben. »Man suchte schließlich eine Lösung herbeizuführen, allerdings nicht durch die Kraft der Überzeugung, sondern durch die Gewalt der Waffen. Das geschah am 12. Februar 1934, im blutigen Bürgerkrieg. Eine Minderheit kam zur Macht, sie wurde aber der wirtschaftlichen Schwierigkeiten nicht Herr. Im Dritten Reich sahen einander die Menschen, die sich im österreichischen Bürgerkrieg gegenübergestanden waren, in Gefängnissen und Konzentrationslagern wieder – und sie fanden zueinander.«[191]

Kennzeichnend für politische Mythen[192] ist, dass sie zur historischen Faktenlage in einem eigentümlichen Verhältnis stehen. Sie bauen zwar mehr oder weniger direkt auf historischen Ereignissen und Fakten auf. Aber Mythen beziehen ihre Kraft vor allem daraus, dass sie sich über das Tatsächliche, das banal Faktische erheben. »Die Geschichte wird im Prozess ihrer Mythologisierung aus ihrem unmittelbaren zeitgebundenen Kontext herausgelöst und auf eine überzeitliche Ebene gehoben; ihre Protagonisten werden mit transzendentalen Attributen versehen«, heißt es in einer Definition.[193]

Mit empirischer Forschung kann man politischen Mythen nur sehr bedingt gerecht werden. Sie erweisen sich letztlich als resistent gegen Wissenschaft. Geschichte mag Gegenstand von Wissenschaft sein, im Grunde hat sie aber ganz andere, nämlich identitätsformende, gemeinschaftsbildende, sinnstiftende Funktionen. Und Menschen können als gesellschaftliche Wesen ohne Mythen nicht existieren, Gemeinschaften sich ohne entsprechenden Gründungsmythos nicht bilden und fortbestehen. Politische Mythen sind daher emotional tief verankert. Wenn sie in Frage gestellt werden, ruft das in aller Regel heftige, leidenschaftliche Reaktionen hervor.

Wurde der Aufstand vom Dollfuß-Regime provoziert?

Am 3. Oktober 1933 sprach Dollfuß im christlichsozialen Klub Klartext. Aus der Stellungnahme war seine ganze Verbitterung über die Sozialdemokratie herauszuhören: »Als ich gewusst habe, dass die Sozi alles getan haben, um die Anleihe unmöglich zu machen [...]. Von dem Augenblick habe ich mit den Sozi kein Wort geredet und werde es nicht tun.« Und schließlich ebenso siegessicher wie unnachgiebig: »Die Sozi werden innerlich zusammenbrechen, ich bin genau informiert, immer am Laufenden. Wenn sie Dummheiten machen, werden wir mit aller Brutalität vorgehen. In den nächsten fünf Minuten ist Standrecht in Österreich.«[194]

Nichts könnte die Position Dollfuß' in Sachen Ausschaltung der Sozialdemokratie besser beschreiben als diese offenen Worte unter Parteifreunden. Er würde nicht selbst zum Angriff übergehen, aber er würde jede ihm gebotene Gelegenheit umgehend nützen, um »mit aller Brutalität« vorzugehen. Und genau in diesem Sinne agierte Dollfuß auch in weiterer Folge: die Sozialdemokraten durch eine wohlkalkulierte Hinhaltetaktik in die Enge treiben und sofort bereit sein loszuschlagen, wenn sie »Dummheiten« begingen. Und Dummheiten würden sie unweigerlich begehen.[195]

Spätestens Anfang 1934 musste aufmerksamen Beobachtern der Stimmungslage in der Sozialdemokratischen Partei klar sein, dass ein Verzweiflungsschritt bevorstand. Warnsignale gab es genug. So etwa hieß es in einer Publikation der Parteilinken: »Wer heute noch wie die Partei- und Gewerkschaftsführer auf die Verständigung mit christlichsozialen Halbfaschisten und eine ›gemilderte‹ Ständeverfassung hofft, der kann euch in dem bevorstehenden Entscheidungskampf nicht führen, sondern nur hemmen!« Der sozialdemokratische Parteivorstand warnte die Regierung, dass er bei einer Fortdauer der gegenwärtigen Taktik des Hinhaltens und Provozierens keine Garantie dafür übernehmen könne, dass nicht irgendein lokaler Konflikt die »erbitterten Arbeitermassen« in Bewegung setzen könnte.[196]

Da war es nur folgerichtig, durch immer schärfere Provokationen einen derartigen Gewaltausbruch geradezu herauszufordern, um einen Vorwand zur Ausschaltung der Sozialdemokratie zu schaffen. Alles, was das Dollfuß-Regime von September 1933 bis Februar 1934 in Bezug auf die Sozialdemokratische Partei unternahm – und noch mehr, was es unterließ –, deutet in diese Richtung. Die Furcht vor den »erbitterten Arbeitermassen« war gering, wusste man doch, wie demoralisiert die Arbeiterschaft nach Jahren der schwersten Krise und Massenarbeitslosigkeit bereits war.

Welche Indizien sprechen dafür, dass das Dollfuß-Regime für den 12. Februar und die Folgetage weitere Eskalationsschritte bewusst geplant haben könnte, um unbedachte Verzweiflungsaktionen der Sozialdemokraten zu provozieren?

1. Ausgelöst durch einen Finanzskandal und angeheizt durch die Wirtschaftskrise und hohe Arbeitslosigkeit kam es am 6. und 7. Februar 1934 in Paris zu schweren Straßenschlachten mit zahlreichen Toten und Verletzten. Auf die Linksregierung Daladier folgte ein Kabinett unter dem Konservativen Doumergue. Für Montag, den 12. Februar war ein Generalstreik angekündigt. Frankreich als stärkste Schutzmacht der österreichischen Sozialdemokratie war handlungsunfähig. Überlegungen, das Dollfuß-Regime habe die chaotische Lage in Frankreich genützt, um den Druck auf die Sozialdemokraten weiter zu verstärken, sind plausibel.[197]

2. Am 9. und 10. Februar druckten sämtliche Blätter die amtlichen Mitteilungen über die Waffensuchaktionen in sozialdemokratischen Parteihäusern und die Verhaftungen von führenden Funktionären des Schutzbundes. Es hieß, dass die Polizei ihre Nachforschungen weiter betreiben würde und es nicht ausgeschlossen sei, dass diese Aktionen zu »bisher nicht abzusehenden politischen Weiterungen« führen könnten. Die Arbeiterschaft werde davor gewarnt, sich zu »Demonstrationen irgendwelcher Art« verleiten zu lassen. Es folgte der Verweis auf eine Ende April 1933 erlassene Verordnung, die hohe Strafen für die Teilnahme an Streiks vorsah, die nicht der Erreichung günstigerer Arbeitsbedingungen dienten. – Was lässt sich daraus schließen? Der Regierung war klar, dass das massive Vorgehen gegen den Schutzbund über kurz oder lang zu einer Eskalation führen musste. Man wusste ebenso, dass jeder bewaffnete Aufstand des Schutzbundes, wenn überhaupt, nur bei einem lückenlosen Funktionieren eines gleichzeitig angesetzten Generalstreiks erfolgreich sein konnte. Daher die deutliche Warnung an die Arbeiter, sich an einem derartigen Streik zu beteiligen.[198]
3. Am Sonntag, dem 11. Februar, erschien auf der ersten Seite der katholisch-konservativen *Reichspost* ein Leitartikel mit dem Titel »Vor nahen Entscheidungen«. Bundeskanzler Dollfuß habe den Chefredakteur des Blattes zu einem Gespräch empfangen und sich dabei »zur gegenwärtigen Lage« geäußert. Die Vorarbeiten zum Umbau des Staates seien bereits »sehr weit« gediehen und er, Dollfuß, wolle diesen Umbau in »möglichster Raschheit« vollziehen. Alle, die daran mitwirken wollten, seien willkommen. Das Weitere: ein einziger Angriff auf die Sozialdemokratie und der neuerliche Appell an die Arbeiter, sich von ihr zu lösen. Was konnte das nach alledem, was in den letzten Tagen und Wochen geschehen war, bedeuten? Der Schluss liegt nahe, dass eine finale Aktion – in welcher Form auch immer – gegen die »marxistisch-bolschewistische Ideologie« bevorstand.[199]
4. Jene vielzitierte Rede, die Sicherheitsminister Fey am Vormittag des 11. Februar vor martialischer Kulisse hielt, mutet geradezu wie eine Ergänzung zu Dollfuß' kryptischen Andeutungen an. Dollfuß hatte »nahe Entscheidungen« angekündigt und Fey wollte am nächsten Tag »an die Arbeit« gehen. Welche Arbeit? Da konnten doch nur die von Dollfuß angekündigten »nahen Entscheidungen« gemeint sein.[200] – Man bedenke, mit welcher Härte Fey in der vorangegangenen Woche gegen die Sozialdemokratie und den Schutzbund vorgegangen war. Da braucht es nicht viel, um nachvollziehen zu können, dass Sozialdemokraten und Schutzbündler die dunklen Ankündigungen Feys als ultimative Drohung an ihre Adresse verstehen mussten. Und es ist sehr wahrscheinlich, dass Fey genau das mit seinen vagen Wor-

ten bezweckte: bei den Sozialdemokraten weitere Unruhe stiften, möglichst bedrohlich wirken und die Schraube der Eskalation noch eine Windung weiterdrehen.[201]

5. Der Vertreter des Völkerbundes in Österreich, der Niederländer Meinoud Marinus Rost van Tonningen, traf in den Jahren 1933/34 regelmäßig mit Dollfuß zusammen. So auch am Samstag, dem 10. Februar 1934. Rost kam gerade von einer Audienz bei Mussolini und übermittelte Dollfuß – wieder einmal – dessen dringendsten Wunsch: »Der Kanzler möge endlich die sozialistisch-marxistische Machtposition in Österreich liquidieren.« Tags darauf, Sonntag, 11. Februar, wurde Rost von Dollfuß zu einem Abendessen im kleinen Kreis gerufen. Erst ging es um eine aktuelle Demarche Österreichs beim Völkerbund gegen den anhaltenden NS-Terror im Land. Später berichtete der Kanzler der Runde, dass er den Sozialminister Richard Schmitz zum »Liquidations-Kommissar der sozialistischen Positionen in Wien« ernannt habe[202] und dass er am nächsten Tag sozialdemokratische Überläufer aus Kärnten erwarte. Spätabends notierte Rost in seinem Tagebuch ein Resümee des Gesprächs: »Ich habe jetzt stark den Eindruck, dass der Angriff auf die Sozialisten bevorsteht.«[203]

Offen muss bleiben, wie sich Rost diesen »Angriff« vorgestellt haben könnte. Man kann annehmen, dass damit die Fortführung und Verschärfung der ohnehin laufenden Provokationen – Waffensuchaktionen, Verhaftungen von Schutzbundführern etc. – gemeint war. Derartiges könnte Fey mit der angekündigten »Arbeit« im Auge gehabt haben. Was genau daraufhin passieren würde, konnte am 11. Februar 1934 niemand wissen, aber dass in allernächster Zukunft etwas Entscheidendes passieren musste, war allen Beteiligten klar. Der oberösterreichische Sicherheitsdirektor Hammerstein etwa formulierte in einem Lagebericht vom 11. Februar folgenden Satz: »Die politische Atmosphäre hat einen Grad der Hochspannung erreicht, der eine Explosion durch eine auch nur zufällig überspringende Zündung wahrscheinlich macht.«[204] Eine derartige Explosion wurde vom Dollfuß-Regimes billigend in Kauf genommen, höchstwahrscheinlich sogar bewusst angestrebt.

»Bürgerkrieg«

In den Medien, in der breiten Öffentlichkeit, aber auch unter Fachhistorikern ist üblicherweise bis heute vom »Bürgerkrieg« die Rede, wenn es um die Ereignisse vom Februar 1934 geht. Aber ist dieser dramatische Begriff für die zeitlich und territorial eng begrenzten bewaffneten Auseinandersetzungen überhaupt angemessen? Man denke nur an den Vergleichsfall des sich über beinahe drei Jahre erstreckenden Spanischen Bürgerkrieges mit seinen Hunderttausenden Toten.

Der Experte für internationales Strafrecht Frank Höpfel vertritt die These, dass die Februarereignisse noch nicht das Niveau eines echten Bürgerkriegs erreicht hätten: »Um Handlungen während nicht-internationaler Konflikte heute als solche beurteilen zu könnten, kommt es nach Lehre und Praxis auf drei Kriterien an: 1. die Intensität der Auseinandersetzung als ›protracted armed violence‹, also im Sinne einer länger andauernden gewaltsamen Auseinandersetzung; 2. eine hierarchische Strukturierung der Konfliktparteien (auf der einen Seite kann, aber muss nicht der Staat stehen); und 3. muss sich ein Teil des staatlichen Territoriums in der Hand einer anderen Partei des Konfliktes befinden, sodass das staatliche Gewaltmonopol infrage gestellt ist.«

Bei den Kämpfen im Februar 1934 sei zwar die Organisiertheit der bewaffneten Gruppen gegeben gewesen, allerdings erscheine es hinsichtlich der Intensität und auch des Kriteriums der Kontrolle eines Gebietes fraglich, ob man von einem Bürgerkrieg sprechen könne. Höpfel folgert: »Wir bewegen uns vielmehr im Bereich eines ›Aufstandes‹, also ›bloßer‹ innerer Unruhen (›internal disturbances‹).«[205]

Betrachten wir zusätzlich eine gängige politikwissenschaftliche Definition: »Bürgerkrieg ist ein bewaffneter Konflikt zwischen der Regierung und der nationalen Armee eines international anerkannten Staates und einer oder mehrerer bewaffneter Oppositionsgruppen, die in der Lage sind, effektiven Widerstand gegen den Staat zu leisten. Die Gewalt muss erheblich sein und mehr als tausend Tote in ständigen Kämpfen innerhalb der Grenzen des Landes verursachen. Die Rebellen müssen ihre Kämpfer überwiegend vor Ort rekrutieren und einen Teil des Landes kontrollieren.«[206] – Der angesprochene Grundkonflikt zwischen der Regierung und nationalen Armee auf der einen und der Opposition auf der anderen Seite war im Februar 1934 offensichtlich gegeben. Aber die Auseinandersetzungen dauerten allerhöchstens vier Tage, die Zahl der Opfer lag bei 360 Toten, und es gelang den Aufständischen nie, mehr als ein paar Häuserblocks in Arbeitervierteln für einige Stunden zu kontrollieren. In diesem Sinn sind die Vorgänge in Österreich im Februar 1934 tatsächlich als *innere Unruhen* oder als *Aufstand*, aber keinesfalls als Bürgerkrieg zu werten.

Ein »Bürgerkrieg« hatte zweifellos vorher in den Köpfen stattgefunden, hatte sich in den Zeitungen, auf Plakaten, Flugblättern, bei Versammlungen, Aufmärschen, Schlägereien abgespielt. Die forcierte Bürgerkriegsrhetorik ist geradezu ein Signum der Zwischenkriegszeit. Laufend hatten beide Seiten mit

Bürgerkrieg gedroht, vor Bürgerkrieg gewarnt, das Gespenst des Bürgerkriegs an die Wand gemalt. So war es nur folgerichtig, dass Otto Bauer kurz nach seiner Flucht in die Tschechoslowakei vom Bürgerkrieg sprach, den man zwar seit März 1933 habe vermeiden wollen, der aber schließlich doch im Februar 1934 ausgebrochen sei.[207] Julius Deutsch' Darstellung der Kämpfe, erschienen 1934, trug den bezeichnenden Titel »Der Bürgerkrieg in Österreich«. Letztlich ging es bei dieser Wortwahl wohl darum, dem rasch niedergeschlagenen, völlig missglückten Aufstandsversuch einen möglichst dramatischen, heroischen Anstrich zu verleihen.

In der Zweiten Republik wurde der einmal eingebürgerte Begriff beibehalten – und zwar in beiden politischen Lagern, so sehr auch sonst über die Bewertung der Vorgänge Uneinigkeit herrschte. Das diente nicht zuletzt wohl dem Zweck, den Geist der neuen Gemeinsamkeit vom Ungeist der Vergangenheit abzuheben. Man könnte durchaus von einem Legitimationsmuster der Großen Koalition aus SPÖ und ÖVP sprechen, die durch Jahrzehnte mit demokratiepolitisch bedenklichen Mehrheiten praktisch ohne Opposition regierte.

Das Verhalten der Führer

Wie wenig die Führer der SDAP – und zwar beinahe ausnahmslos alle – an den Erfolg des Aufstandes glaubten, lässt sich deutlich an ihrem Verhalten am 12. Februar ablesen. Der einzige namhafte Funktionsträger, der sich ohne zu zögern zu den aufständischen Schutzbündlern schlug, war der steirische Landesparteisekretär und Nationalratsabgeordnete Koloman Wallisch. Nehmen wir dagegen Wiens Bürgermeister Karl Seitz und seine Stadträte Weber, Linder, Speiser, Honay, Danneberg und den bereits aus der Landesregierung ausgeschiedenen, aber auf bürgerlicher Seite besonders verhassten Hugo Breitner. Sie wurden gegen 19 Uhr im Rathaus von Konzepts- und Kriminalbeamten der Wiener Polizei verhaftet.[208] Es entsteht der Eindruck, als hätten sie im Rathaus geradezu auf ihre Festnahme gewartet. Seitz leistete immerhin symbolischen Widerstand: Er sei der frei gewählte Bürgermeister von Wien und werde nur der Gewalt weichen. Daraufhin schleppten ihn, laut Eigendarstellung, gegen drei Uhr morgens Heimwehrleute unter gröbsten Beschimpfungen die Treppen des Rathauses hinunter und brachten ihn in das Polizeigefängnis. Laut Zeitungsbericht wurde er um ½ 3 Uhr morgens von Kriminalbeamten »mit sanftem Zwange« aus dem Zimmer entfernt, habe sich dann aber »in sein unvermeidliches Schicksal« ergeben.[209] So oder so bleibt die Tatsache, dass Seitz keinerlei ernsthafte Versuche unternommen hatte, das Rathaus durch den

Schutzbund verteidigen zu lassen oder sich der Verhaftung auf andere Weise zu entziehen. Durchaus verständlich: Man gab auf, man ergab sich, man ließ das Unausweichliche geschehen, ohne das eigene Leben zu gefährden.

Nicht anders verhielten sich weitere Führungs- und Leitfiguren der Sozialdemokratie. Der Vorsitzende des Bundesrates General Theodor Körner, dem ein paar Tage vorher noch – erfolglos – das Amt des militärischen Leiters des Schutzbundes angetragen worden war, versuchte um die Mittagszeit des 12. Februar bei Bundespräsident Miklas und beim niederösterreichischen Landeshauptmann Reither zu intervenieren, um den Konflikt friedlich beizulegen. Er wurde in dem Moment verhaftet, als er das Büro Reithers verließ.[210] Ebenso erging es dem niederösterreichischen Landeshauptmann-Stellvertreter Oskar Helmer, Landesrat Heinrich Schneidmadl, dem ehemaligen Staatskanzler Karl Renner und anderen führenden Sozialdemokraten.[211]

Dass gemäßigte, zentristische und im ideologischen Rahmen der Sozialdemokratie eher rechtsstehende Politiker sich nicht an die Seite des Schutzbundes stellten, sondern sich in dieser gefährlichen Situation lieber verhaften ließen, erklärt sich von selbst. Überall in den Ländern und Gemeinden verhielten sich sozialdemokratische Führer in ähnlicher Weise. Aber praktisch alle bekannten linken Sozialdemokraten – von denen viele gewaltsamen Widerstand zumindest theoretisch befürworteten – blieben ebenso inaktiv. Ein Beispiel ist Ernst Fischer, der Führer der Linksopposition in der SDAP. Er versucht in seinen Erinnerungen wortreich und nicht immer ganz glaubwürdig einen Grund für dieses Verhalten zu finden: »Das schlechte Gewissen begann zu bohren, der eigene Vorwurf, dass ich nicht zu den Schießenden oder Erschossenen gehörte. Habe ich wirklich alles getan, um zu einem der Kampfzentren durchzudringen? Habe ich nicht die Zeit verzettelt, mit einem überflüssigen Flugblatt, einem unwichtigen Munitionstransport, in Kaffeehäusern?« Am 3. März floh Fischer unter falschem Namen in die Tschechoslowakei, am 24. April ging er in die Sowjetunion. Er trat zur KPÖ über.[212]

Ähnlich verhielt es sich mit den meisten Parteilinken, wie Joseph Buttinger, der spätere Führer der Revolutionären Sozialisten, es in seinen Erinnerungen spöttisch beschreibt: »Ein aufgeregtes Rennen und Suchen setzte ein. 24 Stunden lang waren Tausende kleiner Wortführer der Partei bemüht, sich durch eine gesteigerte Geschäftigkeit vorzumachen, dass in dieser die Mobilisierung für den Kampf bestand.«[213]

Auch von den politischen und militärischen Führern des Schutzbundes glaubten viele nicht an den Erfolg. Ein Beispiel ist die Industriestadt Steyr. Als es dort zu Mittag des 12. Februar losging, versuchten Bürgermeister Sichelrader und SDAP-Bezirkschef Schrangl die Kämpfer zum Einlenken zu bringen.

Das Verhalten der Führer

Beide wurden bald von der Polizei verhaftet. Es hieß, sie hätten sich freiwillig festnehmen lassen, um sich persönlich zu schützen. Der Bürgermeister soll so lange vor einer Polizeistube auf und ab gegangen sein, bis ein Polizist hinausgerufen habe: »Herr Bürgermeister! Kommen S' rein, damit ich Sie verhaften kann.« Das mag eine gut erfundene Anekdote sein, könnte aber doch einen wahren Kern haben. Der Steyrer Schutzbund-Kommandant Mayrhofer begab sich schon kurz nach Kampfbeginn aus unbekannten Gründen von der Ennsleite ins Stadtzentrum – und fiel prompt in die Hände der Polizei. Laut Zeitungsbericht hatte er sich freiwillig gestellt und in Schutzhaft begeben. So war der Schutzbund in Steyr schon nach kürzester Zeit ohne seine eigentliche Führung.[214]

Dieselbe Anekdote wie über den Bürgermeister von Steyr existiert auch über den Schutzbund-Bezirksführer von Wien-Brigittenau. Er soll am 12. Februar so lange in der Umgebung des Bezirkspolizeikommissariats herumspaziert sein, bis die Polizei endlich auf die Idee gekommen sei, ihn festzunehmen.[215] Einer anderen Quelle zufolge war er gemeinsam mit dem Bezirksführer von Favoriten während des 13. Februar untätig in der Bibliothek einer Gemeindewohnanlage am Wienerberg herumgesessen. Der Chef der Gemeindewacht, Schuhbauer, der einige Tage vorher noch die militärische Leitung des Schutzbundes hätte übernehmen sollen, zog es nach Ausbruch der Kämpfe vor, bei einem Verwandten unterzutauchen.[216] Auch dem Leopoldstädter Schutzbund-Bezirksführer wurde nachgesagt, er hätte sich schon vor Ausbruch des Aufstandes freiwillig verhaften lassen. Die linken Aktivisten, die sich trotzdem in Kaisermühlen bewaffneten und am Aufstand beteiligten, sagten in der retrospektiven Betrachtung über ihren Kampf: »Die Führung waren wir selber.«[217]

Als überaus bedenklich muss das Verhalten der drei Zentralfiguren des Februaraufstandes angesehen werden. Vor allem Richard Bernaschek, der am Morgen des 12. Februar im Parteihauptquartier in Linz festgenommen wurde, wirft Fragen auf. Er wusste in der Woche vor dem Ausbruch des Aufstandes, dass die wichtigsten Führer des Schutzbundes in Wien verhaftet worden waren. Musste er als oberösterreichischer Schutzbundführer unter diesen Umständen nicht jederzeit mit seiner eigenen Festnahme rechnen? Sicherheitsdirektor Hammerstein selbst hatte am 9. Februar nach Wien berichtet, dass Gerüchte über bevorstehende Verhaftungen von sozialdemokratischen Funktionären und Schutzbundführern umlaufen würden und dass er bezüglich Bernaschek tatsächlich bereits »das Weitere« (also dessen Verhaftung) veranlasst habe, es allerdings bezweifle, ob dieser noch greifbar sei.[218] (Was nicht zutraf. Soweit bekannt, hielt Bernaschek sich in der Woche vor Ausbruch des Aufstandes zumeist in der Parteizentrale Hotel Schiff auf.)

Da Bernaschek nach seinem eigenen Bekunden fest entschlossen war, dem Dollfuß-Regime unter Anwendung von Gewalt entgegenzutreten – wieso war er nicht schon längst untergetaucht? Wäre es nicht geradezu seine Pflicht gewesen, rechtzeitig eine geheime Kommandozentrale zu beziehen, um den Kampf von dort aus lenken zu können? Wieso blieb er bis zum Morgen des 12. Februar in seinem Büro sitzen, gleichsam auf dem Präsentierteller für die Staatsmacht? Wie kam es dazu, dass er sich trotz seiner zuvor deklarierten unbedingten Kampfbereitschaft widerstandslos verhaften ließ, und mit sich das gesamte zentrale Kommando des oberösterreichischen Schutzbundes? Dies freilich erst, nachdem er die im Haus versammelten Männer und danach den gesamten ihm unterstehenden Schutzbund zu den Waffen gerufen hatte. Hieß das nicht, die eigenen Leute in einen von Vorhinein aussichtslosen Kampf hetzen, sich selbst aber zu schonen?

Nicht weniger fragwürdig verhielt sich Otto Bauer. Zwar hatte Bernaschek ihn mit seiner Vorgangsweise in eine fast ausweglose Situation gebracht. Aber auch er selbst hatte mit unbedachten martialischen Phrasen die Lage angeheizt und sich persönlich dabei allzu sehr exponiert. Bei einem Geheimtreffen mit Führern des Schutzbundes im Jänner etwa führte Bauer aus, nun gelte es, die sozialdemokratischen Errungenschaften zu verteidigen und entweder zu siegen oder zu sterben. Der Zeuge, der dies im April 1935 vor Gericht aussagte, war Eduard Korbel, ein ehemaliger Kreisleiter des Schutzbundes in Wien. Sodann schüttete er noch einen Kübel bittersten Hohns über Otto Bauer: »Er hat zwar weder gesiegt noch ist er gestorben, aber gesagt hat er es damals.«[219]

Gemeinsam mit Julius Deutsch hatte Otto Bauer von Mittag des 12. bis zum Morgen des 13. Februar versucht, den Kampf zentral zu steuern. Mehrmals hatten die beiden den Standort wechseln müssen. Bauer selbst äußerte sich später immer nur sehr allgemein über seine Flucht. Wir wissen, dass er – verkleidet als Marktgeher oder auch Schlosser – von der Wohnung, in der er die Nacht über gewesen war, am Vormittag des 13. Februar nach Hietzing in die Nähe der tschechoslowakischen Gesandtschaft gebracht wurde. Deren Chef, der Sozialdemokrat Zdeněk Fierlinger, organisierte die Flucht. Am selben Abend überquerte Bauer im Auto eines Direktors der Länderbank, ausgestattet mit dem Pass eines sudetendeutschen Redakteurs der Prager Zeitung *Sozialdemokrat* und getarnt als reicher Ausländer, bei Preßburg die Grenze in die Tschechoslowakei. Kurzum, während in Wien noch gekämpft wurde, hatte der politische Leiter des Aufstandes das Land bereits verlassen. Das Urteil des Otto-Bauer-Biografen Ernst Hanisch fällt dementsprechend hart aus: »Vom ›Freiheitsschwur‹ des vorigen Jahres, von ›Sieg oder Tod‹ keine Spur mehr, zumindest bei Bauer. Ernst nahmen den Schwur nur die Kämpfenden.« Immer-

Propagandaplakat der
Heimwehr, Februar 1934.

Arbeiter!

Die Führer der Sozialdemokratischen Partei

Dr. Otto Bauer
Dr. Deutsch

haben Eure Genossen auf die Barrikaden gehetzt.
Sie selber ließen Euch im Stich und sind im Auto

geflüchtet!

Während Eure Genossen in sinnlosem Aufruhr das
Leben aufs Spiel setzten, befanden sich die "Führer"
bereits jenseits der Grenze in Sicherheit.

hin hält Hanisch Otto Bauer zugute, dass er in eine Paniksituation geraten sein dürfte, in der es nur einen Gedanken gegeben habe: Flucht![220]

Julius Deutsch behauptet in seiner Schrift »Der Bürgerkrieg in Österreich«, er habe sich am Mittwochabend (14. Februar) zur Flucht entschlossen – zu einem Zeitpunkt, als alles zu Ende und jeder Widerstand vergeblich gewesen sei. Zu Fuß will er allein und mit einer schmerzenden Verwundung am Auge unter abenteuerlichen und gefährlichen Umständen von Petronell über die Preßburger Reichsstraße und später durch wegloses Gelände und die Donau entlang bis zur tschechoslowakischen Grenze gelangt sein und diese erfolgreich überschritten haben. Zum Beweis ließ er sich in seinem Exilland mit einer beeindruckenden schwarzen Binde über dem Auge fotografieren. Joseph Buttinger hingegen zitiert einen Schutzbündler namens Cecher, der bezeugen konnte, dass Deutsch tatsächlich einen vollen Tag vorher, nämlich in der Nacht von Dienstag auf Mittwoch, die Grenze überschritten hatte. Seine Verletzung am Auge soll demnach in einem Kratzer bestanden haben, den Deutsch sich im Gestrüpp zuzog. Einer Meldung des österreichischen Konsuls ist zu entnehmen, dass Deutsch in der Nacht zum 14. Februar im Hotel Savoy in Preßburg abstieg, wodurch Cechers Aussage bestätigt wird.[221] – Kurzum, auch der militärische Leiter des Aufstandes verließ den Befehlsstand und die ihm unterstehenden und auf ihn vertrauenden Schutzbündler frühzeitig und ging ins Exil, während in Teilen Wiens noch heftig gekämpft wurde.

»Kanonen auf Arbeiterhäuser«

Nichts wurde gegen das Regime Dollfuß propagandistisch erfolgreicher ausgeschlachtet als der Beschuss von Wohnanlagen durch die Artillerie des Bundesheeres. Keine Bild hat sich bis heute vom Februar 1934 stärker eingeprägt, als das von zerschossenen Hausfassaden. Dollfuß war sich der verheerenden Optik des Einsatzes dieser Waffen von Anfang an bewusst gewesen, hatte sich letztlich aber dafür entschieden. Bis heute lautet der schlimmste von all den Vorwürfen, die sich gegen Dollfuß richten: Er habe mit Kanonen auf Arbeiterhäuser schießen lassen. Darauf gründet das Schmähwort vom »Arbeitermörder«. Aber ist es berechtigt?

Zuallererst ist festzuhalten, dass es der Schutzbund war, der die später beschossenen Wohnhäuser mit MGs, Gewehren, Handgranaten und sonstigen Tötungsinstrumenten besetzte und sie als Festungen verwendete. Dass damit die Bewohner – Kinder, Frauen, Männer, Alte wie Junge – im höchsten Maß gefährdet sein würden, hatte den Schutzbündlern von Anfang an klar sein müssen.

Die schwersten Verluste erlitten die Regierungskräfte beim ersten Angriff auf diese festen Stellungen des Schutzbundes. Es wäre aus Sicht eines Kommandeurs im höchsten Grade unverantwortlich gewesen, seine Leute weiterhin in das offene MG- und Gewehrfeuer rennen zu lassen, um die Stellungen nach blutigem Kampf vielleicht zu erobern. Das hätte vermutlich viele Hundert Todesopfer zur Folge gehabt und die Auseinandersetzungen über die Maßen in die Länge gezogen. Der Einsatz der stärksten Waffe – jener, mit der man dem Gegner wirklich überlegen war, nämlich der Artillerie –, war aus der Sicht der Regierung unausweichlich. Weiters ist zu bedenken, dass es ihr ganz besonders darum getan sein musste, jeden Widerstand so rasch als möglich zu brechen. Sich lange hinziehende Kämpfe, vielleicht sogar gewisse militärischer Erfolge des Schutzbundes an manchen Schauplätzen – all das hätte die Solidarisierung mit den Aufständischen und den Zuzug zu ihnen verstärkt. Damit hätte aus dem begrenzten Aufstand einer verhältnismäßig kleinen, aber gut bewaffneten Gruppe tatsächlich ein Bürgerkrieg entstehen können, in den sich unweigerlich sofort das Ausland eingeschaltet hätte.[222]

Heeres-Staatssekretär Schönburg-Hartenstein führte unmittelbar nach Ende der Kämpfe ausländischen Militärattachés gegenüber aus, dass beispiels-

»Kanonen auf Arbeiterhäuser«

Artilleriestellung gegen den Karl-Marx-Hof, 13. Februar 1934.

weise im Karl-Marx-Hof vor Beginn des Beschusses Hausbewohner zusammengerufen und aufgefordert worden seien, für die Übergabe der Wohnanlage zu sorgen, denn bei Fortdauer der Kämpfe müsse Artillerie eingesetzt werden. Im Goethehof in Kaisermühlen hätten Polizeiorgane die Bewohner mindestens sechs Stunden vor Beginn des Beschusses vor dem bevorstehenden Artillerieeinsatz gewarnt. Schönburg-Hartenstein: »Tatsächlich wurde auch in der stundenlangen Pause vor Beginn der Beschießung das Abströmen der Wohnparteien einschließlich der Frauen und Kinder einwandfrei festgestellt.«[223]

Die Angaben des Staatssekretärs treffen zu. Im Goethehof, dessen zerbombte Fassade auf zahlreichen Fotos zu sehen ist, lässt sich trotz tagelangen Gefechten kein einziges Todesopfer der Kämpfe nachweisen. Ebenso bekannt sind Fotografien, auf denen die von der Hohen Warte auf den Karl-Marx-Hof gerichteten Kanonen und die dort angerichteten schweren Schäden am Gebäudeteil »Blauer Bogen« zu sehen sind. Allerdings: Auch in diesem riesigen Gebäude gab es trotz des Artillerieangriffs keine Todesopfer. Selbst im besonders heftig umkämpften Schlingerhof in der Brünner Straße in Floridsdorf scheint durch Artillerie niemand getötet worden zu sein. Zumindest kann keine durch Artillerieeinwirkung getötete Person namentlich identifiziert werden.

Insgesamt starben in Wien durch die direkte oder indirekte Einwirkung der Artillerie des Bundesheeres elf Menschen, allein fünf davon im FAC-Bau in Floridsdorf. Schönburg-Hartenstein räumte ein, dass man die Artillerie

Durch Artilleriebeschuss zerstörte Wohnung im Goethehof in Kaisermühlen, Februar 1934.

hier ohne Vorwarnung habe einsetzen müssen. Für den raschen Einsatz des Bundesheeres in Floridsdorf sei es notwendig gewesen, jeden Widerstand an dieser heiklen Stelle nahe der Floridsdorfer Brücke sofort zu brechen.

Trotz der verhältnismäßig geringen Zahl der Todesopfer des Artilleriebeschusses während der Februarkämpfe entwickelte sich sofort eine maßlose Gräuelpropaganda. So etwa behauptete ein namenloser »Floridsdorfer Kämpfer«, die »Heimwehrfaschisten« hätten aus dem Gemeindebau am ehemaligen FAC-Platz »eine Unzahl« Toter auf den Sportplatz geschleppt, darunter »Gliedmaßen von durch die Granaten zerfetzten Frauen und Kindern«. In der rund eineinhalb Kilometer nordwestlich gelegenen Gartenstadt Jedlesee will derselbe »Augenzeuge« während der Beschießung durch die Bundesheerartillerie neben anderen Horrorszenen sogar einen Frauenkopf über den Gehsteig in das Rinnsal rollen gesehen haben.[224] Der Wiener Berichterstatter der sozialistischen Pariser Tageszeitung *Le Populaire* schrieb, er habe im Sandleitenhof in Wien-Ottakring sage und schreibe 85 tote Kinder gezählt. Dabei gab es überhaupt keinen Artilleriebeschuss dieser weitläufigen Wohnanlage am Wienerwald.[225] Ähnlich phantasievoll wie sein französischer Kollege berichtete der britische Journalist Gedye. Er behauptete allen Ernstes, allein im Goethehof 40 bis 50 Leichen gesehen zu haben.[226] In Wahrheit hatte der Artilleriebeschuss hier zwar viele Sachschäden, aber keinerlei Todesopfer verursacht.

Das Bundesheer fasste die Wirkung des Einsatzes von Artillerie während des Februaraufstandes folgendermaßen zusammen: »In Gebäuden genügt oft schon die Erschütterung der Mauern beim Auftreffen und Zerknallen der Artilleriegeschosse, namentlich, wenn sie aus verschiedenen Richtungen kommen und besonders dann, wenn die feuernden Geschütze gesehen werden. Auch wenige, aber gut sitzende Artillerietreffer wirken sehr einschüchternd. Bei der Mehrzahl der mit Artilleriebeschießung bedrohten Objekte wurde noch vor Feuereröffnung bei den Aufständischen die weiße Fahne gehisst.«[227] – Man mag diese Stellungnahme als »inhuman-technokratisch« ansehen, wie der Historiker Gerhard Botz es tut. Human war der Beschuss von Wohnhäusern mit Kanonen wahrlich nicht. Aber es ist sehr wahrscheinlich, dass die Kämpfe ohne Artillerieeinsatz wesentlich länger gedauert und eine ungleich höhere Anzahl von Todesopfern auf allen Seiten gefordert hätten.

»Wohnbauten als Bürgerkriegsfestungen«

Gleichsam als Kompensation für die heftigen Proteste, die der Einsatz von Kanonen gegen Wohnhäuser ausgelöst hatte, versuchte die Regierung mit beträchtlichem Aufwand nachzuweisen, dass die Gemeindebauten des »Roten Wien« schon von der Planung her als Festungen für den Bürgerkrieg angelegt worden waren – oder, in den Worten des Sicherheitsministers Fey: als »ausgesprochene Zwingburgen des sozialdemokratischen Terrors«.[228]

Bei der Verteilung dieser Wohnanlagen sei die sozialdemokratische Gemeindeverwaltung »nach einem großzügigen, einer bestimmten Absicht dienenden Plane« vorgegangen, hieß es etwa seitens des Bundesheeres. Der Schutzbund habe von diesen Bauten aus alle wichtigen, ins Stadtzentrum führenden Straßen und die Donaubrücken beherrschen können. Vom Karl-Marx-Hof sei es möglich, die Franz-Josephs-Bahn, den Donaukanal und die Donau wirkungsvoll mit Maschinengewehren zu »bestreichen«. Auch die Anhäufung der Gemeindebauten entlang der Südbahnstrecke in Meidling sei »auffallend«. Die diesen Bauten vorgelagerten großzügigen Rasenflächen, vermutete man beim Heer, seien nicht etwa für Freizeitaktivitäten und zur Erholung angelegt worden, sondern primär als freie Schussfelder, die Angreifern keine Deckungsmöglichkeiten bieten sollten.

Verdächtig waren auch die Türme, wie etwa jene im Karl-Marx-Hof mit ihren von innen versperrbaren eisernen Türen. Konnte es ein Zufall sein, dass viele dieser Wohnanlagen in auffälliger Nähe zu Kasernen errichtet worden waren? Und erst die Grundrisse, die waren doch eindeutig auf Kampfzwecke ausgerichtet. Die riesigen innenliegenden Höfe etwa, wer wollte bestreiten, dass sie als Sammel- und Aufmarschplätze gedacht waren? So viel unnötiger freier Raum nur als friedlicher Spielplatz für die Kinder, als Treffpunkt für Junge und Alte – wer mochte so etwas glauben?

Sicher, manche Feststellungen der Militärs sind nicht von der Hand zu weisen. Die Bereitschaftslokale des Schutzbundes lagen tatsächlich zumeist in den großen Gemeindewohnanlagen, die Turnsäle dienten regelmäßig zur Ausbildung der Schutzbündler. Im Reumannhof etwa gab es eine Schießstätte, im Park des Goethehofs führten die Wehrsportler des Schutzbundes regelmäßig militärische Übungen durch, lernten das Werfen von Handgranaten etc.[229] Unbestreitbar ist auch, dass man in diesen Wohnhäusern versteckte Waffenarsenale angelegt hatte. Und manche, an sich phantastisch klingenden Mutmaßungen des Bundesheeres geben nach einigem Überlegen doch zu denken: »In nicht zu verkennender Absicht sind auf dem Turme der Gartenstadt in der Uhrscheibe die die Ziffern ersetzenden runden Glaskörper ausschraubbar angefertigt worden. Sie waren als Ausschussöffnungen für Maschinengewehre bestimmt und fanden auch während der Februarrevolte diese Verwendung.«[230] Bei näherer Betrachtung zeigt sich, dass die besagte Uhr in der Gartenstadt Jedlesee tatsächlich genau auf die rund eineinhalb Kilometer entfernte Floridsdorfer Brücke ausgerichtet ist.

Das mag Zufall sein. Es war aber bestimmt kein Zufall, dass manche Gemeindebauten während der Kämpfe tatsächlich die Funktion von Festungen erfüllten. Der Grund dafür lag in erster Linie darin, dass diese großen Wohnanlagen durchwegs Hochburgen der Sozialdemokratischen Partei und des Schutzbundes waren. Und so war es nur natürlich, dass man die Bauwerke, in denen ohnehin die Waffen lagerten, als militärische Stützpunkte nützte. Klarerweise platzierte man die aus den Verstecken geholten Maschinengewehre in bestimmten schon im Vorhinein sorgfältig ausgesuchten günstigen Positionen, wie eben den besagten Türmen.

Viel weiter können die entsprechenden Überlegungen nicht gehen. Im Grunde entlud sich in den wilden Spekulationen in erster Linie nämlich der aufgestaute bürgerliche Hass auf die Wohnbaupolitik des »Roten Wien«. Der am 12. Februar verhaftete ehemalige Wiener Finanzstadtrat Hugo Breitner, der die Grundlagen für das Wiener Wohnbauprogramm geschaffen hatte, konnte die Verdächtigungen hinsichtlich planmäßig angelegter Bürgerkriegsfestungen im Verhör schlüssig widerlegen. Das Stadtbauamt habe bei der Auswahl der Bauplätze in erster Linie auf Fragen der Infrastruktur geachtet und den Stadtschulrat und das Fürsorgereferat in die Entscheidung miteinbezogen. Wäre man nach militärischen Gesichtspunkten vorgegangen, so hätten doch viele in die Projekte involvierte, aus der Lueger-Ära übernommene christlichsoziale Beamte davon erfahren. Zudem seien die Bauten durchwegs aufgrund von Ausschreibungen an externe Baufirmen und oft durchaus bürgerlich gesinnte Architekten vergeben worden. Wie hätte die Sozialdemokratische Partei nur alle diese unliebsamen Mitwisser kontrollieren sollen?[231]

Kurzum, die nach dem Februaraufstand laut gewordenen Verdächtigungen waren Phantasmen, erklärbar nur aus den erbitterten politischen Kämpfen und der bürgerlichen Bolschewiken-Phobie der Zwischenkriegszeit. Mit ihren Wohnbauten hatten die Wiener Sozialdemokraten eindeutig und sehr erfolgreich Sozialpolitik betrieben und bestimmt nicht Wehrpolitik.

Wollte Dollfuß Giftgas gegen die Aufständischen einsetzen?

Rechtzeitig zum achtzigsten Jahrestag des Februaraufstandes veröffentlichte das Nachrichtenmagazin *Profil* im Jänner 2014 eine passende Titelstory. Unter der Schlagzeile »Überfallsartig vergasen« ging der Autor, Chefredakteur Herbert Lackner, der Frage nach, ob Kanzler Dollfuß während des Aufstandes Wiener E-Werks-Arbeiter mit Giftgas töten lassen wollte.[232] Woher dieser schwerwiegende Verdacht? Lackner beruft sich auf eine von Dollfuß am Morgen des 13. Februar 1934 geäußerte Anregung an die Wiener Polizei. Der in der Polizeidirektion angelegte Aktenvermerk war über nicht mehr zu rekonstruierende Umwege in einem Konvolut des Dokumentationsarchivs des österreichischen Widerstandes gelandet und dort schließlich zufällig entdeckt worden. Der Originalwortlaut: »Dr. Hantschk, BKA, teilt mit: Bundeskanzler Dr. Dollfuß habe die Anregung gegeben, die E-Werke in Simmering nicht zu stürmen, sondern überfallsartig zu vergasen, damit die Arbeiter keine Gelegenheit hätten die Maschinen zu zerstören. Herrn Präsident gemeldet. Gezeichnet: Dr. Sturminger.«

Zu bedenken ist, dass die Konnotation des Begriffs »vergasen« 1934 eine andere war als nach 1945. So stellt sich die Frage, ob damit der Einsatz von Giftgas oder Tränengas gemeint gewesen sein könnte. Lackner kommt zu dem Schluss, dass alles auf Giftgas hindeute. Dollfuß, so der Autor, habe schon am Vortag »Tränengas angefordert, um die im Karl-Marx-Hof verschanzten Schutzbündler auszuräuchern«. Er sei allerdings vom Bundesheer informiert worden, dass man über kein Tränengas verfüge. Lackners Schluss: »Er konnte also einen Tag später bei seiner Order an das Polizeipräsidium kaum an Tränengas gedacht haben.« Schließlich hätte Dollfuß ja selbst im Weltkrieg bei der zwölften Isonzoschlacht im Oktober 1917 die durchschlagende Wirkung von Giftgas erlebt.

Dass Dollfuß bereits gegen Mittag des 12. Februar die Bereitstellung von Tränengas beauftragt haben soll, geht auf die Dollfuß-Biografie von Gordon Shepherd zurück. Im Rahmen einer längeren Passage, in der der überaus Dollfuß-freundliche Historiker den Kanzler in der Frage des Beschusses der Gemeindehäuser durch die Artillerie des Bundesheeres rechtfertigt, wird eine Begebenheit zitiert, die von Dollfuß' Gattin Alwine überliefert wurde. Dollfuß habe demnach gegen Mittag des 12. Februar von seiner Wohnung in der Stallburggasse aus telefonisch im Arsenal den Auftrag erteilt, »alle verfügbaren Tränengasvorräte zu sofortigem Gebrauch bereitzustellen«. Auf diese Weise wollte er den Einsatz von Haubitzen vermeiden. Allerdings sei ihm zu seinem Ärger beschieden worden, dass die österreichische Armee über kein Tränengas verfüge, weil ihr aufgrund des Friedensvertrages von St. Germain »alle Arten von Gaskrieg« verboten seien. Eine Information, die Dollfuß angeblich mit dem Ausruf »Diese Trottel – das ist doch verrückt« quittierte.[233]

Die Darstellung klingt plausibel, denn eine andere, glaubwürdigere Quelle bestätigt – wie noch zu zeigen sein wird –, dass Dollfuß sich während des Februaraufstandes tatsächlich intensiv Gedanken über den Einsatz von Gas machte. Die Datierung der Episode mit Mittag des 12. Februar erscheint zumindest zweifelhaft. Zudem verfügte das Bundesheer im Gegensatz zur Auskunft, die Dollfuß aus dem Arsenal erhielt (oder laut Aussage seiner Witwe erhalten haben soll), sehr wohl über Tränengas (Reizrauch).[234] Und dieses Kampfmittel wurde während des Februaraufstandes auch eingesetzt.

Am 12. Februar, nach 14 Uhr, überfielen acht Schutzbündler die Polizeiwachstube Hackhergasse im Grazer Stadtteil Lend und überwältigten die drei dort anwesenden Wachebeamten. Die bald danach eintreffende Überfallsbereitschaft der Grazer Polizei geriet in »ein mörderisches Feuer« des Schutzbundes aus den Fenstern einer gegenüberliegenden Schule. Bei mehreren Befreiungsversuchen starben insgesamt fünf Sicherheitswachebeamte, weitere wurden zum Teil schwer verletzt. Am späten Nachmittag musste schließlich das Bundesheer zur Hilfe gerufen werden. Laut Bericht des steirischen Sicherheitsdirektors »bewarf« das Militär das Haus, in dem sich die Wachstube Hackhergasse befand, mit »Tränengasbomben«. Mit vollem Erfolg: »Nach dem Tränengasangriff flüchteten die Schutzbündler, welche in die Wachstube eingedrungen waren, durch das in den Hof mündende Fenster.« Laut einer anderen Darstellung sei »durch das Haustor Gas eingeblasen« worden, worauf die Schutzbündler die Flucht ergriffen hätten.[235]

Es hatte also einen erfolgreichen Einsatz von Tränengas durch das Bundesheer gegeben. Die Besetzung einer Polizeiwachstube hatte auf diese Weise rasch und ohne weitere Tote oder Verletzte beendet werden können. Man kann mit gutem Grund vermuten, dass dem Bundeskanzler am Morgen des 13. Februar Meldungen über die Ereignisse der vorangegangenen Stunden vorgelegt wurden. Und es ist plausibel, dass ihm bei dieser Gelegenheit die Idee kam, bei den Simmeringer E-Werken ähnlich vorzugehen und diese »überfallsartig zu vergasen«, bevor durch einen Sturmangriff wesentlich größerer Schaden entstünde. So könnte in der Hektik der Aufstandstage der besagte missverständliche Aktenvermerk zustande gekommen sein.

Faktische Beweise dafür liegen nicht vor. Aber ein weiteres Dokument stützt ebenfalls die Überzeugung, dass Dollfuß mit seiner Anregung vom Morgen des 13. Februar Tränen- und nicht Giftgas meinte. Völkerbundvertreter Rost van Tonningen, ein bevorzugter Gesprächspartner des Kanzlers, wurde am Morgen des 14. Februar zu Dollfuß gerufen. Dieser war gerade von einer Inspektion des Kampfgebietes in Floridsdorf ins Bundeskanzleramt zurückgekehrt und befand sich, so Rost, in trauriger Stimmung. Er habe gerade im Krankenhaus erlebt, wie ein Polizist in seiner Gegenwart gestorben sei. Rost wies Dollfuß im weiteren Gespräch darauf hin, dass die Schwierigkeiten beim Niederschlagen des Aufstandes zeigten, dass das Heer und die Polizei schlecht ausgerüstet und personell unterbesetzt seien. Wörtlich: »Er bejaht das und erzählt mir, dass der Aufstand viel leichter niedergeschlagen hätte werden können, wenn man die Menschen mit Gas aus ihren Stellungen hätte vertreiben können.«[236] – Auch hier ist nur von »Gas« ohne nähere Spezifikation die Rede, aber die Tatsache, dass das Gas dazu hätte dienen sollen, die Kämpfer zu »vertreiben« und nicht etwa sie zu »vernichten«, weist eindeutig in die Richtung Tränengas.

Alle genannten Indizien lassen einen plausiblen Schluss zu: Als er am Morgen des 13. Februar 1934 seine »Anregung« aussprach, die Simmeringer E-Werke »überfallsartig zu vergasen«, dachte Bundeskanzler Dollfuß mit größter Wahrscheinlichkeit an den Einsatz von Tränengas und nicht an den von Giftgas. Dollfuß hoffte, die Kämpfe durch die Verwendung von Tränengas rasch und einigermaßen unblutig beenden zu können. Der furchtbaren Symbolik des Einsatzes von Artillerie gegen Wohnhäuser war er sich durchaus bewusst.

Wie ein Treppenwitz zu den »Enthüllungen« des *Profil* gegen Dollfuß mutet es an, dass es während des Februaraufstandes tatsächlich Überlegungen für den Einsatz von hochgiftigem Chlorgas gegeben hatte – allerdings auf Seiten der Aufständischen. Heinz Roscher, der Schutzbund-Kommandant von Floridsdorf berichtet darüber. Es ging um die Besetzung des Polizeikommissariats Floridsdorf am Morgen des 13. Februar 1934. Im Kampfbereich wären zwanzig große Chlorgasbomben aus einer Färberei greifbar gewesen, schreibt Roscher. Aber diese habe man nicht gegen die Polizei einsetzen können, weil die Kämpfenden keine Gasmasken zur Verfügung gehabt hätten. Zwar wären in der Feuerwache Floridsdorf ungefähr vierzig Gasmasken bereitgelegen, aber weil es der Polizei durch eine »Verkettung unglücklicher Umstände« gelungen sei, die Feuerwache handstreichartig zu besetzen, habe man auf diese Gasmasken keinen Zugriff gehabt.

Dass es sich keineswegs um eine bösartige Phantasie des geschlagenen Schutzbundführers Roscher handelte, erschließt sich aus den Zeitungsberichten zum Standgerichtsverfahren gegen den Floridsdorfer Feuerwehrkommandanten Georg Weissel. Ein Polizeirat machte in dem Prozess am 14. Februar folgende Aussage: »Heute wurde ein Mann namens Rudolf Lukacs mit der Waffe in der Hand angegriffen, der angab, es sei geplant gewesen, falls der Angriff auf das Polizeiamt missglücke, das Kommissariat mit Chlorgas zu vergasen und dazu sei der Gasoffizier Weissel ausersehen.«

Selbst aus der Haft als Zeuge vorgeführt, gab Lukacs an, schon rund fünf Monate zuvor Ohrenzeuge eines Gesprächs geworden zu sein, in dem Weissel geäußert habe: »Wenn nichts anderes zu machen ist, ist das Kommissariat mit Chlor zu vergasen.« Der studierte Chemiker Weissel räumte ein, Spezialist für Gasschutzwesen zu sein, bestritt aber, dass eine Vergasung technisch überhaupt möglich wäre. Im Übrigen könne er sich auch nicht an eine solche Besprechung erinnern, es wäre aber möglich, dass es Erörterungen über diese Frage gegeben haben könnte.[237]

Steckten die Nationalsozialisten hinter dem »Putsch« der Sozialdemokraten?

In einem den »blinden Flecken« der österreichischen Geschichte der Zwischenkriegszeit gewidmeten Buch befasst sich die Publizistin Gudula Walterskirchen unter anderem mit der Rolle der Nationalsozialisten im Februar 1934. Sie kommt zu dem Schluss, dass die Nationalsozialisten die Unruhen »aktiv durch Agents Provocateurs« herbeigeführt hätten, um von Deutschland aus in Österreich intervenieren zu können.

Im Wesentlichen übernimmt sie damit eine These des damaligen Sicherheitsdirektors von Oberösterreich Hans von Hammerstein, wonach der »Februarputsch eigentlich ein nationalsozialistischer und der rote Schutzbund dabei nur vorgeschobener Sturmbock war«. Der Schutzbund sei dann allerdings zerschlagen worden und habe seinen Zweck nicht erfüllen können.[238] Als Beleg führt Walterskirchen unter anderem die Sympathien für den Nationalsozialismus an, die Richard Bernaschek nach seiner Befreiung durch Nationalsozialisten und die Flucht nach Deutschland gezeigt hatte. Einige Bedeutung misst sie – darin wiederum Hammerstein folgend – auch dem Angriff von Angehörigen der »Österreichischen Legion« (eine aus österreichischen NS-Flüchtlingen gebildete SA-Einheit) auf den österreichischen Grenzposten Haibach nahe Passau bei. Der Vorfall hatte sich in der Nacht vom 11. auf den 12. Februar zugetragen. Vage Andeutungen in den Erinnerungen des SDAP-Bezirkssekretärs von Wien-Döbling, Karl Mark, werden ebenfalls herangezogen.[239]

Kann es sein, dass der sozialdemokratische Februaraufstand tatsächlich von den Nationalsozialisten »aktiv herbeigeführt« wurde, um den gemeinsamen Feind – das Dollfuß-Regime – niederzuzwingen? Betrachten wir einige Fakten:

1. Angesichts der internationalen Lage ist auszuschließen, dass die Nationalsozialisten den sozialdemokratischen Aufstand geschürt haben könnten, um dadurch einen Vorwand für eine Intervention in Österreich zu schaffen. Hitler wusste genau, dass im Fall eines Angriffs aus Deutschland umgehend die zum damaligen Zeitpunkt militärisch noch weit überlegene italienische Armee in Österreich und vermutlich sogar in Bayern einmarschiert wäre. Selbst eine Intervention Frankreichs – 1934 die stärkste Militärmacht Kontinentaleuropas – war Hitlers Meinung nach denkbar.[240]

2. Der Angriff von Österreichischen Legionären auf den Grenzposten in Haibach ist als Beleg für eine nationalsozialistische Beteiligung am Februaraufstand irrelevant. Seit Mitte 1933 war es an vielen Orten entlang der deutsch-österreichischen Grenze zu Konflikten gekommen.[241] Dass in der Nacht vor dem Ausbruch des Februaraufstandes ein weiterer von vielen ähnlichen Zwischenfällen stattfand, kann als reiner Zufall gewertet werden.

3. Das faktische Verhalten der Nationalsozialisten am 12. Februar und in den Folgetagen lässt alles andere als auf eine Unterstützung der Sozialdemokraten schließen. Tatsächlich unterstützten die Nationalsozialisten indirekt das Dollfuß-Regime. Seit Anfang Jänner 1934 hatte eine NS-Terrorwelle Österreich in Atem gehalten. Aber bei Ausbruch des sozialdemokratischen Aufstandes stellten die illegalen Nationalsozialisten alle Terrorakte schlagartig ein und sorgten so dafür, dass sich die Regierungskräfte ungestört auf den Kampf gegen die Aufständischen konzentrieren konnten. Am 19. Februar verkündete der Führer der illegalen österreichischen NSDAP Theodor Habicht sogar einen mit einem Verhandlungsangebot an die Regierung verbundenen, auf die Dauer von acht Tagen befristeten »Waffenstillstand«. Als sich die Regierung abweisend verhielt, ging der NS-Bombenterror ab 1. März wieder weiter.[242]

4. Aus zahlreichen internen NS-Dokumenten geht eindeutig hervor, dass die österreichischen Nationalsozialisten vom Februaraufstand durchwegs überrascht wurden. So etwa trafen sich SA-Führer am 12. Februar in einer

Wohnung, um zu diskutieren, wie man auf die unerwartete Entwicklung reagieren solle. Man entschied sich für eine neutrale, zuwartende Position.²⁴³ Ähnlich heißt es in einem von der Polizei abgefangenen nationalsozialistischem Kassiber an im Anhaltelager Wöllersdorf einsitzende NS-Führer aus Wien: »Von uns wurde in keiner Weise eingegriffen, selbstverständlich war Bereitschaft. Dem Schutzbund konnte man die Bewunderung nicht versagen. Vielfach kämpften sie wie Löwen. Mit unserer Sympathie standen wir unwillkürlich auf Seite der Roten, wenn auch ihr Sieg die Erledigung der Wiener Nazi bedeutet hätte.«²⁴⁴

Kurzum, die These, der sozialdemokratische Februaraufstand sei in Wahrheit ein »NS-gelenkter Putsch« gegen die Regierung Dollfuß gewesen, ist durch Fakten nicht zu belegen. Im Gegenteil: Die Nationalsozialisten wurden vom sozialdemokratischen Aufstand überrascht, stoppten aber sofort ihren gegen die Regierung Dollfuß gerichteten Bombenterror und nahmen eine abwartende Haltung ein – verbunden mit der berechtigten Hoffnung, nach dem Ende der Kämpfe frustrierte und rachsüchtige Schutzbündler und Anhänger der Sozialdemokratie in großer Zahl auf die Seite des Nationalsozialismus ziehen zu können.

Schlüsse

VORPROGRAMMIERTE NIEDERLAGE. Dieser Kampf war aufgegeben, bevor er noch begonnen hatte. – Auf der Bahnfahrt von Graz nach Bruck an der Mur kurz nach Mittag des 12. Februar fragte Paula Wallisch ihren Ehemann Koloman nach den Aussichten für den Kampf. Er antwortete: »Ich bin überzeugt davon, dass es ein organisierter Selbstmord ist, jetzt, da die Regierung bereits so überaus stark mit Militär und Waffen und Munition ausgerüstet ist.« Zwar glaube er, dass die obersteirischen Arbeiter beim Kampf mitmachen würden, ansonsten aber sehe er schwarz: »Aber ich weiß auch, dass nicht überall gekämpft werden wird und dass die Eisenbahner beim Generalstreik nicht mittun werden.« Nach dem Zusammenbruch werde er wohl auch selbst zu den Opfern gehören, aber ein rasches Ende sei ihm lieber als dieses aufreibende Dasein. In letzter Zeit sei er oft nahe daran gewesen, sich eine Kugel in den Kopf zu schießen. »Auf der einen Seite sehe ich die unausbleibliche Niederlage in einem solchen Kampfe, auf der anderen Seite drängen die Ungeduldigen immer heftiger zum Kampf.«[245]

So ähnlich sahen es letztlich auch die »einfachen« Schutzbündler. Georg Strecha etwa, einer der Aufständischen, die den Goethehof in Wien-Kaisermühlen besetzt hatten, erklärte seinem jüngeren Bruder Valentin: »Das ist eh klar, der ganze Einsatz da ist jetzt für nichts, außer für das, dass sie nicht sagen können, wir haben kapituliert, ehrlos kapituliert. Aber herausschauen wird nichts.« Und weiter: »Die Auseinandersetzung beginnt nach Erledigung dieser bewaffneten Auseinandersetzung heute.«[246]

Seit März 1933 habe die Partei nicht mehr an den Sieg geglaubt, schreibt Otto Leichter. »Aber eine Armee, deren Führung nicht vom Sieg überzeugt ist, kann nicht siegen.«[247] – Ob es sich bei solchen und ähnlichen Aussagen um nachträgliche Projektionen handelt? Zum Teil, mag sein. Aber das Zögern und Ausweichen der Führer, das defensive, unentschlossene, abwartende Verhalten der Kämpfer am 12. Februar spricht dafür, dass man sich tatsächlich von Anfang an von diesem Kampf nicht das Geringste versprochen hatte. Ein Abgang in Würde sollte es also werden, ein Kampf für die Ehre, für eine Wiedergeburt in näheren oder ferneren Zeiten.

Aber dafür sterben oder jahrelang im Kerker schmachten, wer wollte das schon? Treffend resümierte ein Offizier des Bundesheeres für die Kämpfe in der Steiermark, was im Grunde für den Februaraufstand in seiner Gesamtheit gilt: dass die sozialdemokratischen Führer die Kampfkraft des Schutzbundes weit überschätzt hätten und die langanhaltende Arbeitslosigkeit zermürbend gewirkt habe. »Was sonst die Waffen ergriff, kämpfte regellos ohne einheitliche Leitung, war überempfindlich gegen Artillerie- und Minenwerferfeuer und gab den bewaffneten Widerstand beim ersten Misserfolg auf.«[248]

Zwar überzogen, aber keineswegs völlig von der Hand zu weisen ist, was der ultrakonservative Publizist Josef Schneider schrieb: »Von dem seit Jahren [...] vorbereiteten marxistischen Putsch blieb nichts anderes übrig als die Besetzung mehrerer (bei weitem nicht aller) für die Verteidigung besonders hergerichteter roter Festungsbauten, aus deren betonierten Deckungen nunmehr die alarmierten Schutzbündler auf harmlose Passanten und auf die Mitglieder der Exekutive wild herausschossen und maßloses Unheil anrichteten, ohne dass ihrem Beginnen irgendein vernünftiger Plan oder ein verständlicher Sinn zugrunde lag.«[249]

Irgendeinen »Sinn« konnte auch Karl Kraus im Februaraufstand nicht erkennen: »Mir ist von einem ›Aufstand der österreichischen Arbeiter‹ bis zu dieser Darstellung – oder deren parteijournalistischer Vorlage – nichts bekannt gewesen, nur von dem einer bejammernswerten Kampftruppe, die Heilloses getan, Heilloseres erlitten hat, von Leitartiklern mit falschen Parolen berauscht, ins Verderben gerissen und nicht mehr aufzuhalten, als jene es nicht gewollt haben.«[250]

Während Otto Bauer die Februarerhebung zu den »größten, heldenhaftesten Kämpfen der Revolutionsgeschichte aller Zeiten und aller Länder« zählte und über die Pariser Kommune von 1871 stellte,[251] hielt der marxistische Anti-Stalinist und demokratische Kommunist Boris Souvarine einen solchen Vergleich für bloß »eingebildet«. Im März 1934 urteilte er in der Zeitschrift *La Critique sociale* über den Februaraufstand in aller denkbaren Schärfe: »Diese war eine viel zu späte und verzweifelte Aktion einer sozialistischen Partei, die durch ihre eigenen Fehler besiegt wurde und vergeblich Menschenleben opferte, um ihre nicht mehr zu verbessernde frühere Passivität wieder gut zu machen und ihre verlorene Ehre wieder herzustellen. Der Heroismus der Insurgenten, selbst einzelner Führer, ändert daran nichts, ebenso wie der Heroismus, den die Soldaten jeder Armee bekunden, einen Krieg nicht rechtfertigt.«[252]

Karl Kautsky, Altösterreicher, Altmarxist und Vertreter des linken Flügels der SPD, ging mit seinen österreichischen Genossen und ihrer »eigenartigen« und zwiespältigen Taktik ebenfalls streng ins Gericht. Eine allgemeine Erregung der Arbeiterschaft – ohne die ein Aufstand von vornherein aussichtslos sein musste – mochte vorhanden gewesen sein, schreibt er, sie habe aber »keinen aktiven Ausdruck« gefunden. Die Führung habe völlig versagt, höchsten ein paar Tausend Schutzbündler hätten zu den Waffen gegriffen und seien einer erdrückenden Übermacht der Exekutive gegenübergestanden. Vor allem störte Kautsky die Argumentation, die österreichische Sozialdemokratie habe 1934 gegen Dollfuß vielleicht auf verlorenem Posten gekämpft, sich aber immerhin nicht kampflos ergeben – wie zuvor die deutsche Sozialdemokratie. Vielmehr hätten die österreichischen Arbeiter, wie Otto Bauer zu Kautskys Empörung behauptet, die »revolutionäre Ehre des internationalen Sozialismus« gerettet. Für ein derartiges moralisches Überlegenheitsgefühl bestehe, meint Kautsky, keinerlei Veranlassung. »Wohl gab es in Österreich, im Unterschied von Deutschland, einen mit Waffen versehenen Schutzbund, aber als ein Teil seiner Mitglieder losschlug, blieb die Masse der Arbeiter ebenso ruhig bei der Arbeit, wie sie im Juli 1932 in Deutschland geblieben war. Diese Feststellung ist für die österreichischen Arbeiter ebenso wenig eine Schande wie für die deutschen. Sie bezeugt nur, dass die Wirkungen der Krise hier wie dort die gleichen sind.«[253]

HEROISMUS? Das katastrophale Versagen der sozialdemokratischen Führung, auch der ausbleibende Generalstreik und die mangelnde bis nicht vorhandene Unterstützung aus der Arbeiterschaft wird von den meisten, auch von sozialdemokratischen und kommunistischen Historikern eingeräumt. Zugleich aber findet der »Heroismus« der Februarkämpfer in ihrem Kampf für Freiheit und Demokratie bis heute höchste Lobpreisung. Der Zeitgenosse und geschichtliche Akteur Joseph Buttinger etwa schrieb 1953, dass die österreichischen Arbeiter, »mit ihrem Blute den Parteiuntergang aus einem bloß erbärmlichen in ein gleichzeitig heroisches Ereignis« verwandelt hätten.[254] Der Sozialphilosoph Norbert Leser schwärmte 1968 vom »heroischen Opfergang der treu gebliebenen Arbeiterschaft von Wien« und nannte den 12. Februar ein »Heldenepos«.[255] Der Historiker Rudolf Neck bemühte 1974 Vokabeln wie »Ruhmesblatt«, »Heroismus« und »heroischer Opfermut«, um die Leistungen der Februarkämpfer zu beschreiben.[256] Selbst im Jahr 2014 hielt der Journalist und Historiker Peter Huemer die Überschrift »Das 34er Jahr: Widerstand und Heroismus« noch für angemessen.[257]

Aber wieso trotz allen Heldentums dann diese katastrophale Niederlage, dieser rasche, totale Zusammenbruch? Die »breiten Massen« hätten den kämpfenden Schutzbund allein gelassen, schreibt Otto Leichter.[258] Zu »stumpf« sei die Masse gewesen, heißt es bei Emil Franzel, um in den Kampf entscheidend einzugreifen. Die Kämpfer seien von »streikbrecherischen Proleten, denen die Krise das Rückgrat gebrochen« habe, verraten worden.[259] Die Reihe von Zitaten, die die ausbleibende Unterstützung aus der Arbeiterschaft beklagen, wäre problemlos fortzusetzen.

Sollte man nicht viel eher fragen, ob der Schutzbund sich nicht selbst allein gelassen, sich nicht selbst verraten hatte? Wie viele Schutzbündler zogen letztlich tatsächlich in den Kampf? Wirklich verlässliche Angaben darüber gibt es nicht. Der erwähnte Franzel schätzte sie für Wien auf 8000 bis 10.000 Mann, statt der 20.000 bis 25.000 Mann, die bei voller Mobilisierung des Schutzbundes zu erwarten gewesen wären. Karl Kautsky nennt die Zahlen, die für einzelne Kampfschauplätze wie das Arbeiterheim Ottakring oder den Karl-Marx-Hof genannt werden, »lächerlich gering«.[260]

Die Motivation zu kämpfen – und in dem ungleichen Kampf zu sterben –, war also bei vielen, war bei der Mehrheit nicht vorhanden. Immerhin, einige Tausend Schutzbündler begaben sich, als der Alarmbefehl einlangte, zu den Sammelplätzen, weil es eben ihre jahrelang eingeübte Pflicht war, nahmen die Waffen, die man aus den Verstecken hervorholte, hielten Bereitschaft – und waren häufig keineswegs unglücklich darüber, aus diesem oder jenem Grund letztlich doch nicht zum Kampf gerufen zu werden. Viele verschwanden still und leise, wenn sich die Gelegenheit dazu bot. Oft ergaben sich heftige Diskussionen zwischen jenen, die weiterkämpfen und jenen, die aufhören wollten. »Dass du dich nicht genierst!«, sagte der 18-jährige Valentin Strecha zu einem älteren Genossen, der nicht mehr weitermachen wollte. Der erwiderte bloß sarkastisch: »Du wirst dann einmal meine Familie erhalten!« Dann verschwand er vom Kampfplatz.[261] Und die, die doch in den Kampf stolperten, hielten sich bedeckt so gut es ging, schossen bei gegnerischen Angriffen wild drauflos und ergriffen die Flucht, wenn der Kanonendonner die Übermacht des Feindes offensichtlich machte. Oder sie ergaben sich ohne weiteren Widerstand.

Natürlich zeigten manche von den Aufständischen wahren Heldenmut, natürlich gab es solche, die bereit waren, für ihre Ideale mit ihrem Leben einzustehen. (Welche Ideale das gewesen sein könnten, wird noch zu diskutieren sein.) Aber die meisten folgten einem sehr menschlichen Impuls: Sie wollten einfach nur lebend aus der Sache herauskommen, in die sie hineingeraten waren. Denn wie in allen Kämpfen und Kriegen sind Heldentum, Heroismus und Opferbereitschaft äußerst rare Güter. »Es war durchaus kein Heldenepos, das sich damals abspielte«, so der Historiker Hanns Leo Mikoletzky. »Man sollte mit so großen Worten sparsam sein. Es war ein vollkommenes Debakel.«[262]

DIE OPFER. Das traurigste Ergebnis der in diesem Buch vorgestellten empirischen Untersuchung ist die Erkenntnis, dass die meisten Opfer dieses Kampfes nicht Kombattanten waren, sondern Unbeteiligte, zufällig in die Feuerlinien geratene Passanten, bei einem raschen Blick aus dem Fenster getötete Hausbewohner, halbwüchsige Mädchen auf dem Weg zum Einkauf, neugierige, aber unkluge Burschen, die sich im Kampfgebiet herumtrieben, Familienmitglieder, die dem Mitnahmesuizid eines Schutzbündlers zum Opfer fielen und so weiter. Der Kollateralschaden dieser »Notwehraktion« zur Rettung der Ehre der Arbeiterbewegung im Kampf gegen den Faschismus war jedenfalls enorm.

Auch die sonstigen Auswertungsergebnisse sprechen nur sehr bedingt für einen uneingeschränkten Heroismus und selbstlosen Opfergang der kämpfenden Schutzbündler. Aus der Kampfsituation heraus fielen wesentlich mehr Angehörige der Exekutive als des Schutzbundes. Nun kann man wahrlich niemandem vorwerfen, dass er darauf bedacht ist, das eigene Leben zu bewahren. Aber die vorsichtige, defensive Kampfweise der Schutzbündler sollte umgekehrt nicht zu einer der größten Heldenleistungen der Revolutionsgeschichte hochstilisiert werden. Denn es gehörte nicht besonders viel Heldenmut dazu, aus der ummauerten Deckung heraus Polizisten, Gendarmen, Soldaten und Heimwehrleute haufenweise abzuknallen, wie es beispielsweise in Graz-Lend, Eggenberg, Floridsdorf, Simmering, Holzleithen und anderen Schauplätzen geschah. Das mag in einer Kampfsituation unumgänglich sein, es ist das traurige, erbärmliche Geschäft des Krieges – aber ist es »heroisch«?

In erster Linie war der Februaraufstand ein blutiges Desaster. Was bleibt, ist das große moralische Dilemma: War dieser von Anfang an aussichtslose, rein symbolische Akt der Selbstbehauptung tatsächlich das Leben von Hunderten Menschen wert?

Kampf für die Demokratie? Selbstverständlich gibt es ein Notwehrrecht gegen die Tyrannei, und dieses Recht mag sogar den Tod Unschuldiger rechtfertigen. Der konservative kaiserliche Finanzminister und Bankfachmann Alexander Spitzmüller meint, dass bei der Beurteilung der Februarereignisse weltanschauliche Sympathien und Antipathien zurücktreten müssten: »Sine ira et studio aber muss festgestellt werden, dass es sich seitens der Regierung um einen Rechtsbruch gehandelt hat [...]. Die Sozialdemokraten, die de facto die Verfassung verteidigten, wurden von einer Regierung, die dieselbe Verfassung beschworen hatte, aber die sogenannte Selbstausschaltung des Parlaments dazu benützte, um ohne Verfassung zu regieren, Schritt für Schritt aus ihren rechtlich gebührenden Positionen gedrängt.« Selbst nach der Staatslehre des Thomas von Aquin seien sie zum Widerstand berechtigt gewesen.[263]

Allein, war es überhaupt das Ziel der Aufständischen, den alten verfassungsmäßigen Zustand wiederherzustellen? Wie Ernst Hanisch feststellt, existieren so gut wie keine Dokumente, aus denen hervorgehen würde, mit welcher konkreten Zielsetzung der Schutzbund in den Kampf ging. Hanisch kann nur auf eine gegen Mittag des 12. Februar gedruckte und verteilte Extraausgabe des steirischen *Arbeiterwillen* verweisen. In ihr wurde zum »Endkampf gegen Kapitalismus, Wirtschaftsnot und Bedrückung« aufgerufen. Von Demokratie war darin keine Rede, sondern ausschließlich vom Sozialismus und vom Kampf gegen den Faschismus.[264] Autor dieses Aufrufs war der Zeitungsredakteur Kurt Neumann, der 1933/34 der Linken innerhalb der SDAP zuzurechnen war und sich in Graz im Umfeld der »Sozialistischen Jungfront« bewegte. Diese Gruppe hatte im Jänner 1934 mit folgenden bezeichnenden Worten zum Losschlagen aufgerufen: »Setzen wir an die Stelle der Diktatur des Faschismus die Diktatur des Proletariats, die Herrschaft der Arbeiter und Bauern!«[265] In dieselbe Richtung gingen Überlegungen, die die Sozialwissenschaftlerin und linke Sozialdemokratin Käthe Leichter schon 1933 im *Kampf*, dem theoretischen Hauptorgan des Austromarxismus, angestellt hatte. Ob es denkbar sei, fragte sie, dass die Arbeiterschaft, nachdem sie sich aus der »furchtbaren Umklammerung der faschistischen Gefahr befreit haben wird«, ihren Unterdrückern wieder Freiheit und Zeit geben werde, sich neu zu sammeln? Nein, war ihre Antwort, in diesem Fall müsse die Macht »mit diktatorischen Mitteln« behauptet werden.[266] Richard Bernaschek pochte in einem 1933/34 verfassten Papier darauf, dass die »Wiederherstellung des Parlaments« nicht das Ziel sein könne, sondern der Parlamentarismus müsse durch die »Diktatur des Proletariats« ersetzt werden.[267] – Es gab zweifellos auch Stimmen in der SDAP, die für eine pluralistische Demokratie eintraten, aber diese Gemäßigten und Rechten waren bestimmt nicht jene, die zum bewaffneten Kampf aufriefen und sich daran beteiligten.

Zieht man alle wesentlichen in der Zeit *nach* dem Februaraufstand entstandenen Dokumente heran, so zeigt sich, dass man es sich keinesfalls zum Ziel setzte, die bürgerliche, parlamentarische Demokratie – wie sie 1918 entstanden und 1933/34 vom Dollfuß-Regime ausgeschaltet worden war – wiederherzustellen. Nehmen wir einen programmatischen Beitrag von Otto Bauer. Er schrieb im März 1934 in der Brünner *Arbeiter-Zeitung* unter dem Titel »Neue Wege zum alten Ziel«, dass man in der bürgerlichen Demokratie das Ziel der »sozialistischen Umgestaltung der Gesellschaft« mit dem »friedlichen Mittel des Stimmzettels« habe erreichen wollen. Das heißt, Otto Bauer verharrte auf dem Standpunkt des überaus problematischen sozialdemokratischen Demokratiebegriffs (»Demokratie, das ist nicht viel, Sozialismus ist das Ziel«), der wesentlich dazu beigetragen hatte, die politischen Auseinandersetzungen während der Jahre 1918 bis 1933 zu vergiften. Und worin bestand nun der »neue Weg«? Bauer fasst seine Utopie in einem Satz zusammen: »Nicht die Wiederherstellung der bürgerlichen Demokratie von gestern, sondern eine revolutionäre Diktatur als Übergangsform zu einer echten, auf das Eigentum des Volkes an seinen Arbeitsmitteln und an seinem Arbeitsertrag gegründeten, also sozialistischen Demokratie ist unser Ziel.«[268]

Kurzum, beim Februaraufstand ging es zweifellos um den berechtigten Widerstand gegen das autoritäre, halbfaschistische Regime des Dollfuß und gegen die Beschneidung der hart errungenen Arbeiterrechte. Aber ging es auch um die Wiederherstellung der parlamentarischen Demokratie mit ihrem normalen Parteienspektrum von links bis rechts? Bestimmt nicht! Dass der Februaraufstand 1934 ein Kampf »für Freiheit und Demokratie« gewesen sein soll, wie es später auf Dutzende Gedenksteine gemeißelt wurde, ist eine Projektion aus der Zeit nach 1945, als die Demokratie westlichen Zuschnitts auch unter Sozialdemokraten wieder in Mode gekommen war.[269]

»ARBEITERMÖRDER« DOLLFUSS. Die namentliche Erhebung der Februaropfer und die Analyse ihrer Todesursachen zeigt, dass die Vorwürfe an das Dollfuß-Regime wegen des Einsatzes der Artillerie des Bundesheeres gegen Wohnhäuser nicht haltbar sind. Erstens lag es durchwegs in der Verantwortung der Aufständischen, dass Wohnhäuser zu Kampfschauplätzen wurden. Zweitens setzte man seitens des Bundesheeres die Artillerie sehr dosiert und in der Regel nach ausreichender Vorwarnung ein, wie die verhältnismäßig geringe Zahl der durch den Kanonen- und Minenwerferbeschuss verursachten Todesopfer – selbst unter den Schutzbund-Kombattanten – beweist.

Dass Dollfuß wegen des Artillerieeinsatzes während der Februarkämpfe von der linken Propaganda trotzdem die Marke »Arbeitermörder« umgehängt bekam, versteht sich aus der Logik der unversöhnlichen, ideologisch aufgeladenen politischen Richtungskämpfe der 1930er-Jahre von selbst. Aus heutiger Sicht ist der Vorwurf nicht haltbar. Selbst der vor einigen Jahren in einem Nachrichtenmagazin erhobene spekulative Vorwurf, Dollfuß habe in den Februarkämpfen Giftgas gegen die aufständischen Schutzbündler einsetzen wollen, fällt schon nach oberflächlicher Analyse in sich zusammen. Vielmehr zeigt sich, dass Dollfuß darauf hoffte, durch den Einsatz von Tränengas den Einsatz von Artillerie vermeiden zu können. (Dass es umgekehrt Floridsdorfer Schutzbündler waren, die ernsthaft den Einsatz von hochgiftigem Chlorgas gegen die Polizei erwogen, ist eine traurige Pointe auf die Vorwürfe gegen Dollfuß.)

Die Unmenschlichkeit und Sinnlosigkeit der Hinrichtung von neun Aufständischen steht außer Diskussion. Letztlich war es unklug und im Sinne einer möglichst baldigen Aussöhnung kontraproduktiv, diese Todesurteile vollstrecken zu lassen. Offenkundig war Dollfuß der Meinung, Härte demonstrieren und Rache für die Opfer der eigenen Seite üben zu müssen, während er zugleich den vielen Mitläufern mit einem großzügigen Pardon Großzügigkeit signalisierte.

Es ist allerdings kaum vorstellbar, dass andere Regime in einer ähnlich eskalierten Situation wesentlich anders vorgegangen wären. Im Vergleich zu vielen historischen Beispielen muss man das Vorgehen des Dollfuß-Regimes als verhältnismäßig maßvoll bezeichnen. Die Pläne des Schutzbundes für den Aufstand, in denen beispielsweise die Ausübung des »Klassenterrors« gegen Vertreter bürgerlicher Parteien gefordert wurde, lassen den Schluss zu, dass die Aufständischen als Sieger wahrscheinlich nicht weniger unmenschlich und brutal gehandelt hätten, als das Dollfuß-Regime es tat.

DER PROVOZIERTE AUFSTAND. Einen Vorwurf, und zwar den schlimmsten, kann man Kanzler Dollfuß und seinem Regime nicht ersparen – dass die unbedachte sozialdemokratische Verzweiflungstat bewusst angestachelt, mehr noch, mit voller Absicht heraufbeschworen wurde. Die Last der Indizien, die in diese Richtung weisen, ist erdrückend.

Otto Bauer und die Sozialdemokratie waren 1933/34 längst zu Gefangenen der eigenen radikalen Phrasen und Intransigenz geworden. Als man nach Hitlers Machtantritt im Laufe des Jahres 1933 nach und nach für Zugeständnisse offen wurde, waren alle Tore längst donnernd ins Schloss gefallen. Denn Dollfuß hatte seine einst demokratische Seele längst der faschistischen Heimwehr und dem Faschisten Mussolini verkauft. Auch nur den Versuch zu wagen, sich 1933/34 mit der Sozialdemokratie zu versöhnen und den Abwehrkampf gegen die nationalsozialistische Bedrohung gemeinsam mit dieser zu führen, hätte seinen sofortigen Untergang bedeutet.

Letztlich sollte sich der Sieg des Dollfuß-Regimes gegen die Sozialdemokratie als wahrer Pyrrhussieg erweisen. Auf den Tag genau vier Jahre nach dem Aufstand, am 12. Februar 1938, ging auf Hitlers Berghof in Berchtesgaden der Vorhang zum letzten Akt von Österreichs Tragödie hoch. Aus der Sicht des nachgeborenen Historikers lässt sich eines mit Gewissheit über den sozialdemokratischen Aufstand vom Februar 1934 sagen: Dem Nationalsozialismus und dessen Machtergreifung in Österreich wurde dadurch in die Hände gespielt, wie durch kein zweites Ereignis in der Geschichte der ersten österreichischen Republik.

Anhang

Die Todesopfer des Februaraufstandes

Die folgende alphabetische Auflistung ist das Ergebnis des vom Zukunftsfonds der Republik Österreich geförderten Forschungsprojektes »Die Opfer des Februar 1934«. Es handelt sich um einen stark gekürzten Auszug der erstellten Datenbank, die ungleich mehr Informationen enthält, als hier abgedruckt werden können. Insbesondere muss auf die Nennung der zu jeder einzelnen Person ausgewerteten Quellen verzichtet werden. (Einen generellen Überblick liefert das Literatur- und Quellenverzeichnis ab S. 198.) Die vollständige Datenbank der Februaropfer, die sämtliche von mir erhobenen Informationen enthält, ist auf meiner Website http://www.kurt-bauer-geschichte.at/ abrufbar.

Grundsätzlich wurde in der Erhebung versucht, Kombattanten und Nicht-Kombattanten zu unterscheiden. Für die Zuordnung zu einer Kampfpartei war nicht die bekannte oder vermutete politische Einstellung einer Person ausschlaggebend (sozialdemokratisch, kommunistisch, christlichsozial, nationalsozialistisch etc.), sondern einzig die Frage, ob sie sich auf Seiten der Aufständischen (also im Wesentlichen des Republikanischen Schutzbundes) oder auf Seiten der Regierung in welcher Formation (Polizei, Gendarmerie, Bundesheer, Freiwilliges Schutzkorps) mit der Waffe in der Hand oder aktiv unterstützend am Kampf beteiligten.

Aus diesem Grund wurde beispielsweise ein Kommandant des Republikanischen Schutzbundes, der während oder nach dem Aufstand Selbstmord beging, nicht von vornherein zu den Aufständischen gezählt. Ausschlaggebend für die Zuordnung war vielmehr die Frage, ob er sich an dem Aufstand tatsächlich aktiv beteiligt hatte oder nicht. Häufig ließen sich solche und ähnliche Zweifelsfälle allerdings aufgrund der misslichen Quellenlage, wegen fehlender oder widersprüchlicher Angaben nicht endgültig entscheiden. Deshalb wurde in der Erhebung neben den Kategorien *Aufständische*, *Regierungskräfte* (Polizei, Gendarmerie, Bundesheer, Freiwilliges Schutzkorps) und *Nicht-Kombattanten* (Unbeteiligte, Zufallsopfer) noch die Kategorie *Unklare Fälle* gebildet. Diese enthält Personen, bei denen sich trotz kritischer Prüfung aller vorhandenen Quellen kein Urteil darüber bilden lässt, ob sie sich am Kampf beteiligt hatten oder nicht.

Abschließend ist noch auf eine zeitliche Eingrenzung hinzuweisen: Es wurden nur solche Personen in die Auflistung aufgenommen, die wegen ihrer beim

Februaraufstand (oder als direkte Folge davon) erlittenen psychischen oder physischen Schäden bis Ende des Jahres 1934 aus dem Leben schieden.

Der Sinn der vorliegenden Publikation besteht nicht zuletzt darin, weitere Informationen zu den Opfern des Februar 1934 zu sammeln. Daher bitte ich um Ihre Hilfe! Sollten Ihnen in der vorliegenden Auflistung nicht enthaltene Informationen bekannt sein, kontaktieren Sie mich per E-Mail unter k_bauer@aon.at.

ABLEITINGER, JOHANN. (Auch: Ableidinger.) Geb. 1881; wh. Wien 21; verh., 4 Kinder; Polizeimajor. – Polizei. – Am 13.2., ca. 11 Uhr, bei einer Hausdurchsuchung in der Siedlung Neustraßäcker in Wien-Stadlau durch zwei Schüsse in die Leber und Lunge schwer verletzt. Er starb zu Mittag des 14.2. im AKH.

AGRILL, JULIUS. (Auch: Agril.) Geb. 1915; wh. Linz; ledig; Assistenzmann. – Bundesheer. – Am 12.2. beim Gasthof Jägermayer auf dem Freinberg in Linz durch einen Kopfschuss getötet.

AHRER, JOSEF. Geb. 1908; wh. Steyr, OÖ; verh. (nach einer anderen Quelle ledig); Bauschlosser, arbl. – Schutzbund, Gruppenführer der Wehrturner. – Wurde im Zusammenhang mit dem Tod des Heimatschutzangehörigen Johann Zehetner und dessen Braut Josefine Nagelseder vor das Standgericht gestellt, zum Tode verurteilt und am 17.2., 23.28 Uhr, im Gefängnishof des Kreisgerichts Steyr justifiziert.

ANDRIJOW, JOSEF. (Auch: Andrijov.) Geb. 1902; wh. Wien 21; verh., 2 Kinder; Autogenschweißer der Bundesbahnen. – Unklare Zugehörigkeit. – Am 13.2., gegen 9 Uhr, am Schlingermarkt (Wien 21, Brünner Straße 34–38), in den Oberschenkel getroffen und am 16.2. an den Folgen dieser Verwundung gestorben.

ANGERER, JOSEF. Geb. 1900; wh. Wien 21; gesch., Lebensgefährtin, zwei Kleinkinder; Hilfsarbeiter, arbl. – Kommunist; dürfte auf Seiten des Schutzbundes gekämpft haben. – Vermutl. am 13.2. beim Kampf um den Straßenbahn-Betriebsbahnhof Floridsdorf, Gerichtsgasse 5, schwer verletzt. Starb am 18.2. im Krankenhaus.

ASANGER, MARIA. Geb. 1870; wh. Linz; gesch.; »Schuhmachermeistersgattin«. – Nicht-Kombattantin. – Am Nachmittag des 13.2. in der Hirschgasse in Linz am Fenster ihrer Wohnung stehend durch einen Kopfschuss (nach einer anderen Quelle Lungenschuss) getötet.

ASCHAUER, LEOPOLDINE. Geb. 1886 oder 1888; wh. Wien 13 (heute Wien 14); verh., 1 Kind; Haushalt, Ehemann Disponent. – Nicht-Kombattantin. – Am Nachmittag des 13.2. in der Fenzlgasse, Wien 13 (heute

Wien 14), durch einen »Geller« (abgeprallten Schuss), der sie in den Oberschenkel und Bauch traf, schwer verletzt. Starb kurze Zeit später im Elisabethspital.

AXMANN, JOHANN. Geb. 1915; wh. Wien 21; ledig; Mechanikergehilfe. – Nicht-Kombattant. – Erlitt am Nachmittag des 13.2. in der Angererstraße, Wien 21, einen Lungenschuss, dem er zwei Tage später im AKH erlag. Er hatte gemeinsam mit einem Freund aus dem Fenster gesehen. Als Täter bezeichnet Petri einen auf dem Bahnübergang Angererstraße platzierten MG-Schützen des Schutzbundes.

AXMANN, KONRAD. Geb. 1907; wh. Wien 13; Wachmann. – Polizei. – Am 13.2. bei einer Hausdurchsuchung in der Selzergasse, Wien 14 (heute Wien 15), schwer verletzt und einige Tage später im Elisabethspital gestorben. (Vgl. auch Johann Steinhuber und Franz Villa.)

BELAY, ROBERT. Geb. 1913; wh. Wien 21; ledig; Hilfsarbeiter, arbl. – Vermutl. Nicht-Kombattant. – Wurde als neugieriger Passant am Nachmittag des 13.2. in der Prager Straße, Wien 21, erschossen. Schutzbündler hatten versucht, einen stadteinwärts fahrenden Lkw mit bewaffneten Heimwehrlern mit Schüssen aufzuhalten.

BELOHLAVEK, RUDOLF. (Auch: Belohlawek.) Geb. 1911; wh. Wien 21; ledig; Anstreichergehilfe. – Vermutl. Nicht-Kombattant. – Lt. Petri am 13.2., ca. 9.30 Uhr, als unbeteiligter Passant bei der Einmündung der Floridsdorfer Hauptstraße in den Platz Am Spitz von einem im Schlingerhof verschanzten MG-Schützen tödlich getroffen.

BENESCH, JOSEF. Geb. 1888; wh. Wien 12; verh.; Hotelportier. – Nicht-Kombattant. – Am Morgen des 13.2. auf dem Nachhauseweg vom Nachtdienst an der Ecke Tichtelgasse/Wolfganggasse durch einen Schuss am Hals getroffen. Starb noch am selben Tag im Sophienspital.

BERGER, HEINRICH. Geb. 1873; wh. Wien 10; verh., 1 Kind; Altersrentner. – Nicht-Kombattant. – Am Nachmittag des 13.2. in der Küche seines Wohnhauses in der Siedlung Laaerberg, Wien 10, durch einen Schuss aus Richtung Simmering am Hals getroffen. Er dürfte dieser Verletzung sofort oder am Folgetag erlegen sein.

BERGTHALER, STEFAN. Geb. 1905; wh. St. Peter-Freienstein, Stmk.; verh.; Ziegelformer. – Schutzbund. – Am 13.2., 1 Uhr nachts, beim Angriff des Schutzbundes auf den GP St. Peter-Freienstein durch Kopfschuss getötet.

BERNARD, EDWIN. Wohnhaft Mödling, NÖ; Hilfsarbeiter. – Schutzbund. – Erlitt am 14.2. in Mödling, NÖ, bei einem Erkundungsversuch einen Lungensteckschuss, dem er wenig später erlag.

BERNARD, JOHANN. Geb. 1869; wh. Wien 16; verh., 5 Kinder; Privatbeamter i. P. – Nicht-Kombattant. – Bernard wohnte im Arbeiterheim Ottakring, Wien 16. Als das Haus am 13.2. vom Bundesheer mit Artillerie beschossen wurde, verübte er Selbstmord durch Erhängen.

BIEFEL, RICHARD. (Auch: Biefel-Ostersheim.) Geb. 1913; wh. Linz; ledig; Kanzleibeamter. – Fw. Schutzkorps (HS). – Am 12.2. am Südbahnhof in Linz (heute Südbahnhofmarkt) durch MG-Salven aus der von Schutzbündlern besetzten Diesterwegschule durch Herz- und Lungenschuss getötet.

BINA, JOHANN. Geb. 1916; ledig; Arbeiter. – Unklare Zugehörigkeit. – Starb am 14.2. im Krankenhaus vermutl. als Folge der Februarkämpfe in St. Pölten. Als »Todesart« wird im Totenprotokoll angegeben: »Schädelbasisbruch, Gehirnerschütterung, Zertrümmerung der Leber, innere Verblutung«. Nähere Informationen liegen nicht vor.

BIRKFELLNER, HANS. (Auch: Pirkfellner.) Geb. 1914; wh. Hadersdorf-Weidlingau, NÖ (heute Wien 14); Hilfsarbeiter. – Fw. Schutzkorps (OSS). – Dürfte bei den Kämpfen in Wien oder Wien-Umgebung verletzt worden sein. Starb in der Nacht vom 23. auf den 24.2. im Wilhelminenspital, Wien 16.

BLAT, FERDINAND. (Auch: Blatt.) Geb. 1888; wh. Wien 13 (heute Wien 14); verh., 2 Kinder; Hilfsarbeiter, arbl. – Schutzbund. – Am 12.2., ca. 16 Uhr, in der Penzinger Straße an der Ecke zur Astgasse, Wien 13 (heute Wien 14) durch einen Bruststich getötet. Auf Seiten der Polizei starb der Wachmann Distel.

BLEIWEISS, JOSEF. Geb. 1903; wh. vermutl. in Bruck an der Mur; ledig; Stiftenschläger. – Schutzbund. – Am Nachmittag des 12.2. beim Angriff des Schutzbundes auf die als Kaserne des Freiwilligen Schutzkorps dienende Forstschule Bruck durch Bauchschuss getötet.

BLÖCH, FRANZ. Geb. 1916; wh. Wien 16; ledig; Hilfsarbeiter, arbl. – Vermutl. Nicht-Kombattant. – Am frühen Nachmittag des 12.2. kam es im Sandleitenhof, Wien 16, zu einer Schießerei zwischen Schutzbündlern und Polizei. Blöch dürfte dabei als unbeteiligter Passant in die Brust getroffen worden sein. Er erlag dieser Verletzung einen Tag später.

BOGNERMAYER, BRUNO. (Auch: Bognermayr.) Geb. 1913; wh. vermutl. in Wels (Dienstort); Assistenzmann. – Bundesheer. – Gegen Mittag des 13.2. beim Angriff des Bundesheeres auf den vom Schutzbund besetzten Ort Holzleithen, OÖ, durch einen Bauchschuss getroffen. Erlag später im Krankenhaus Vöcklabruck seiner Verletzung.

BOHRN, JOHANN. Persönliche Daten unbekannt; Soldat. – Bundesheer. – Gehörte zu einem Bundesheerbataillon aus Stockerau, das in Steyr in die

Kämpfe eingreifen sollte. Fiel am 12.2., ca. 20 Uhr, auf der Fahrt nach Steyr in der Nähe von Tulln einem Autounfall zum Opfer.

BRAUN, ANDREAS. Geb. 1906; wh. Wien 7; ledig; Hilfsarbeiter bzw. Mechanikergehilfe. – Vermutl. Nicht-Kombattant. – Lt. Polizeibericht erlitt er am 13.2. in der Blumengasse, Wien 17, einen Lungenschuss und erlag noch am selben Tag im Sophienspital dieser Verletzung. Näheres ist nicht bekannt.

BRUNNER, FRANZ. Geb. 1901; wh. Stammersdorf, NÖ (heute Wien 21); verh.; Oberwachmann. – Polizei. – Erlitt am frühen Morgen des 13.2. bei den Kämpfen um den Straßenbahnhof Floridsdorf schwere Verletzungen, denen er am 17.2. im AKH erlag.

BRUNNER, KARL. Geb. 1904; wh. Bruck an der Mur, Stmk.; ledig; Drahtzieher. – Schutzbund. – Am 13.2. unter nicht näher bekannten Umständen bei den Kämpfen in der Bahnhofstraße oder auf dem Minoritenplatz in Bruck durch einen Brustschuss getötet.

BRUNNER, THOMAS. (Auch: Brünner.) Geb. 1880; wh. Wien 21; verh., 3 Kinder; Hausbesorger, arbl. – Vermutl. Nicht-Kombattant. – Erlitt am frühen Vormittag des 13.2. in der Angererstraße, Wien 21, einen tödlichen Kopfschuss.

BUCHINGER, ALOIS. (Auch: Franz.) Geb. 1915; wh. Linz; Assistenzmann. – Bundesheer. – Um die Mittagszeit des 12.2. auf der Eisenbahnbrücke über die Donau in Linz durch einen Kopfschuss getötet.

BUCHMAYR, JOHANN. (Auch: Buchmayer.) Geb. vermutl. 1914; wh. Steyr, OÖ; ledig; Tischler. – Schutzbund. – Am 13.2. auf der Ennsleite in Steyr während des Rückzuges per Kopfschuss von Bundesheersoldaten getötet.

BULGARI, ANTON. Geb. 1877; wh. Linz; verh., 2 Kinder; Schildermaler der Poschacher Brauerei. – Schutzbund. – War an der Erschießung von drei Angehörigen des Bundesheeres am Nachmittag des 12.2. auf dem Polygonplatz in Linz beteiligt. Er kam deshalb am 21.2. vor ein Standgericht in Linz, das ihn am 22.2. zum Tod verurteilte und hinrichtete.

BUTTINGER, GEORG. Geb. 1896; wh. Nettingsdorf bei Ansfelden, OÖ; verh.; Kriegsinvalide, Pensionist. – Schutzbund. – Der Kriegsinvalide Buttinger ermordete am Abend des 12.2. den Ansfeldener Heimwehrführer Pollhammer durch einen Kopfschuss, als dieser die Herausgabe seiner Waffen forderte. Anschließend verschanzte sich Buttinger im ersten Stock seines Hauses und feuerte auf die anrückenden Sicherheitsorgane. Als er immer mehr in Bedrängnis geriet, verübte er am 13.2., ca. 4.30 Uhr, Selbstmord.

BUTTINGER, JOHANN. (Auch: Puttinger.) Geb. 1901; wh. vermutl. in Frohnleiten; verh. – Fw. Schutzkorps (HS). – Am 14.2. in den Bergen zwischen

Bruck an der Mur und Frohnleiten, Stmk., beim Kampf mit aus Bruck flüchtenden Schutzbündlern erschossen.

CENEC, ERNST. (Auch: Zenek oder Cenek.) Geb. 1895; wh. Wien 20; Rayonsinspektor. – Polizei. – Gehörte am Nachmittag des 13.2. zur Bewachungsmannschaft des Zuges der Gefangenen vom Gemeindebau Schlingerhof, Wien 21, zum BPK Floridsdorf. Wurde an der Ecke Brünner Straße/Kretzgasse (heutige Weisselgasse) durch einen Schuss getötet.

CERNITZKY, KLEMENT. (Auch: Cernicky.) Geb. 1912; wh. Wien 12; verh., 2 Kinder; Fleischhauergehilfe, arbl. – Nicht-Kombattant. – Am 13.2. im Liebknechthof, Wien 12, durch einen Schuss in den Bauch schwer verletzt und erlag dieser Verletzung am Folgetag im Sophienspital. Lt. Polizeibericht soll er zuvor einen verletzten Bundesheersoldaten geborgen und zum Arzt gebracht haben und deshalb von Schutzbündlern erschossen worden sein.

CERNY, JOSEF. Geb. 1904; wh. Wien 17; Wachmann. – Polizei. – Am Nachmittag oder Abend des 12.2. im Bereich Koppstraße/Ganglbauergasse, Wien 16, beim Kampf um die Polizeiwachstube Panikengasse verletzt und am folgenden Tag gestorben.

CHOBOT, KARL. (Auch: Kobuth.) Geb. 1894; wh. Linz; verh.; Gemeindearbeiter. – Schutzbund. – Starb am 13.2. beim Priemergut in Linz (ungefähr im Bereich Derflingerstraße/Paul-Hahn-Straße). Ursache lt. Sterbeschein: »Tod durch Erschießen«. Näheres ist nicht bekannt.

CHRIST, KARL. Geb. 1891; wh. Wien 16; verh., 1 Kind; Bäckergehilfe. – Schutzbund. – Lt. Polizeibericht am 12.2., ca. 18 Uhr, in der Thaliastraße, Wien 16, angeschossen und später von der Rettungsgesellschaft in einem Hausflur tot aufgefunden.

CHRISTOFSKY, HERMINE. (Auch: Klistovsky sowie Johanna.) Geb. 1920; wh. Wien 16; ledig; außereheliche Tochter eines Polizisten. – Nicht-Kombattantin. – Die 13-jährige Hermine war am 13.2. von ihrer Mutter ausgeschickt worden, um Brot zu kaufen. An der Ecke Heigerleinstraße/Seeböckgasse, Wien 16, wurde sie durch einen Kopfschuss getötet.

CZELEC, FRANZ. Geb. 1893; wh. Graz; ledig; Straßenbahner. – Unklare Zugehörigkeit. – Am 12.2. beim Gemeindeamt in Eggenberg bei Graz (in der Nähe der Kampfstätten beim Konsumverein) durch einen Kopfschuss getötet.

DISTEL, LEOPOLD. (Auch: Diestl.) Geb. 1904; wh. Wien 13 (heute Wien 14); Wachmann. – Polizei. – Am Nachmittag des 12.2. kam es bei der Gemeindewohnanlage Schimon-Hof, Wien 13 (heute Wien 14), zu einem Zusammenstoß zwischen einer Polizeipatrouille und einer Gruppe von Schutzbündlern. Es entwickelte sich ein Feuergefecht, bei dem Distel starb. Der Schutzbündler Blat wurde ebenfalls getötet.

DIGRUBER, FRANZ. Geb. 1889; wh. Wien 21; verh., 1 Kind; Straßenbahnschaffner. – Vermutl. Nicht-Kombattant. – Am Morgen des 13.2. während der Kämpfe von Schutzbündlern mit der Polizei im Dienstraum des Straßenbahn-Betriebsbahnhofs Floridsdorf durch einen Halsschuss getötet.

DOBROVA, VIKTOR. (Auch: Dobrawa oder Dowrawa.) Geb. 1903; wh. Wien 16; verh., 1 Kind; Elektrikergehilfe, arbl. – Vermutl. Nicht-Kombattant. – Erlitt am 13.2. an der Ecke Heigerleinstraße/Seeböckgasse, Wien 16, eine schwere Verletzung durch einen Lungenschuss. Erlag dieser Verletzung am 20.2. im Wilhelminenspital.

DORFMEISTER, FRIEDRICH. Geb. 1913; wh. Behamberg, NÖ; verh.; Bauernsohn, Schmied. – Fw. Schutzkorps (HS). – Erlitt am 13.2. bei den Kämpfen in Steyr, OÖ, nahe einer Kleingartensiedlung einen Bauchschuss und zwei Fußschüsse und erlag diesen Verletzungen zwei Tage später im LKH Steyr.

DRECHSLER, EUGEN. Geb. 1880; wh. Wien 18; Oberinspektor der Bundesbahnen i. P. – Fw. Schutzkorps (HS), Bataillonskommandant. – Zog sich bei den Kämpfen um St. Marx, Wien 3, eine Lungenentzündung zu, deren Folgen er am 3.3. im Spital der Barmherzigen Brüder erlag.

DULLNIG, FRANZ. (Auch: Alois.) Geb. 1908; wh. Trofaiach, Stmk.; Assistenzmann. – Fw. Schutzkorps (FB). – Am 13.2., 1 Uhr nachts, griffen Angehörige des Schutzbundes den GP St. Peter-Freienstein ein. Dullnig erlitt einen Bauchschuss, dem er nach kurzer Zeit im LKH Leoben erlag. Der Postenkommandant Mayer und der Schutzbündler Bergthaler kamen ebenfalls ums Leben.

DYKAST, JOSEF. (Auch: Franz.) Geb. 1912; wh. Wien 12; Kraftwagenlenker. – Fw. Schutzkorps (HS). – Gehörte einer Gruppe des Wiener Heimatschutzes an, die am Vormittag des 13.2. in der Grillgasse, Wien 11, ins Kreuzfeuer des Schutzbundes geriet. Er wurde dabei schwer verletzt und erlag einen Tag später dieser Verletzung.

EIBINGER, JOSEF. Geb. 1913; wh. vermutl. in Graz (Dienstort); Assistenzmann. – Bundesheer. – Am 13.2., nach 1.30 Uhr, bei den Kämpfen um das Konsumvereinsgebäude in Eggenberg bei Graz durch einen Kopfsteckschuss getötet.

EISELSBERG, PAUL. Geb. 1910; wh. Wels (Dienstort); ledig; Korporal. – Bundesheer. – Am Nachmittag des 12.2. auf dem Polygonplatz in Linz gemeinsam mit Oberleutnant Heinrich Nader und Alpenjäger Josef Mangl von Schutzbündlern durch einen Bauchschuss getötet.

ETZELT, RUDOLF. Geb. 1912; wh. Wien 21; ledig; Schuhmachergehilfe. –

Vermutl. Nicht-Kombattant. – Am Nachmittag des 13.2. beim Zug der Gefangenen vom Gemeindebau Schlingerhof, Wien 21, zum BPK Floridsdorf vor dem Tor des Kommissariats durch einen Bauchschuss getötet.

FÄRBER, JOSEF. Geb. 1905; wh. St. Michael, Stmk. (Dienstort); verh.; Gendarm. – Gendarmerie. – In den frühen Morgenstunden des 14.2. beim Angriff des Schutzbundes auf die Unterkunft des Freiwilligen Schutzkorps in St. Michael, Stmk., durch einen Lungenschuss getötet. Neben ihm fielen diesem Angriff noch vier Schutzkorpsleute zum Opfer.

FASCHING, RUDOLF. Geb. 1905; wh. Wien 10; gesch.; Elektriker, arbl. – Vermutl. Schutzbund. – Am 13.2. mit einer schweren Schussverletzung ins Elisabethspital, Wien 14, eingeliefert. Erlag seiner Verletzung am 15.2. Näheres ist nicht bekannt.

FEICHTINGER, ANTON. Geb. April 1908; wh. vermutl. in Linz; ledig; Schuhmachermeister. – Vermutl. Schutzbund. – Am Nachmittag des 12.2. am Südbahnhof in Linz (heute Südbahnhofmarkt) bei den Kämpfen um das Gebäude der Kreiskrankenkasse erschossen.

FELGENHAUER, FRANZ. Geb. 1906; wh. Wien 21; ledig; Maschinist bzw. Hilfsarbeiter. – Unklare Zugehörigkeit. – Am Vormittag des 13.2. vermutl. als unbeteiligter Passant bei der Einmündung der Floridsdorfer Hauptstraße in den Platz Am Spitz von einem im Schlingerhof verschanzten MG-Schützen tödlich getroffen. Obwohl von Petri als Nicht-Kombattant gewertet, scheint er in der Opferliste des Heimatschutzes auf.

FELLINGER, KARL. Geb. 1913; wh. Thomasroith, OÖ; ledig; Bergmann. – Schutzbund. – Am 12.2., nachts, bei den Kämpfen um das Arbeiterheim Holzleithen, OÖ, durch einen Kopfschuss getötet.

FELS, ALOIS. Geb. 1910 (nach einer anderen Angabe 1905); wh. Wien 2; ledig; Friseurgehilfe, arbl. – Schutzbund, Wehrturner. – Gehörte zu einer Gruppe von Wehrturnern, die in einer Wohnung in der Lessinggasse, Wien 2, Bereitschaft hielten. Am 14.2., gegen 16 Uhr, rückte die Polizei an, um die Versammelten zu verhaften. Es kam zu einer Auseinandersetzung, bei der Fels durch Bajonettstiche getötet wurde. Auch der Kriminalinspektor Matthias Wallner kam beim Kampf in der Wohnung ums Leben.

FERBL, JOHANN. Geb. 1886; wh. Wien 21; verh.; Maschinist und Hilfsarbeiter. – Nicht-Kombattant. – Am frühen Abend des 13.2. an einer Barrikade des Schutzbundes in der Nähe des Straßenbahn-Betriebsbahnhofs Kagran, Wien 21 (heute Wien 22), durch einen Brust- und Oberarmschuss schwer verletzt und einen Tag später im Spital der Barmherzigen Brüder gestorben. Ferbl war Mitfahrer eines Lieferwagens.

FINK, JOHANN. (Auch: Georg.) Wohnhaft vermutl. in Linz; Gefreiter. – Bundesheer. – Starb am 7./8.3. im AKH an einer Lungenentzündung, die er sich am 12.2. bei den Kämpfen um das Gasthof Jägermayer auf dem Freinberg in Linz zugezogen hatte.

FLECK, FRANZ. Geb. 1875; wh. vermutl. in Graz; verh., 3 Kinder; Polizeibezirksinspektor. – Polizei. – Am frühen Nachmittag des 12.2. besetzten Schutzbündler die Polizeiwachstube Hackhergasse in Graz. Die bald danach eintreffende Überfallsbereitschaft der Grazer Polizei erhielt aus den Fenstern der gegenüberliegenden Hirtenschule »ein mörderisches Feuer«, wodurch vier Sicherheitswachebeamte ums Leben kamen. Ein weiterer Vorstoß gegen die Wachstube kostete Franz Fleck das Leben.

FLECK, GUSTAV. Geb. 1907; wh. vermutl. in Bruck an der Mur, Stmk.; ledig; Hilfsarbeiter, arbl. – Schutzbund. – Am Nachmittag des 12.2. beim Angriff des Schutzbundes auf die als Kaserne des Freiwilligen Schutzkorps dienende Forstschule Bruck durch einen Oberschenkelschuss schwer verletzt und kurz darauf im LKH Bruck verstorben.

FLETZBERGER, ADOLF. Geb. 1879; wh. Wien 21; verh.; Bundesbahnpensionist. – Nicht-Kombattant. – Am frühen Nachmittag des 13.2. in der Schloßhofer Straße, Wien 21, durch einen Oberschenkelschuss getötet. Er war gerade unterwegs, um seine Kaninchen zu betreuen.

FRÄNKEL, WILHELM. (Auch: Fränkl.) Geb. 1897; wh. Wien 21; geschieden, Lebensgefährtin; Privatbeamter. – Unklare Zugehörigkeit. – Am 13.2., ca. 17.30 Uhr, im Hof seines Wohngebäudes (FAC-Bau, heute Paul-Speiser-Hof, Wien 21) aufgrund des Artilleriebeschusses durch das Bundesheer getötet. Seine Lebensgefährtin wurde dabei schwer verletzt.

FRIEDREICH, ROBERT. (Auch: Friedrich.) Geb. 1909; wh. Wien 21; verh., 1 Kind; Hilfsarbeiter. – Unklare Zugehörigkeit. – Geriet am 14.2., ca. 10 Uhr, in der Patrizigasse beim Angriff des Bundesheeres auf das Arbeiterheim Floridsdorf in der Angererstraße in die Feuerlinie und erlitt durch einen Bauchschuss tödliche Verletzungen.

FRIEDRICH, VIKTOR. Geb. 1897; wh. Wien 3; Polizeistabshauptmann. – Polizei. – Am Morgen des 13.2. bei den Kämpfen um den Straßenbahn-Betriebsbahnhof Floridsdorf durch einen Kopf- und mehrere Brustschüsse getötet. Friedrich war illegaler Nationalsozialist. Er war an der ursprünglichen Planung eines von der Wiener Polizei ausgehenden NS-Putsches in Österreich beteiligt gewesen.

FRIESENECKER, HEINRICH. (Auch: Friesenegger.) Geb. 1891; wh. Wien 16; verh.; Hilfsarbeiter, nach einer anderen Quelle Schneidergehilfe. – Schutzbund. – Am 13.2. in der Thaliastraße, Wien 16, durch einen Kopfschuss schwer verletzt und kurze Zeit später im Krankenhaus gestorben.

FUCHS, JOHANN. Wohnhaft vermutl. in Graz; verh., 4 Kinder. – Fw. Schutzkorps (FB). – Er wurde in der Nacht vom 18. auf 19.3. am Lendkai in Graz von mehreren Männern überfallen, durch einen Schuss in den Hinterkopf getötet und anschließend in die Mur geworfen. Ein Racheakt ist wahrscheinlich. Johann Fuchs dürfte mit dem Henker von Josef Stanek verwechselt und deshalb ermordet worden sein.

GABRIEL, JOSEF. Geb. 1912; wh. Wien 14; Assistenzmann. – Bundesheer. – Im Laufe des 13.2. bei den Kämpfen um die um den Herderplatz in Wien-Simmering gruppierten Gemeindewohnanlagen durch einen Kopfschuss getötet.

GAMMEL, FLORIAN. Geb. 1901; wh. Eggenberg bei Graz; verh.; Gemeindearbeiter. – Unklare Zugehörigkeit. – Es dürfte sich um einen der getöteten Schutzbündler oder Unbeteiligten der Kämpfe in Eggenberg handeln. Näheres ist nicht bekannt, nur dass er am 18.2. im Barmherzigenspital an den Folgen eines Bauchschusses starb.

GARTLER, JOSEF. (Auch: Johann.) Geb. 1909; wh. vermutl. in Bruck an der Mur, Stmk. (Dienstort); ledig; Gendarmerie-Aspirant. – Gendarmerie. – Am frühen Nachmittag des 12.2. beim Angriff des Schutzbundes auf die Gendarmeriekaserne in Bruck durch ein Fenster des Wachzimmers tödlich getroffen.

GÄRTNER, JOSEF. (Auch: Gartner.) Geb. 1883; wh. Wien; Revierinspektor. – Polizei. – Gärtner war Revierkommandant des Wachzimmers in der Anstalt »Am Steinhof«, Wien 13 (heute Wien 14). Als er am 12.2., ca. 17 Uhr, mehrere Männer zur Ausweisleistung aufforderte, wurde er von diesen erschossen. In weiterer Folge starben bei dem Zusammenstoß auch der Polizist Prassnik und der Schutzbündler Ludvicek.

GEGENDORFER, JOSEF. Geb. 1907; wh. Gußwerk, Stmk. (Dienstort); ledig; Gendarm. – Gendarmerie. – Am 13.2., knapp nach Mitternacht, gingen in Thörl, Stmk., Regierungskräfte gegen das sozialdemokratische Vereinsheim vor, wo sich Schutzbündler gesammelt und verschanzt hatten. Es entwickelte sich ein Feuergefecht, bei dem Gegendorfer schwer verletzt wurde. Er erlag seinen Verletzungen wenige Stunden später im LKH Bruck an der Mur.

GEGENHUBER, THERESE. (Auch: Marie.) Geb. 1894; wh. Wien 3; gesch., 1 Kind; Spitalsangestellte. – Nicht-Kombattantin. – Am 14.2. im Stiegenhaus vor ihrer Wohnung im Wildganshof, Wien 3, durch zwei Schüsse in den Schädel getötet. Verantwortlich für diese Tat dürften Bundesheersoldaten gewesen sein, die die Gemeindewohnanlage stürmten. Aus dem Wildganshof hatten zuvor Schutzbündler die schräg gegenüberliegende Rennweg-Kaserne mit einem MG beschossen.

GEISLER, KARL. Geb. 1912; wh. Wien 21; ledig; Tischlergehilfe, arbl. – Schutzbund, Sanitäter. – Am Nachmittag des 13.2. beim Zug der Gefangenen vom Gemeindebau Schlingerhof, Wien 21, zum BPK Floridsdorf bei der Brünner Straße 30 durch einen Schuss getroffen. Erlag am 14.2. im AKH seiner Verwundung.

GERBEL, KARL. Geb. 1878; wh. Linz; verh.; Werkmeister des Städtischen Wirtschaftshofs. – Unklare Zugehörigkeit. – Verübte am 7.3.1934 Selbstmord durch Erschießen. Könnte sich lt. einer dem Sterbeschein des Stadtarchivs Linz beigefügten Notiz »wegen drohender disziplinärer Maßnahmen im Zusammenhang mit den Ereignissen des 12.II.1934« selbst getötet haben.

GFÖLLNER, FRANZ. (Auch: Gfällner.) Geb. 1915: wh. Linz (Dienstort); Assistenzmann. – Bundesheer. – Am 12.2. beim Gasthof Jägermayer auf dem Freinberg in Linz durch einen Kopfschuss getötet.

GIEB, RUDOLF. Geb. 1894; wh. Wien 2; Hauptmann. – Bundesheer. – Am Abend des 12.2. als Anführer einer Patrouille des Bundesheeres im Reumannhof am Margaretengürtel, Wien 5, durch Kopfschuss getötet.

GÖTTLICHER, FRANZ. Geb. 1886; wh. Wien 12; verh., 1 Kind; Schaffner. – Nicht-Kombattant. – Geriet lt. Polizeibericht zu Mittag des 13.2. auf dem Weg in den Dienst in der Eichenstraße, Wien 12, mit Schutzbündlern in Konflikt, die gerade die Geleise der Lokalbahn Wien–Baden zerstören wollten. Er erlitt einen Bauchschuss und starb am 17.2. im Elisabethspital.

GRASS, ROLAND. Geb. 1882; wh. Graz (Dienstort); ledig; Stabsrittmeister. – Gendarmerie. – Am Nachmittag des 12.2. geriet eine Abteilung der Gendarmerie beim Konsumvereinsgebäude in Eggenberg bei Graz in das Kreuzfeuer der in umliegenden Gebäuden verschanzten Schutzbündler. Graß erlitt einen Lungenschuss und erlag dieser Verletzung am 15.2. im Barmherzigenspital.

GREPPEL, ANTON. Geb. 1872; wh. Wien 21; verh., 1 Kind; Bundesbahnpensionist. – Vermutl. Nicht-Kombattant. – Am Nachmittag des 13.2. beim Zug der Gefangenen vom Gemeindebau Schlingerhof, Wien 21, zum BPK Floridsdorf vor dem Tor des Kommissariats durch einen Herzschuss getötet.

GRÖBL, FRANZ. (Auch: Gröbel.) Geb. 1898; wh. Wien 21; verh.; Elektromonteur, arbl. – Vermutl. Nicht-Kombattant. – Am Nachmittag des 13.2. beim Zug der Gefangenen vom Gemeindebau Schlingerhof, Wien 21, zum BPK Floridsdorf bei der Brünner Straße 30 durch einen Schuss getötet.

GROISS, KARL. (Auch: Groiß oder Krois.) Geb. 1903; wh. Hausruckedt, Gem. Ottnang am Hausruck, OÖ; ledig; Bergmann. – Schutzbund. – Am

13.2., ca. 17 Uhr, auf der Flucht aus dem Arbeiterheim Holzleithen, OÖ, vermutl. von einem Heimwehrmann erschossen.

GROSS, JOHANN. (Auch: Groß.) Geb. 1898; wh. Wien 11; Rayonsinspektor. – Polizei. – Zu Mittag des 13.2. beim Kampf um den Schlingerhof, Wien 21, durch Flankenfeuer vom Floridsdorfer Nordbahnhof her schwer verletzt. Er erlag den erlittenen Kopf- und Bauchschüssen am 15.2. im AKH.

GUTH, FRANZ. Geb. 1914; wh. Wien 21; ledig; Hochschüler bzw. Privatbeamter. – Nicht-Kombattant. – Am Vormittag des 14.2. bei der Beschießung von Groß-Jedlersdorf, Wien 21, durch die Artillerie des Bundesheeres durch ein Geschossstück am Bauch schwer verletzt. Erlag seiner Verletzung wenige Stunden später im AKH.

GÜTTL, WALTER. Geb. 1921; wh. Wien 16; ledig; Realschüler. – Nicht-Kombattant. – Der 13-jährige Schüler wurde am Nachmittag des 13.2. im Stiegenhaus seines Wohnhauses in der Haslingergasse, Wien 16, durch einen Schuss in den Hals getötet.

HACKL, SIMON. Geb. 1892; wh. vermutl. in Bruck an der Mur; verh.; Lokomotivführer. – Nicht-Kombattant. – Erlag am Morgen des 13.2. den Folgen einer Verletzung, die er während der Kämpfe in Bruck an der Mur, Stmk., »im Dienste« erhalten hatte. Näheres ist nicht bekannt.

HAGER, ANNA. Geb. 1902; wh. Zell am Pettenfürst, OÖ; Magd. – Nicht-Kombattantin. – Am frühen Morgen des 13.2. kam es beim Gasthaus »Kaiserwirt« in Zell am Pettenfirst, OÖ, zu Kämpfen zwischen Schutzbündlern und der dort stationierten Heimwehr. Dabei wurde der Schutzbündler Reisenberger tödlich und der örtliche Heimwehrführer Zuckerriegel schwer verletzt. Die Magd Anna Hager erlitt einen Lungendurchschuss. Sie erlag dieser Verletzung am 22.2. im Krankenhaus Vöcklabruck.

HAHN, JOHANN. Geb. 1911; wh. vermutl. in Bruck an der Mur, Stmk.; ledig; Gärtner. – Schutzbund. – Am Nachmittag des 12.2. beim Angriff des Schutzbundes auf die als Kaserne des Freiwilligen Schutzkorps dienende Forstschule Bruck getötet.

HAIDER, FRANZ. (Auch: Heider.) Geb. 1902; wh. Wien 16; ledig; Fleischhauer. – Fw. Schutzkorps (HS). – Am Abend des 12.2. geriet eine Kampfgruppe des Wiener Heimatschutzes im Südtrakt des Karl-Marx-Hofes, Wien 19, in das Kreuzfeuer der Schutzbündler. Haider wurde durch zwei Kopfschüsse getroffen und starb an Ort und Stelle.

HALLMANN, VIKTOR. Geb. 1882; wh. Wien 10; verh., 1 Kind; Hilfsarbeiter, arbl. – Vermutl. Nicht-Kombattant. – Am Nachmittag des 12.2. in der Quellenstraße, Wien 10, durch einen Kopfschuss getötet.

HALWIDL, JOSEFA. Geb. 1899; wh. Wien 17; ledig; Kontoristin, arbl. – Nicht-

Kombattantin. – Halwidl war am Nachmittag des 13.2. gerade unterwegs, um ihren Vater zu besuchen, als sie an der Ecke Heigerleinstraße/Seeböckgasse, Wien 16, einen tödlichen Herzschuss erlitt.

HAMPERL, JOHANN. (Auch: Hampel.) Geb. 1899; wh. Wien 21; verh., 1 Kind; Gemeindeangestellter. – Schutzbund. – Erlitt am Morgen des 13.2. beim Angriff des Schutzbundes auf den Floridsdorfer Bahnhof mehrere Schussverletzungen, denen er am 15.2. im AKH erlag. Lt. Petri war er bei der Besetzung des Bahnhofs durch das »blindwütige Feuer« der eigenen Leute getroffen worden.

HANZL, ARNULF. (Auch: Hansl.) Geb. 1927; wh. Wien 21; ledig; Sohn eines Bankbeamten. – Nicht-Kombattant. – Der sechsjährige Schüler wurde am späten Nachmittag des 13.2. in der elterlichen Wohnung durch das geschlossene Fenster erschossen. Lt. Petri sollen junge Kommunisten zu dieser Zeit mutwillig in die Wohnungen »missliebiger Personen« gefeuert haben.

HARRER, FRANZISKA. Geb. 1892; wh. Wien 13 (heute Wien 14); verh.; Hilfsarbeiterin, arbl. – Nicht-Kombattantin. – Franziska Harrer befand sich gegen Mittag des 13.2. gemeinsam mit ihrem Ehemann auf dem Nachhauseweg von der Arbeitsnachweisstelle Thaliastraße. In der Eisnergasse, Wien 16, wurde sie »durch eine verirrte Gewehrkugel« (Polizeibericht) erschossen.

HASLAUER, EMIL. Geb. 1886; wh. Leoben, Stmk.; verh.; Elektrotechniker. – Fw. Schutzkorps (HS), Zugskommandant. – In der Nacht vom 12. auf den 13.2. bei den Kämpfen im Raum Leoben-Donawitz-Göß durch einen Schläfenschuss getötet.

HASLAUER, FRANZ. (Auch: Haslbauer.) Geb. 1913; wh. Linz (Dienstort); ledig; Soldat. – Bundesheer. – Am 12. oder 13.2. beim Lyzeum in Linz (Körnerschule) durch Lungenschuss getötet.

HAVLICEK, KARL. (Auch: Hawlicek.) Geb. 1885; wh. Steyr, OÖ; Schlosser. – Vermutl. Nicht-Kombattant. – Am 13.2. in seiner Wohnung auf der Ennsleiten in Steyr durch den Artilleriebeschuss des Bundesheeres getötet.

HEGER, JOHANN. Geb. 1909; wh. Wien 21; ledig; Schlossergehilfe. – Schutzbund. – Erlitt am Vormittag des 13.2. bei der Besetzung des Straßenbahn-Betriebsbahnhofes Floridsdorf durch den Schutzbund einen tödlichen Leistenschuss.

HEIDER, JOHANN. (Auch: Haider.) Geb. 1893; wh. Wien 20; verh., 2 Kinder; Retuscheur. – Vermutl. Nicht-Kombattant. – Er wollte am 14.2. im Karl-Marx-Hof, Wien 19, einen Lungenfacharzt aufsuchen und wurde dabei durch einen Schuss in die Brust so schwer verletzt, dass er einen Tag später im AKH starb.

HEINZELMAYER, ALOIS. (Auch: Hainzelmaier.) Geb. 1913; wh. Wien 21; ledig; Fleischergehilfe, nach anderen Quellen Hilfsarbeiter, arbl. – Unklare Zugehörigkeit. – Am 12.2., nach 17 Uhr, bei einer »Straßensäuberungsaktion« der Sicherheitswache vor seinem eigenen Wohnhaus (Wien 21, Schenkendorfergasse 24) durch einen Bauchschuss schwer verletzt und am 25.2. im AKH verstorben. Es ist unmöglich festzustellen, ob er zu den Demonstranten gehört hatte oder als unbeteiligter Anrainer zu werten ist.

HEJTMANN, JOSEF. Geb. 1899; wh. Mödling; verh.; Tischlergehilfe. – Nicht-Kombattant. – Er geriet am Vormittag des 14.2. in Mödling in das Feuer des Bundesheeres, das vom Kloster St. Gabriel aus die Arbeitersiedlung »Fünfhaus« beschoss und starb durch einen Kopfschuss.

HELLER, GUSTAV. (Auch: Friedrich.) Geb. 1876; wh. Wien 21; verh.; Bundesbahnpensionist. – Vermutl. Nicht-Kombattant. – Am Nachmittag des 13.2. beim Zug der Gefangenen vom Gemeindebau Schlingerhof, Wien 21, zum BPK Floridsdorf an der Ecke Brünner Straße/Kretzgasse (heute Weisselgasse) durch einen Bauchschuss verletzt. Starb am 14.2. im AKH.

HEMMER, LEOPOLD. Geb. 1905; wh. vermutl. in Bruck an der Mur, Stmk.; Beamter des Bezirksausschusses. – Schutzbund. – Er gehörte zu den Schutzbündlern, die in der Nacht vom 12. auf den 13.2. aus Bruck geflüchtet waren. Als am Morgen des 14.2. die Exkutive auf das Versteck vorrückte, in dem eine Gruppe von Schutzbündlern übernachtet hatte, erschoss Hemmer sich mit seiner Pistole.

HERBST, WILHELM ING.. Geb. 1883; wh. Steyr, OÖ; verh., 1 Kind; Direktor der Steyr-Werke AG. – Nicht-Kombattant. – Er wurde, als er am 12.2., gegen Mittag, das Werk mit einem von ihm selbst gelenkten Auto verlassen wollte, durch einen oder mehrere Gewehrschüsse getötet.

HILBER, AUGUST. (Auch: Gustav.) Geb. 1909; wh. Steyr, OÖ; ledig; Elektriker in den Steyr-Werken. – Schutzbund. – Hilber war als MG-Beobachter in einem der vom Schutzbund besetzten Häuser der Ennsleite in Steyr postiert. Am Morgen des 13.2. wurde er beim Artilleriebeschuss durch das Bundesheer getötet.

HÖBEL, JOHANN. (Auch: Höbl.) Geb. 1876; wh. Straßgang, Stmk. (heute Graz); verh., 5 Kinder; Gendarmerie-Bezirksinspektor. – Gendarmerie. – Am späten Nachmittag des 12.2. in Straßgang bei Graz beim Versuch, in den Dachboden eines Hauses einzudringen, in dem sich Schutzbündler gesammelt hatten, durch insgesamt fünf Schüsse getötet.

HOBLER, BERNHARD. Geb. 1897; wh. Wien 21; verh., 1 Kind; Lokomotivführer der Bundesbahnen. – Fw. Schutzkorps (HS). – Hobler war der Lokomotivführer eines Panzerzuges, der am Vormittag des 13.2. durch das von Aufständischen besetzte Gebiet entlang der Nordbahnstrecke in Wien-Floridsdorf geführt wurde. Beim Passieren des Bahnhofs Floridsdorf wurde er tödlich in den Bauch getroffen.

HOFER, KARL. Geb. 1863; wh. vermutl. in Bruck an der Mur; Aushilfswachmann und Schuhmacher. – Vermutl. Nicht-Kombattant. – Am Nachmittag des 13.2. in Bruck durch einen Lungenschuss getötet. Näheres ist nicht bekannt.

HOFMANN, JOHANN. (Auch: Hoffmann.) Geb. 1861; wh. Wien 16; verwitwet, 4 Kinder; Tischlermeister. – Nicht-Kombattant. – Erlitt am 13.2. vermutl. in der Herbststraße, Wien 16, einen Kopfschuss und erlag dieser Verletzung noch am selben Tag im Elisabethspital.

HOFSTÄTTER, RUDOLF. (Auch: Hofstetter.) Personenandaten unbekannt; Soldat. – Bundesheer. – Im Laufe des 13.2. bei den Kämpfen um die Ennsleite in Steyr durch einen Herzschuss getötet.

HOLAS, JOSEF. Geb. 1882; wh. Wien 14; verh., 1 Kind; Schlossermeister. – Nicht-Kombattant. – Holas wurde am 13.2. auf dem Weg von seiner Wohnung in seine Werkstatt beim Überqueren der Herbststraße, Wien 16, durch einen Beckenschuss schwer verletzt. Er erlag dieser Verletzung in der ersten Hälfte des März 1934 im AKH.

HÖLLER, JOHANN. Geb. 1913; wh. Linz (Dienstort); ledig; Assistenzmann. – Bundesheer. – Am 12.2. beim Gasthof Jägermayer auf dem Freinberg in Linz durch einen Bauchschuss verletzt, kurze Zeit später im Krankenhaus der Barmherzigen Brüder gestorben.

HÖLLER, KARL. Geb. 1916; wh. Wien 12; Automechaniker. – Fw. Schutzkorps (HS). – Gehörte einer Gruppe des Wiener Heimatschutzes an, die am Vormittag des 13.2. in der Grillgasse, Wien 11, ins Kreuzfeuer des Schutzbundes geriet. Er wurde dabei schwer verletzt und erlag am 16.2. im Spital dieser Verletzung.

HOLY, LEOPOLD. (Auch: Holly.) Geb. 1899; wh. Wien 17; verh.; Monteur, arbl. – Schutzbund. – Am Morgen des 13.2. sammelten sich ungefähr 25 bewaffnete Schutzbündler in einer Wohnung im Türkenritthof, Wien 17. Als die Polizei anrückte, um die Wohnung zu durchsuchen, kam es zu einem Handgemenge. Holy wurde dabei erschossen.

HOLZER, GEORG. Geb. 1890; wh. Wien 6; Rayonsinspektor. – Polizei. – Gegen Mittag des 13.2. geriet eine gegen den Schlingerhof, Wien 21, vorgehende Gruppe der Polizei ins Kreuzfeuer der Schutzbündler. Holzer wurde tödlich in die Brust getroffen.

HOLZER, JOSEF. Geb. 1906; wh. vermutl. in Graz; verh.; Zimmermann. – Unklare Zugehörigkeit. – Vermutl. einer der getöteten Schutzbündler oder

Unbeteiligten der Kämpfe in Eggenberg am 12. und 13.2. Lt. Sterbebuch starb er am 15.2. im Barmherzigenspital an den Folgen eines Beckenschusses. Alter und Beruf würden auf einen Angehörigen des Schutzbundes verweisen, aber irgendwelche konkreten Hinweise in diese Richtung liegen nicht vor.

HOLZINGER, FRANZ. Geb. 1906; wh. Thomasroith, OÖ; ledig; Bergmann. – Schutzbund, Sanitäter. – Am 13.2., ca. 17 Uhr, auf der Bühne des Arbeiterheims Holzleithen, OÖ, durch Heimwehrleute erschossen.

HÖLZL, FRANZ. Geb. 1902; wh. Linz; verh.; Portier der Gebietskrankenkasse. – Schutzbund. – Am 13.2. bei der Gebietskrankenkasse in Linz an der Hand getroffen. Erlag dieser Verletzung am 26.2. im AKH.

HOLZMANN, MARIE. Geb. 1897; wh. Wien 12; verh., 2 Kinder; Gattin eines Bindermeisters, im Haushalt tätig. – Nicht-Kombattantin. – Erlitt am Vormittag des 13.2. in der Ignazgasse, Wien 12, vor ihrem Wohnhaus einen Kopfschuss und starb kurz nach der Einlieferung ins Franz-Josef-Spital.

HORST, RUDOLF. Geb. 1906; wh. Wien 2; Wachmann. – Polizei. – Horst stand am Abend des 12.2. am Eingang der Gemeindewohnanlage Reumannhof am Margartengürtel, Wien 5, Posten. Er wurde von einem als Heimwehrmann getarnten Attentäter angegriffen und durch zwei Schüsse getötet.

HOYS, JOHANN. (Auch: Hois, Hoiß oder Hoyß.) Geb. 1891; wh. Rohrbach an der Gölsen, NÖ; verh., 3 Kinder; Hilfsarbeiter, arbl. – Schutzbund, Schutzbundkommandant von Rohrbach. – Am Vormittag des 13.2. in Rohrbach gemeinsam mit dem Schutzbündler Rauchenberger an der Tötung des Heimatschutzkommandanten Lintner beteiligt. Aus Rauchenbergers Waffe soll der tödliche Schuss stammen, Hoys dürfte ebenfalls gefeuert haben. Beide kamen in St. Pölten vor das Standgericht, wurden zum Tode verurteilt und am Abend des 16.2. hingerichtet.

HUBER, RUDOLF. Geb. 1913; wh. Wien 10; ledig; Bäckergehilfe. – Nicht-Kombattant. – Am Nachmittag des 13.2. in der Nähe der Wohnung seiner Eltern in der Siedlung am Laaerberg durch einen Schuss aus Richtung Simmering getötet.

HUEMER, FRANZ. Geb. 1894; wh. Timelkam, OÖ (vorübergehend in Graz stationiert); verh., 1 Kind; Gendarmerie-Rayonsinspektor. – Gendarmerie. – Am Nachmittag des 12.2. geriet eine Abteilung der Gendarmerie beim Konsumvereinsgebäude in Eggenberg bei Graz in das Kreuzfeuer der in umliegenden Gebäuden verschanzten Schutzbündler. Huemer erlitt einen Nieren- und Leberschuss. Er erlag dieser Verletzung wenige Stunden später im Krankenhaus.

HURTL, ANTON. Geb. 1883; wh. Wien 21; Polizeibezirksinspektor. – Polizei. – Hurtl war der Kommandant einer Gruppe von 15 Sicherheitswacheleuten, die am Morgen des 13.2. als Verstärkung zu der von Schutzbündlern angegriffenen Wachstube Groß-Jedlersdorf, Wien 21, entsandt worden waren. Er starb durch einen Herzschuss.

IVANIEWICZ, OLGA. (Auch: Ivanievicz.) Geb. 1904; wh. Wien 16; ledig; Schneiderin, arbl. – Nicht-Kombattantin. – Erlitt am Nachmittag des 14.2. in der Koppstraße, Wien 16, durch einen Geller (Abprallschuss) eine Verletzung an der Lunge und am rechten Oberarm. Sie erlag diesen Verletzungen am 2.3. im AKH.

JAGERSBACHER, JOHANN. (Auch: Franz.) Geb. 1912; wh. vermutl. in Bruck an der Mur, Stmk.; ledig; Kinobilleteur. – Fw. Schutzkorps (HS). – Am 12.2., ca. 13.25 Uhr, beim Angriff des Schutzbundes auf die als Kaserne des Freiwilligen Schutzkorps dienende Forstschule Bruck getötet. Der Heimatschutzjäger Jagersbacher fungierte als Torposten und wurde von den Schutzbündlern per Kopfschuss getötet.

JOSCHAK, ANTON. (Auch: Amon.) Geb. 1867; wh. Klosterneuburg-Kierling, NÖ; verh.; pensionierter Straßenbahner. – Nicht-Kombattant. – Am 12.2., 18.45 Uhr, setzte aus dem Karl-Marx-Hof, Wien 19, plötzlich Schnellfeuer des Schutzbundes auf die im gegenüberliegenden Bahnhof Heiligenstadt befindliche Polizeiwachstube ein. Joschak dürfte gerade in diesem Augenblick den Bahnhofsvorplatz betreten haben. Er starb durch einen Schuss in die Brust.

JUDEX, FRANZ. Geb. 1868; wh. Wien 16; verh., 3 Kinder; Bauarbeiter, Rentenbezieher. – Nicht-Kombattant. – Am 13.2. auf dem Weg zu seiner Tochter in der Koppstraße, Wien 16, durch einen Schuss in die Lunge schwer verletzt. Erlag dieser Verletzung noch am selben Tag im Wilhelminenspital.

KAINZ, HEINRICH. Geb. 1897; wh. Wien 15; Revierinspektor. – Polizei. – Wurde am 12.2. bei einem Zusammenstoß einer Polizeipatrouille mit sich sammelnden Schutzbündlern in der Nähe des Karl-Marx-Hofes, Wien 19, durch einen Bauchschuss tödlich verletzt. Er starb am 13.2. im AKH.

KALCHMAYR, JOSEF. (Auch: Kalchmayer.) Geb. 1913; wh. Linz (Dienstort); ledig; Assistenzmann. – Bundesheer. – Wurde gegen Mittag des 12.2. bei den Kämpfen an der Eisenbahnbrücke über die Donau in Linz durch einen Lungen- und Leberschuss getötet.

KAMENIK, JOSEF. Geb. 1887; wh. Wien 19; verh., 3 Kinder; Schneidermeister. – Nicht-Kombattant. – Er geriet am 12.2., 18.45 Uhr, am Vorplatz des Bahnhofs Heiligenstadt, gegenüber dem Karl-Marx-Hof, Wien 19, in ein Feuergefecht zwischen Schutzbund und Polizei. Kamenik wollte in den

Bahnhof flüchten, wurde jedoch nach einigen Schritten durch einen Bauchschuss tödlich getroffen.

KARWATZKI, RUDOLF. (Auch: Karwacky.) Geb. 1885; wh. Stockerau, NÖ; verh.; städtischer Revierjäger. – Unklare Zugehörigkeit. – Verübte als ehemaliges Mitglied des Schutzbundes am 16.2. im Rathaus in Stockerau knapp vor einer polizeilichen Einvernahme Selbstmord durch Erschießen. Ob er in irgendeiner Weise in den Aufstand verwickelt war, ist nicht bekannt. In Stockerau selbst fanden keine Kämpfe statt.

KASCHMITTER, JOHANN. (Auch: Kaschmutter.) Geb. 1902; wh. St. Pölten, NÖ; ledig; Arbeiter. – Schutzbund. – Wurde in der Nacht vom 14. auf 15.2. in St. Pölten durch einen ihm möglichweise von den eigenen Leuten irrtümlich beigefügten Bauch- und Nierenschuss schwer verletzt. Starb am nächsten Tag im Krankenhaus St. Pölten.

KASIK, JOSEF. Geb. 1877; wh. Wien 16; verh., 2 Kinder; Schuhmachermeister. – Nicht-Kombattant. – Am Nachmittag des 13.2. in seiner ebenerdig liegenden Schuhmacherwerkstatt in der Koppstraße, Wien 16, durch einen Schuss in die Brust schwer verletzt. Erlag dieser Verletzung einige Tage später im AKH. Es dürfte sich um einen fehlgegangenen Schuss aus einem Überfallsauto der Polizei gehandelt haben.

KASTNER, EMMERICH. Geb. 1912; wh. vermutl. in St. Michael, Stmk.; ledig; Assistenzmann. – Fw. Schutzkorps (FB). – In den frühen Morgenstunden des 14.2. beim Angriff des Schutzbundes auf die Unterkunft des Freiwilligen Schutzkorps in St. Michael, Stmk., durch einen Bauchschuss getötet. Neben ihm fielen diesem Angriff noch drei weitere Schutzkorpsleute und ein Gendarm zum Opfer.

KELZ, KARL. Geb. 1903; wh. Graz; ledig; Wachmann. – Polizei. – Am frühen Nachmittag des 12.2. besetzten Schutzbündler die Polizeiwachstube Hackhergasse in Graz. Die bald danach eintreffende Überfallsbereitschaft der Grazer Polizei erhielt aus den Fenstern der gegenüberliegenden Hirtenschule »ein mörderisches Feuer«. Kelz wurde dabei schwer verletzt und erlag seinen Verletzungen einen Tag später im LKH Graz.

KEPPLINGER, ALOIS. Geb. 1907; wh. Steyr, OÖ; verh.; Hilfsarbeiter. – Unklare Zugehörigkeit. – Soll lt. einem Zeitungsbericht getötet worden sein, als er aus einer Dachluke in der Sierninger Straße 54, Steyr, auf das Polizeikommissariat schoss. Allerdings wird er in Publikationen und auch auf der Gedenktafel für die Opfer der Februarkämpfe auf dem Urnenfriedhof am Tabor in Steyr nicht genannt. Von der Lage des erwähnten Hauses her wäre es schlüssiger, Kepplinger als Zufallsopfer zu betrachten.

KIRCHLER, JOHANN. Geb. 1899; wh. Wien 21; ledig; Bundesbahnbediensteter. – Vermutl. Nicht-Kombattant. – Am Nachmittag des 13.2. beim Zug der Gefangenen vom Gemeindebau Schlingerhof, Wien 21, zum BPK Floridsdorf an der Ecke Brünner Straße/Kretzgasse (heute Weisselgasse) durch einen Blasenschutz verletzt. Starb am 18.2. im AKH.

KIRSCHNER, JOHANN. Wohnhaft in Hainfeld, NÖ; Personendaten unbekannt. – Unklare Zugehörigkeit. – Der Hainfelder Schutzbundkommandant Kirschner erlitt lt. einer sozialdemokratischen Quelle nach der Befragung durch die Gendarmerie einen Nervenzusammenbruch und beging Selbstmord. Ob er als Kombattant zu werten ist, ist fraglich.

KLAPFER, HERMANN. Geb. 1912; wh. vermutl. in Graz (Dienstort); Soldat. – Bundesheer. – Wurde am Abend des 12.2. am Minoritenplatz in Bruck an der Mur, Stmk., bei einem Feuergefecht mit dem Schutzbund durch einen Lungenschuss verletzt. Er erlag dieser Verletzung später im LKH Bruck.

KLAUSNER, JOSEF. Geb. 1911; wh. Linz; ledig; prov. Gendarm. – Gendarmerie. – Er geriet am frühen Nachmittag des 12.2. in der Eisenhandstraße in Linz mit einer Gendarmerieabteilung in das Feuer des Schutzbundes und starb durch einen Herzschuss.

KLIMATSCHEK, ANTON. (Auch: Klimáček oder Glimaschek.) Geb. 1869; wh. Graz; ledig; Bundesbahnpensionist. – Unklare Zugehörigkeit. – Erlitt am Nachmittag oder Abend des 12.2. in Graz einen tödlichen Bauchschuss. Er könnte in die Kämpfe um die Wachstube Hackhergasse verwickelt gewesen sein. Aufgrund seines fortgeschrittenen Alters und weil er in der besagten Gasse wohnhaft war, erscheint das aber eher fragwürdig.

KLOSE, VIKTOR. Geb. 1904; wh. Wien 19; ledig; Elektrotechniker, arbl. – Schutzbund. – Klose gehörte zu einer Gruppe von Schutzbündlern, die sich am Abend des 12.2. in einer Schule in der Grinzinger Straße 95, Wien 19, sammelten und bewaffneten. Beim Verlassen des Gebäudes wurden die Schutzbündler von der Polizei beschossen. Klose starb bei diesem Feuerüberfall.

KMETTY, FRANZ. (Auch: Kmeity oder Kmeti.) Geb. 1899; wh. Wien 12; verh., 3 Kinder; Maschinenarbeiter. – Nicht-Kombattant. – Erlitt am 12.2. auf dem Nachhauseweg von der Arbeit auf der Philadelphiabrücke, Wien 12, einen Kopf- und/oder Bauchschuss und erlag dieser Verletzung am 15.2. im Rudolfsspital. Anscheinend war Kmetty Mitglied der OSS, an den Kämpfen hatte er sich aber nicht beteiligt.

KOCH, JAKOB. Geb. 1875; wh. Wien 17; ledig; Unfallsrentner. – Nicht-Kombattant. – Am 12.2. in der Nähe des Sandleitenhofes beim Spaziergang verletzt und dieser Verletzung einen Tag später im AKH erlegen.

KOCHSCHITZ, MARKUS. (Auch: Kohschitz.) Geb. 1911; wh. Mitterdorf im

Mürztal, Stmk.; ledig. – Schutzbund. – Erlitt am Abend des 12.2. beim Angriff des Schutzbundes auf den GP Mitterdorf im Mürztal einen Bauchschuss, dem er am 18.2. im Krankenhaus Mürzzuschlag erlag.

KOHLFÜRST, KARL. Geb. 1899; wh. vermutl. in Bruck an der Mur, Stmk.; verh.; Hilfsarbeiter oder Metallarbeiter, arbl. – Schutzbund. – Am Nachmittag des 12.2. beim Angriff des Schutzbundes auf die als Kaserne des Freiwilligen Schutzkorps dienende Forstschule Bruck durch einen Kopfschuss schwer verletzt und kurz darauf im LKH Bruck verstorben.

KOLLMANN, FRANZ. Geb. 1914; wh. Linz (Dienstort); ledig; Kanonier. – Bundesheer. – Ungefähr zu Mittag des 12.2. in der Khevenhüllerstraße in Linz durch einen Bauchschuss verwundet und kurze Zeit später im AKH gestorben.

KONVICKA, KÄTHE. (Auch: Konvička oder Konwicka.) Geb. 1884; wh. Wien 12; verh., 1 Kind; Ehefrau eines Webergehilfen. – Nicht-Kombattantin. – Am Vormittag des 14.2. in der Küche ihrer Wohnung in der Bonygasse, Wien 12, durch einen Kopfschuss getötet. Um diese Zeit starben in der Gegend auch noch Alfons Lakomy und Rosa Schmidt durch Schüsse von außen. Es dürfte sich um Übergriffe der Heimwehr nach Eroberung der Gemeindewohnanlage »Indianerhof«, Wien 12, gehandelt haben.

KÖTTSDORFER, FRANZ. Geb. September 1893; wh. Linz; gesch.; Kontorist, arbl. – Schutzbund. – Starb am Nachmittag des 12.2. in einer Straße in der Nähe des damaligen Wirtschaftshofes Linz, einem der Kampfgebiete des Februaraufstandes. Scheint in der Totenliste von Kammerstätter als in Linz gefallener Schutzbündler auf. Auf dem Sterbeschein und im kirchlichen Totenbuch ist von Selbstmord die Rede.

KRAMLINGER, LEOPOLD. (Auch: Gramlinger.) Geb. 1899; wh. Wien 21; verh.; Kanzleidiener der Bundesbahn-Werkstätte Floridsdorf. – Fw. Schutzkorps (HS). – Er gehörte zur Heimwehrbesatzung der Floridsdorfer Nordbahnstation. Beim Angriff des Schutzbundes auf den Bahnhof wurde er am Morgen des 13.2. durch einen Kopfschuss getötet.

KRASA, JOSEF. (Auch: Krasser.) Geb. 1910; wh. Wien 16; ledig; Metalldrucker, arbl. – Schutzbund. – In den Nachmittagsstunden des 13.2. in der Panikengasse, Wien 16, tödlich verletzt.

KRAUPUTZ, OTTO. Geb. 1896; wh. Linz; verh.; Schneidergehilfe. – Schutzbund. – Dürfte bei den Kämpfen am 12. oder 13.2. durch Bauchschuss verletzt worden sein. Starb am 18.2. im AKH. Kammerstätter führt ihn in einer Liste der Toten des Schutzbundes in Linz an. Über Krauputz als Person und die Umstände seines Todes konnten so gut wie keine Informationen gefunden werden.

KRENNBAUER, HEINRICH. Geb. 1910; ledig; Kanonier. – Bundesheer. – Krennbauer gehörte zur Besatzung der Artilleriegeschütze, mit denen das Bundesheer am Vormittag des 13.2. auf die in den Häusern der Ennsleite in Steyr, OÖ verschanzten Schutzbündler feuerte. Durch einen Dachschützen erlitt er eine schwere Verletzung am Oberschenkel. Er erlag dieser Verletzung am 5.3. im LKH Steyr.

KREUZ, THEODOR. (Auch: Kreutz.) Geb. 1899; wh. Wien 18; verh.; Bankbeamter. – Fw. Schutzkorps (HS), Kompagniekommandant. – Am Abend des 12.2. geriet eine Kampfgruppe des Wiener Heimatschutzes im Südtrakt des Karl-Marx-Hofes, Wien 19, in das Kreuzfeuer der Schutzbündler. Kreuz, der Kommandant dieser Gruppe, wurde dabei tödlich getroffen und starb an Ort und Stelle.

KRIEGL, HEINRICH. Geb. 1888; wh. vermutl. in Graz; verh., 2 Kinder; Kriminalrevierinspektor. – Polizei. – Am frühen Nachmittag des 12.2. besetzten Schutzbündler die Polizeiwachstube Hackhergasse in Graz. Bei den Kämpfen zur Befreiung des Postens starben insgesamt fünf Sicherheitswachebeamte. Kriminalinspektor Kriegl wurde am Abend nach Beendigung der Kämpfe im Auto durch Heckenschützen getötet.

KROPATSCHEK, ANDREAS. (Auch: Krobaschek oder Krobatschek.) Geb. 1912; wh. Untermühlau, Gem. Ottnang am Hausruck, OÖ; ledig; Bergmann. – Schutzbund, Sanitäter. – Am 13.2., ca. 17 Uhr, auf der Bühne des Arbeiterheims Holzleithen, OÖ, durch Heimwehreinheiten erschossen.

KUNST, RUDOLF. (Auch: Kunz.) Geb. 1902; wh. Linz; verh.; Tischler. – Schutzbund. – Kunst war der MG-Schütze des Schutzbundes, der das sozialdemokratische Hauptquartier Hotel Schiff in der Landstraße in Linz verteidigte. Er wurde am 12.2., ca. um 11 Uhr, von einem Schützen des Bundesheeres durch Kopfschuss getötet.

KUPFINGER, JOHANN. (Auch: Gupfinger.) Geb. 1880; wh. Wien 18; verh.; Spenglergehilfe, arbl. – Vermutl. Nicht-Kombattant. – Er wurde, wie andere Sozialdemokraten in ganz Österreich, am 13.2. verhaftet. Bei der Einvernahme im Polizeikommissariat Währing dürfte er so schwer misshandelt worden sein, dass er am 21.2. in Polizeihaft starb.

LAKOMY, ALFONS. Geb. 1906; wh. Wien 12; ledig; Tischlergehilfe, später Beamter bei der städtischen Versicherung, arbl. – Nicht-Kombattant. – Am 14.2. in seiner Wohnung in der Aichholzgasse, Wien 12, durch einen Schuss in der Brust verletzt. Erlag dieser Verletzung kurze Zeit später im Sophienspital. Es dürfte sich um Übergriffe der Heimwehr während einer »Säuberungsaktion« gehandelt haben.

LANGER, BERTHOLD. Geb. 1906; wh. vermutl. in Graz; ledig; Wachmann. –

Polizei. – Am frühen Nachmittag des 12.2. besetzten Schutzbündler die Polizeiwachstube Hackhergasse in Graz. Die bald danach eintreffende Überfallsbereitschaft der Grazer Polizei erhielt aus den Fenstern der gegenüberliegenden Hirtenschule »ein mörderisches Feuer«. Langer wurde dabei getötet.

LEIMER, OTTO. (Auch: Laimer.) Geb. 1915; wh. Donawitz, Stmk.; ledig; Schlosser. – Schutzbund. – Am 13.2., vermutl. ca. 2 Uhr morgens, bei den Kämpfen im Raum Leoben-Donawitz-Göß durch einen Schuss in den Hinterkopf getötet.

LEISCHKO, KARL. Geb. 1906; wh. Linz; verh.; Schriftsetzer. – Nicht-Kombattant. – Er wurde auf dem Heimweg von der Arbeit zu Mittag des 12.2. in der Eisenhandstraße in Linz erschossen.

LENZ, LEOPOLD. Geb. 1910; Gefreiter. – Bundesheer. – Am Vormittag des 13.2. beim Vorrücken des Bundesheeres auf den Schlingerhof, Wien 21, durch einen Bauchschuss schwer verletzt und dieser Verletzung einen Tag später im AKH erlegen.

LEONHARTSBERGER, FERDINAND. (Auch: Leonhardsberger.) Geb. 1912; wh. Wien 4; Assistenzmann. – Bundesheer. – Im Laufe des 13.2. bei den Kämpfen um die um den Herderplatz in Wien-Simmering gruppierten Gemeindewohnanlagen durch einen Kopfschuss getötet.

LETHMAIER, JOSEF. Geb. 1888; wh. Graz; verh.; Schlossergehilfe. – Unklare Zugehörigkeit. – Starb am 14.2. im Barmherzigenspital an den Folgen eines am 12. oder 13.2. erlittenen Lungenschusses. Es dürfte sich um einen der bei den Kämpfen in Eggenberg bei Graz getöteten Schutzbündler oder Unbeteiligten handeln.

LINHART, JOSEF. (Auch: Lienhart.) Geb. 1906; wh. vermutl. in Bruck an der Mur, Stmk.; verh.; Angestellter. – Schutzbund, Unterführer. – Als Anführer einer Gruppe von Schutzbündlern am frühen Nachmittag des 12.2. beim Angriff auf die Gendarmeriekaserne Bruck an der Mur durch zwei Schüsse getötet.

LINTNER, IRMA. (Auch: Lindner.) Geb. 1920; wh. Wien 12; ledig; Schülerin. – Nicht-Kombattantin. – Die 13-Jährige erlitt während der Februarkämpfe in Wien-Meidling einen Herzschuss und erlag den Folgen dieser Verletzung am 19.2. Näheres über die Umstände der Verletzung ist nicht bekannt.

LINTNER, JOHANN. (Auch: Lindner.) Persönliche Daten unbekannt; wh. Rohrbach an der Gölsen, NÖ. – Heimwehr, Bataillonskommandant. – Am Vormittag des 13.2. in Rohrbach, NÖ, vom Schutzbündler Rauchenberger per Kopfschuss getötet. Der Schutzbundkommandant Hoys dürfte ebenfalls auf Lintner gefeuert haben. Die beiden Täter kamen in St. Pölten vor das Standgericht, wurden zum Tode verurteilt und hingerichtet.

LOBMEIER, JOHANN. (Auch: Lobmaier.) Geb. 1895; wh. Eberschwang, OÖ; verh.; Bergmann. – Schutzbund. – Wie Josef Skrabal und Josef Zeilinger am Abend des 12.2. vom Bundesheer im oder beim Hausrucktunnel zwischen Holzleithen und Eberschwang, OÖ, erschossen. Über die näheren Umstände liegen widersprüchliche Angaben vor.

LUDVICEK, FRANZ. (Auch: Ludwicek.) Geb. 1904; wh. Wien 16; verh., 2 Kinder; Gewerkschaftsbeamter. – Schutzbund. – Am 12.2., ca. 17 Uhr, in der Anstalt »Am Steinhof«, Wien 13 (heute Wien 14), bei einer Auseinandersetzung mit der Polizei erschossen.

LUDWIG, JOHANN. Geb. 1886; wh. Wien; Polizeistabshauptmann. – Polizei. – Erlitt zu Mittag des 13.2. beim Sturmangriff auf den Schlingerhof, Wien 21, einen Bauch- oder Beckenschuss. Aus den ausgewerteten Quellen geht nicht hervor, ob er sofort starb oder erst einige Zeit später den Folgen dieser Verletzung erlag.

LUDWIK, JOHANN. (Auch: Ludvik.) Geb. 1877; wh. Wien 21 (heute Wien 22); verh.; Fabriksheizer. – Nicht-Kombattant. – Wurde gegen Mittag des 13.2. in Wien-Stadlau auf dem Heimweg von seiner Arbeit durch einen Brustschuss getötet. Am nahegelegenen Damm der Ostbahn lieferten sich zu dieser Zeit Schutzbündler Feuergefechte mit vorbeifahrenden Panzerzügen. Dabei dürfte Ludwik als unbeteiligter Passant getroffen worden sein.

LUTZ, FERDINAND. Geb. 1886; wh. Wien 21; verh., 1 Kind; Bundesbahnpensionist. – Schutzbund. – Am Nachmittag des 13.2. beim Zug der Gefangenen vom Gemeindebau Schlingerhof, Wien 21, zum BPK Floridsdorf vor dem Tor des Kommissariats durch einen Schuss getötet. Lt. Petri soll er sich mit einem Gewehr bewaffnet an der Verteidigung des Schlingerhofes beteiligt haben.

LUX, JOSEF. Geb. 1873; wh. Wien 16; gesch.; Geschäftsdiener. – Nicht-Kombattant. – Am späten Nachmittag des 13.2. in seiner Wohnung in der Hasnerstraße, Wien 16, durch einen Geller (Abprallschuss) in die Brust getroffen und getötet.

MACHACEK, JOSEF. Geb. 1901; wh. Wien 21; Mitfahrer. – Vermutl. Nicht-Kombattant. – Am 14.2. in der Straße Am Kaisermühlendamm, Wien 21 (heute Wien 22) durch einen Brustschuss vom rechten Donauufer her verletzt. Starb im Dezember 1934 an Lungentuberkulose, lt. Petri »im Zusammenhang damit«. Da Petri einen direkten Bezug zu den Februarkämpfen herstellt, scheint es gerechtfertigt, ihn unter die Februaropfer einzureihen.

MACHOWETZ, OTTO. Geb. 1906; wh. Wien 21; ledig; Schlossergehilfe. –

Schutzbund, Unterführer. – Am Vormittag des 13.2. bei den Kämpfen in Floridsdorf (entweder beim Gemeindebau Schlingerhof oder beim Straßenbahnhof) durch einen Knieschuss verletzt und wenig später gestorben.

MANGL, JOSEF. Geb. 1908; wh. Wels, OÖ (Dienstort); ledig; Soldat. – Bundesheer. – Am Nachmittag des 12.2. auf dem Polygonplatz in Linz gemeinsam mit Oberleutnant Heinrich Nader und Korporal Paul Eiselsberg von Schutzbündlern durch einen Kopfschuss getötet.

MASTEN, JOSEF. Persönliche Daten unbekannt. – Unklare Zugehörigkeit. – Über ihn ist nur bekannt, dass lt. der von Halbrainer zitierten Berichterstattung des steirischen SPÖ-Organs »Neue Zeit« an seinem Grab regelmäßig zum Jahrestag des Februaraufstandes Gedenkfeiern abgehalten wurden.

MAURER, HEINRICH. Geb. 1914; wh. Steyr, OÖ; ledig; lt. Sterbeverzeichnis »ohne Beruf«. – Unklare Zugehörigkeit. – Am 14.2., vormittags, während einer »Säuberungsaktion« in Steyr-Ennsleite von einem Heimwehrmann durch das geschlossene Fenster erschossen. Maurer wird in verschiedenen Publikationen als Schutzbündler und SAJ-Mitglied bezeichnet. Ob er an den Kämpfen der vorangegangenen Tage beteiligt war und als Kombattant anzusehen ist, ist unklar.

MAYER, ALEXANDER. (Auch: Meyer.) Geb. 1889; wh. St. Peter-Freienstein, Stmk. (Dienstort); verh., 1 Kind; Revierinspektor. – Gendarmerie. – Am 13.2., 1 Uhr nachts, griffen Angehörige des Schutzbundes den GP St. Peter-Freienstein an. Postenkommandant Mayer wurde kaum 20 Schritt vom Haustor entfernt niedergeschossen. Er erlag zu Mittag des 13.2. im LKH Leoben seinen Verletzungen. Der Schutzkorpsmann Dullnig und der Schutzbündler Bergthaler kamen ebenfalls ums Leben.

MAYER, FRANZ (1). (Auch: Meyer oder Meier.) Geb. 1916; wh. Wien 11; ledig; Tischlergehilfe, arbl. – Vermutl. Schutzbund; wird in den vorhandenen Quellen als SAJ-Mitglied bezeichnet. – Am Nachmittag des 13.2. bei den Kämpfen in der Grillgasse in Wien-Simmering durch Herzschuss getötet.

MAYER, FRANZ (2). (Auch: Mayr oder Maier.) Geb. 1914; wh. Linz; ledig; gelernter Tischler, Kraftfahrer, arbl. – Schutzbund. – Am 12.2. in der Nähe des Gasthauses Jägermayr am Freinberg in Linz bei einem Schusswechsel mit der Exekutive schwer verwundet und kurze Zeit danach im Krankenhaus gestorben.

MEIERZEDT, RUDOLF. (Auch: Mayerzedt oder Meierzet.) Geb. 1903; wh. Steyr, OÖ; Spengler. – Schutzbund. – Am 13.2., vormittags, beim Beschuss der Einnsleite in Steyr durch das Bundesheer durch einen Herzschuss getötet.

MEIXNER, JOHANN. Geb. 1895; wh. Wien 16; verh., 3 Kinder; Tischler bzw.

Handelsarbeiter, arbl. – Unklare Zugehörigkeit. – Am 13.2., vormittags, auf dem Heimweg von der Arbeitslosenauszahlung in der Thaliastraße, Wien 16, durch einen Geller (Abprallschuss) tödlich verletzt.

MENSCHIK, JOHANN. Geb. 1910; wh. Wien 18; ledig; Friseurgehilfe, arbl. – Unklare Zugehörigkeit. – Lt. Polizeibericht wurde Menschik am 13.2. mit Kopfschuss in die Leichenhalle des AKH eingeliefert. »Er soll angeblich gelegentlich eines Kundenbesuches für seinen Vater zwischen Hartäckerstraße und Peter-Jordan-Straße [Wien 19] die tödliche Verletzung erhalten haben.« In politischer Hinsicht, fand die Polizei heraus, soll der Tote Nationalsozialist gewesen sein.

MENZLER, JOHANN. Geb. 1883; wh. Wien 21; verh.; Straßenbahnschaffner. – Nicht-Kombattant. – Am frühen Vormittag des 14.2. in seinem Haus beim jüdischen Friedhof in der Ruthnergasse, Wien 21, vom Schutzbündler Richard Groß durch einen Kopfschuss aus nächster Nähe ermordet.

MENZLER, LUDMILLA. Geb. 1889; wh. Wien 21; verh. (Ehefrau von Johann Menzler); Hebamme. – Nicht-Kombattantin. – Am frühen Vormittag des 14.2. in der Küche ihres Hauses in der Ruthnergasse, Wien 21, durch einen gezielten Schuss durch das Fenster ermordet.

MICKL, FRANZ. Persönliche Daten unbekannt; Schutzkorpsmann. – Fw. Schutzkorps (HS). – Am Morgen des 13.2. in der Wolfganggasse, Wien 12, bei den Kämpfen um den Reumannhof durch einen Bauchschuss schwer verletzt und Anfang März dieser Verletzung erlegen.

MOGEREVIC, FRANZ. (Auch: Mogorovic oder Mogorowitsch.) Geb. 1889; wh. vermutl. in Graz; ledig; Schuhmachergehilfe. – Unklare Zugehörigkeit. – Über ihn ist so gut wie nichts bekannt. Halbrainer verweist auf jährliche Gedenkfeiern der Grazer SPÖ für im Februar 1934 Gefallene, unter anderem am Grab von Mogerevic. In der Literatur sowie in Quellen der Sicherheitsbehörden findet sich der Name nicht, in den Totenprotokollen des Grazer Stadtarchivs ist als Todestag der 16.2., als Todesursache »Erhängen« angegeben. Es könnte sich also um einen Selbstmord handeln, der als Folge der Februarkämpfe anzusehen wäre.

MÖRTH, JOHANN SEN. Geb. 1881; wh. Wien 21; verh.; Maschinenarbeiter. – Unklare Zugehörigkeit. – Verübte lt. Totenbeschaubefund am 14.2., 16.30 Uhr in Wien 21, Ödenburger Straße 54, Selbstmord durch Erhängen. Mörth dürfte als Februaropfer zu betrachten sein. Es könnte sich um einen Verzweiflungsselbstmord am Ende der Kämpfe gehandelt haben. Über die Hintergründe und Motive des Selbstmordes liegen allerdings keine Angaben vor. Auch ist nicht bekannt, ob Mörth an den Kämpfen teilgenommen hatte.

Moser, Karl. Geb. 1906; ledig; Korporal. – Bundesheer. – Moser gehörte einer am Nachmittag des 13.2. aus Norden gegen Floridsdorf vorrückenden Kompagnie an. In der Prager Straße wurde er gegen 18 Uhr durch MG-Schüsse im Oberschenkel schwer verletzt und erlag einen Tag später dieser Verletzung.

Mück, Johann. Geb. 1899; wh. Wien 21; verh.; Straßenbahner. – Schutzbund. – Am 13.2., gegen 18 Uhr, im FAC-Bau (heute Paul-Speiser-Hof), Wien 21, vermutl. aufgrund des Artilleriebeschusses durch eine Unterschenkelzertrümmerung tödlich verletzt.

Mühlecker, Josef. Geb. 1905; wh. Wien 19; Wachmann. – Polizei. – Gegen Mittag des 13.2. geriet eine gegen den Schlingerhof, Wien 21, vorgehende Gruppe der Polizei ins Kreuzfeuer der Schutzbündler. Mühlecker erlitt dabei einen Halsschuss und erlag dieser Verletzung vermutl. einen Tag später im Spital der Barmherzigen Brüder.

Münichreiter, Karl. Geb. 1891; wh. Wien 13; verh., 3 Kinder; Schuhmacher. – Schutzbund, Gruppenführer. – Münichreiter war am 12.2., mittags, nach einem Feuergefecht beim Heim der Kinderfreunde am Goldmarkplatz, Wien 13, verhaftet worden. Trotz seiner schweren Verletzungen wurde er am 14.2. vor das Standgericht gestellt, zum Tode verurteilt und im Landesgericht Wien justifiziert.

Musil, Ludwig. Geb. 1906; wh. Wien 16; ledig; Chauffeur bzw. Modellmacher, arbl. – Unklare Zugehörigkeit. – Musil wurde am 13.2. mit Brustschuss tot in das AKH eingeliefert. Die tödliche Verletzung, heißt es im Polizeibericht, soll er in der Hasnerstraße, Wien 16, nahe dem umkämpften Ottakringer Arbeiterheim erhalten haben. »Ob er sich aktiv an den Kämpfen beteiligt hat, konnte nicht ermittelt werden, doch dürfte er aus Neugierde den Kämpfen beim Arbeiterheim zu nahegekommen sein oder der Exekutive oder dem Militär nicht Folge geleistet haben.«

Nader, Heinrich. Geb. 1887; wh. Wels (Dienstort); verh.; Oberleutnant. – Bundesheer. – Am Nachmittag des 12.2. auf dem Polygonplatz in Linz gemeinsam mit Korporal Paul Eiselsberg und Alpenjäger Josef Mangl von Schutzbündlern durch »Kopfzertrennung durch Handgranate« (Bundesheer-Bericht) getötet.

Nagelseder, Josefine. Geb. 1909; wh. Steyr, OÖ; ledig; Hilfsarbeiterin bzw. Produktenhändlerin. – Nicht-Kombattantin. – Sie wurde zu Mittag des 12.2. in Steyr-Ennsleite gemeinsam mit ihrem Bräutigam Johann Zehetner vermutl. vom Schutzbündler Josef Ahrer erschossen. Nagelseder wurde von hinten oberhalb des Kreuzbeines getroffen und starb nach mehreren Stunden an inneren Verblutungen. Ahrer wurde für diese Tat hingerichtet.

NAGY, FRANZ. Geb. 1901; wh. Wien 21 (heute Wien 22); verh.; Straßenbahner. – Schutzbund. – Am Nachmittag des 13.2. bei der Beschießung des FAC-Baus (heute Paul-Speiser-Hof), Wien 21, durch die Artillerie des Bundesheeres von einer Mine getroffen. Erlitt tödliche Verletzungen an Brust und Oberschenkel.

NAGY, PAULINE. Geb. 1906; wh. Wien 21 (heute Wien 22); verw.; Witwe des Straßenbahnschaffners Franz Nagy. – Nicht-Kombattantin. – Verübte am 4.4. in ihrer Wohnung in der Erzherzog-Karl-Straße, Wien 21 (heute Wien 22), Selbstmord durch Leuchtgas. Lt. Zeitungsmeldungen geschah die Tat »aus Gram über den Tod ihres Gatten«. Wie in anderen Fällen von Selbstmorden, die als Folge der Februarkämpfe angesehen werden können, wird auch Pauline Nagy als Februaropfer gewertet.

NOWOTNY, JOHANN. Geb. 1895; wh. Wien 14; verh.; Mechanikergehilfe, Musiker. – Unklare Zugehörigkeit. – Am 13.2., um ca. 15.30 Uhr, in der Koppstraße angeschossen und der Verwundung am 19.2. im AKH erlegen. Die Verletzung will er, lt. eigenen Angaben, »gelegentlich eines Besuches bei einem Kollegen« erhalten haben.

NUSSBAUMER, ANTON. Geb. 1891; wh. Ebensee, OÖ; verh.; Sodafabriksarbeiter. – Schutzbund, Ortskommandant. – Verübte am 15. oder 16.2. während der Flucht aus Ebensee Selbstmord durch Erschießen.

OFENBÖCK, OTTO. (Auch: Ofenbäck oder Offenböck.) Geb. 1895; wh. Hadersdorf, Gem. Kindberg-Land, Stmk.; verh.; Beamter, arbl. – Schutzbund, Ortskommandant. – Erlitt am späteren Nachmittag des 12.2. in der Nähe des Werks Aumühl in Kindberg, Stmk., bei einem Feuergefecht zwischen Schutzbündlern und Abteilung des Freiwilligen Schutzkorps einen Bauchdurchschuss. Er erlag vier Tage später im Krankenhaus von Bruck an der Mur seinen Verletzungen.

ONDRACEK, HERMANN. Geb. 1898; wh. Wien 14; verh., 1 Kind; Kellner. – Vermutl. Nicht-Kombattant. – Am 13.2. in der Reschgasse, Wien 12, auf dem Wege zu seinem Bruder durch einen Schuss von hinten schwer verletzt und noch am selben Tag im Sophienspital gestorben.

ORTNER, HEINRICH. Geb. 1897; wh. Wien 21; Kraftwagenlenker. – Fw. Schutzkorps (HS). – Am Morgen des 13.2. in der Flurschützstraße, Wien 12, bei den Kämpfen um den Reumannhof durch Schüsse in den Fuß und in den Bauch tödlich verletzt.

OSWALD, OTTO. Geb. 1900; wh. vermutl. in Bruck an der Mur, Stmk.; verh.; Drahtzieher. – Schutzbund. – Am Nachmittag des 12.2. beim Angriff des Schutzbundes auf die als Kaserne des Freiwilligen Schutzkorps dienende

Forstschule Bruck durch einen Kopfschuss schwer verletzt und kurz darauf im LKH Bruck verstorben.

PAAR, ANTON. Geb. 1909; wh. Hafendorf bei Kapfenberg, Stmk.; ledig; Malergehilfe. – Schutzbund. – Am späten Nachmittag des 13.2. im Wald nahe Kapfenberg beim Zusammenstoß von Schutzbündlern mit Bundesheersoldaten erschossen.

PACEJKA, ALFRED. Geb. 1919; wh. Wien 19; ledig; Schüler, Sohn eines Schlossermeisters. – Nicht-Kombattant. – Der 14-jährige Schüler verübte am 14.2. gemeinsam mit seiner Mutter Juliana Pacejka in der eigenen Wohnung in der Heiligenstädter Straße, Wien 19, Selbstmord durch Vergiftung mit Leuchtgas. Der Vater war wegen des Verdachtes des Mordes und der Teilnahme am Aufstand festgenommen und an das Standgericht überstellt worden. Die Verzweiflung darüber dürfte der Grund für den Doppelselbstmord gewesen sein.

PACEJKA, JULIANA. Geb. 1881; wh. Wien 19; verh., 1 Kind; Ehefrau eines Schlossermeisters. – Nicht-Kombattantin. – Sie verübte am 14.2. gemeinsam mit ihrem Sohn Alfred Pacejka Selbstmord.

PALKA, FRANZ. Geb. 1905; wh. Wien 2; gesch.; Chauffeur. – Nicht-Kombattant. – Er wurde – während er gerade seiner Arbeit als Zeitungszusteller nachging – am Abend des 12.2. in der Herbststraße, Wien 16, durch einen Schuss in den Oberschenkel und das Becken schwer verletzt und erlag später im AKH dieser Verletzung.

PEICHEL, JOSEF. (Auch: Peichl.) Geb. 1904; wh. Wien 21; verh., 1 Kind; Hilfsarbeiter, arbl. – Vermutl. Schutzbund. – Erlitt lt. Petri (1937) am 13.2., nachmittags, ohne Feindeinwirkung schwere Unterleibsverletzungen durch die Explosion von zwei Handgranaten in der Hosentasche. Demnach war er am Eingangstor zur Gartenstadt Jedlesee (heute Karl-Seitz-Hof), Wien 21, Posten gestanden. In einem Polizeibericht (1934) heißt es hingegen, Peichel sei am 14.2., ca. 10 Uhr, durch einen Granatsplitter am Eingangstor zu seinem Wohnhaus verletzt worden. Bei dieser Version könnte es sich aber um eine Schutzbehauptung seiner Angehörigen gehandelt haben. Peichel starb am 27.2. im Spital der Barmherzigen Brüder.

PELIKAN, JULIUS. Geb. 1893; wh. Harland bei St. Pölten, NÖ; verh.; Spenglermeister und Hausbesitzer. – Nicht-Kombattant. – Am 13.2. in der Flurschützgasse, Wien 12, durch einen Schuss aus einem Gemeindebau tödlich getroffen. Er wollte gerade einen Wachmann nach dem Weg fragen. Sein ihn begleitender Neffe sagte aus, dass der Schuss wahrscheinlich den Polizisten hätte treffen sollen.

PESSL, FERDINAND. Geb. 1892; wh. Steyr, OÖ; verh.; Sattler bzw. Fabriksarbeiter. – Unklare Zugehörigkeit. – Am 13.2. in Steyr, angeblich beim Heranschleichen an das vom Bundesheer besetzte Schloss Engelsegg nach Warnschüssen erschossen. Diese Version lässt darauf schließen, dass Peßl auf Seiten der Aufständischen tätig gewesen wäre. Es fällt aber auf, dass er in den einschlägigen Publikationen und auch auf der Gedenktafel für die Opfer der Februarkämpfe auf dem Urnenfriedhof am Tabor nicht genannt wird. Es ist daher nicht auszuschließen, dass Peßl zufällig, irrtümlich oder mutwillig als Unbeteiligter erschossen wurde.

PETAK, JOSEF. Geb. 1891; wh. Wien 20; verh., 1 Kind; Bundesbahnbediensteter, Oberrevident des Bahnhofs Penzing. – Nicht-Kombattant. – Erlitt am 14.2. bei einem Spaziergang an der Brigittenauer Lände, Wien 20, eine Verletzung durch einen Schuss aus einem vorbeifahrenden Auto und starb am 18.2. im Spital der Barmherzigen Brüder. Die Tat könnte im Zusammenhang mit den Kämpfen um den gegenüberliegenden Karl-Marx-Hof stehen.

PETZLMANN, LEOPOLDINE. Geb. 1862; wh. Wien 21; Witwe eines Bundesbahnbediensteten. – Nicht-Kombattantin. – Am späten Nachmittag des 12.2. vor ihrem Wohnhaus in der Angererstraße, Wien 21, anlässlich einer »Straßensäuberungsaktion« gegen vor dem Arbeiterheim Floridsdorf angesammelte Demonstranten durch einen Schuss ins Schienbein schwer verletzt. Erlag dieser Verletzung kurze Zeit später im AKH.

PEUKER, JOHANN. Geb. 1897; wh. Wien 21; Rayonsinspektor. – Polizei. – Er verhaftete am Nachmittag des 13.2. in einem Haus in der Angererstraße, Wien 21, vier verdächtige Personen. Als er mit den Gefangenen auf die Straße trat, feuerte ein Schutzkorpsmann auf diese einen Schuss ab. Dabei wurde einer der Gefangenen sowie ungewollt der Polizist schwer verletzt. Der Gefangene konnte gerettet werden, Peuker erlag noch in der Nacht im AKH seiner Verletzung.

PFANZELT, JOHANN. (Auch: Pflanzelt.) Geb. 1900; wh. Wien 16; Metallarbeiter. – Fw. Schutzkorps (HS). – Gehörte einer Gruppe des Wiener Heimatschutzes an, die am Vormittag des 13.2. in der Grillgasse, Wien 11, ins Kreuzfeuer des Schutzbundes geriet. Er wurde dabei getötet.

PICHLER, KARL. Geb. 1908; wh. Wien 21 (heute Wien 22); gesch., 2 Kinder; Installateurgehilfe, arbl. – Schutzbund. – Er gehörte der Schutzbundeinheit an, die am Vormittag des 13.2. den Floridsdorfer Nordbahnhof besetzt hatte. Ungefähr um 16 Uhr dieses Tages beschoss das Bundesheer mit Granaten den Nordbahnhof. Pichler wurde durch ein Sprengstück getötet, seine Kameraden flohen aus dem Bahnhof.

PICHLER, LEOPOLD. Geb. 1900; wh. Wien 21; Rayonsinspektor. – Polizei. – Erlitt am Morgen des 13.2. beim Vorgehen gegen die von Schutzbündlern besetzte Feuerwache Floridsdorf in der Gerichtsgasse durch Feuer vom Straßenbahn-Betriebsbahnhof Floridsdorf einen tödlichen Lungenschuss.

PIRKNER, GUSTAV. (Auch: Birkner.) Geb. 1911; wh. Wien 3; ledig; Kontorist. – Unklare Zugehörigkeit. – Am 13.2. in der Grillgasse, Wien 11, erschossen. Über ihn liegen zwei Polizeiberichte vor. Nach der einen Variante soll er den tödlichen Bauchschuss erhalten haben, als er gerade seinen Arbeitsplatz, die Apollowerke (Schicht AG), verließ, die mitten im Kampfgebiet lagen. Nach der zweiten Variante hatte er sich als Neugieriger im Kampfgebiet herumgetrieben. Pirkner war KJV-Mitglied. Es wäre denkbar, dass er an den Kämpfen teilnahm, seine Teilnahme aber später von seinen Angehörigen vertuscht wurde. Andererseits erscheint es zumindest plausibel, dass Pirker beim Verlassen des Werks als Zufallsopfer starb.

PLATZER, LEO. (Auch: Theo.) Geb. 1913; wh. vermutl. in Graz (Dienstort); Soldat. – Bundesheer. – Am 13.2. bei den Kämpfen um Holzleithen, OÖ, bei der Bergung eines Verwundeten durch einen Kopfschuss getroffen. Er starb später im Krankenhaus Ried im Innkreis.

POJER, VALENTIN. (Auch: Poyer, Bojer oder Poier.) Geb. 1911; wh. vermutl. in Graz (Dienstort); ledig; Assistenzmann. – Bundesheer. – In der Nacht vom 12. auf 13.2. bei den Kämpfen in Gösting bei Graz durch einen Lungenschuss schwer verletzt. Er erlag dieser Verletzung am 14.2. im LKH Graz.

POLLHAMMER, HEINRICH. (Auch: Pollhammer-Zeilinger oder Pohlhammer.) Geb. 1898; wh. Nettingsdorf bei Ansfelden, OÖ; verh.; Gutsbesitzer. – Heimwehr, Ortskommandant. – Pollhammer wurde am 12.2., ca. 19.30 Uhr, in Nettingsdorf vom Schutzbündler Georg Buttinger an der Türschwelle zu dessen Wohnung durch einen Kopfschuss getötet, als er von diesem die Herausgabe der Waffen forderte.

PORZER, ANTON. Geb. 1891; wh. Wien 21; verh., 2 Kinder; Maschinenarbeiter. – Schutzbund. – Am Nachmittag des 13.2. bei der Beschießung des FAC-Baus (heute Paul-Speiser-Hof), Wien 21, durch die Artillerie des Bundesheeres getroffen. Erlitt »tödliche Hals- und Streifschüsse durch Geschossexplosion« (Petri).

POSPISCHIL, JOHANN. Geb. 1883; wh. Wien 21; verh.; Mechanikergehilfe. – Vermutl. Nicht-Kombattant. – Am Nachmittag des 13.2. beim Zug der Gefangenen vom Gemeindebau Schlingerhof, Wien 21, zum BPK Floridsdorf bei der Brünner Straße 30 durch einen Herzschuss getötet.

POTUCEK, RUDOLF. Geb. 1900; wh. Wien 3; verh.; Verkäufer. – Nicht-Kombattant. – Am Vormittag des 13.2. in der Wohnung der Schwiegermutter in der Siebertgasse in Wien 12 durch einen Brustschuss schwer verletzt. Er erlag dieser Verletzung kurze Zeit später im Sophienspital.

PRACHER, FRANZ. (Auch: Bracher sowie Karl.) Geb. 1916; wh. vermutl. in St. Michael, Stmk; ledig; Assistenzmann. – Fw. Schutzkorps (FB). – In den frühen Morgenstunden des 14.2. beim Angriff des Schutzbundes auf die Unterkunft des Freiwilligen Schutzkorps in St. Michael, Stmk., durch einen Kopfschuss getötet.

PRASSNIK, JOSEF. (Auch: Praßnik oder Prasynik.) Geb. 1893; wh. Wien 17; Rayonsinspektor. – Polizei. – Prassnik wurde am 12.2., ca. 17 Uhr, in der Anstalt »Am Steinhof«, Wien 13 (heute Wien 14), bei einer Auseinandersetzung mit Schutzbündlern schwer verletzt und erlag wenige Stunden später seinen Verletzungen.

PREDL, ALFRED. (Auch: Bredl.) Geb. 1899; wh. Steyr, OÖ; verh.; Fabriksarbeiter. – Vermutl. Schutzbund. – Wurde vermutl. am 12. oder 13.2. in Steyr-Ennsleite durch einen Rückenmarkschuss schwer verletzt und erlag dieser Verletzung am 17.2. im LKH Steyr.

PREINER, JOHANN. Geb. 1909; wh. Linz (Dienstort); ledig; Wachmann. – Polizei. – Preiner hatte zu Mittag des 12.2. auf dem Flugfeld im Linzer Hafenviertel Dienst. Dabei stieß er mit einer Gruppe von bewaffneten Schutzbündlern zusammen, die ihn mit mehreren Schüssen töteten.

PREITSCHOPF, FERDINAND. (Auch: Breitschopf.) Geb. 1886; wh. Wien 16; verh., 5 Kinder; Angestellter der Bundesbahnen. – Nicht-Kombattant. – Am Nachmittag des 12. oder am 13.2. in der Sandleitengasse, Wien 16, auf dem Weg in ein Lebensmittelgeschäft durch einen Brustschuss getötet. Der Schuss dürfte von der Polizei abfeuert worden sein.

PRETSCH, KARL. Geb. 1904; wh. Wien 14; Tischlermeister. – Fw. Schutzkorps (HS). – Gehörte einer Gruppe des Wiener Heimatschutzes an, die am Vormittag des 13.2. in der Grillgasse, Wien 11, ins Kreuzfeuer des Schutzbundes geriet. Er wurde dabei getötet.

PUNZENBERGER, OTTO. Geb. 1912; wh. Linz (Dienstort); ledig; Assistenzmann. – Bundesheer. – Am 12.2. beim Gasthof Jägermayer auf dem Freinberg in Linz durch einen Kopfschuss getötet.

PUSCHNIGG, JOHANN. (Auch: Puschnig oder Puschnik.) Geb. 1898; wh. Jagerberg, Stmk. (Dienstort); ledig; Gendarmerie-Rayonsinspektor. – Gendarmerie. – Am 14.2. in den Bergen zwischen Bruck an der Mur und Frohnleiten, Stmk., beim Kampf mit aus Bruck geflüchteten Schutzbündlern durch einen Kopfschuss getötet.

RATHSCHOPF, JOSEFINE. (Auch: Ratschkopf oder Pratschopf.) Geb. 1872; wh. Wien 16; ledig. – Nicht-Kombattantin. – Sie hatte am Nachmittag des 12.2. ihre Wohnung verlassen, um in ihrem Schrebergarten die Hühner zu füttern. Am Morgen des 13.2. wurde sie bei der Gangelbauergasse/Koppstraße, Wien 16, aufgefunden. Näheres ist nicht bekannt. Sie dürfte einer verirrten Kugel zum Opfer gefallen sein.

RAUCHENBERGER, VIKTOR. Geb. 1908; wh. Rohrbach an der Gölsen, NÖ; ledig; Maurergehilfe. – Schutzbund. – Tötete am Vormittag des 13.2. in Rohrbach den Heimatschutzkommandanten Lintner. Aus Rauchenbergers Waffe soll der tödliche Schuss stammen, Schutzbundkommandant Hoys dürfte ebenfalls gefeuert haben. Beide kamen in St. Pölten vor das Standgericht, wurden zum Tode verurteilt und am Abend des 16.2. im Gefangenenhaus St. Pölten hingerichtet.

RAUSCHER, LEOPOLD. Geb. 1915; wh. vermutl. in Wels, OÖ; Assistenzmann. – Bundesheer. – Gegen Mittag des 13.2. beim Angriff des Bundesheeres auf den vom Schutzbund besetzten Ort Holzleithen, OÖ, durch einen Schuss getroffen. Erlag noch am selben Abend seinen Verletzungen.

REBEC, ERNST. (Auch: Rebek.) Geb. 1888; wh. Wien 19; verh., 4 Kinder; Spenglergehilfe, arbl. – Schutzbund. – Am 12. oder 13.2. beim Angriff des Bundesheeres auf die von Schutzbündlern besetzte Gemeindewohnanlage in der Obkirchergasse, Wien 19 (heute Karl-Mark-Hof) getötet. Rebec hatte anscheinend ein MG bedient.

RECHBERGER, FRANZ. Geb. 1893; wh. vermutl. in Bruck an der Mur, Stmk.; verh.; Bundesbahner. – Schutzbund. – Vermutl. am 12.2. auf dem Schlossberg in Bruck durch Kopfschuss getötet. Näheres ist nicht bekannt.

REINSPERGER, JOHANN. (Auch: Rainsperger, Breinsberger oder Renzperger.) Geb. 1905; wh. Kreisbach, NÖ; Wirtschaftsbesitzerssohn. – Fw. Schutzkorps (HS). – Am Vormittag des 13.2. in Wilhelmsburg, NÖ beim Angriff von Schutzbündlern auf eine Heimwehr-Patrouille durch Kopfschuss getötet.

REISNER, WALTER. Geb. 1911; wh. vermutl. in Leoben; ledig. – Fw. Schutzkorps (FB). – In den frühen Morgenstunden des 14.2. beim Angriff des Schutzbundes auf die Unterkunft des Freiwilligen Schutzkorps in St. Michael, Stmk., durch einen Kopfschuss getötet.

REISS, ANTON. (Auch: Ruiss.) Geb. 1901; wh. Wien 4; ledig; Inhaber einer Tanzschule. – Unklare Zugehörigkeit. – Reiss starb am 9.3. im Wiedener Krankenhaus. Folgende Ursachen werden im Totenbeschaubefund genannt: »Steckschuss der Brust, Durchschuss der rechten Lunge, Lungenentzündung«. Näheres ist über dieses Opfer nicht bekannt.

REISENBERGER, JOSEF. Geb. 1911; wh. Attnang-Puchheim, OÖ; ledig; Feilenschleifer. – Schutzbund. – Am frühen Morgen des 13.2. beim Gasthaus »Kaiserwirt« in Zell am Pettenfirst, OÖ, bei Kämpfen mit der Heimwehr durch Brustschuss getötet.

Rohata, Karl. Geb. 1905; wh. Mödling, NÖ; Installateur. – Schutzbund, Wehrturner. – Er fungierte bei den Kämpfen in Mödling als Posten des Schutzbundes und wurde am 13.2., ca. 21 Uhr, in der Payergasse von gegen die Wohnhausanlage »Fünfhaus« vorrückenden Einheiten der Exekutive getötet.

Schaffer, Rudolf. Geb. 1894; wh. Wien 21 (heute Wien 22); verh., 4 Kinder; Straßenbahnschaffner. – Unklare Zugehörigkeit. – Er starb am 15.2., ca. 7 Uhr, bei Aufräumarbeiten an der Kagranerbrücke, Wien 21 (heute Wien 22). Schaffer wollte gerade ein Artilleriegeschoss in die Alte Donau werfen, als dieses explodierte.

Scheck, Alexander. Geb. 1886; wh. Wien 5; verh.; Bäckergehilfe. – Nicht-Kombattant. – Er wurde gegen Mittag des 13.2. auf dem Weg zur Arbeit in der Ankerbrotfabrik, Wien 10, durch einen Schuss in den Bauch getroffen. Er starb noch im Laufe des Abends im Krankenhaus Wieden.

Scherzer, Gustav. Geb. 1898; wh. Wien 12; Hilfsarbeiter. – Fw. Schutzkorps (HS). – Gehörte einer Gruppe des Wiener Heimatschutzes an, die am Vormittag des 13.2. in der Grillgasse, Wien 11, ins Kreuzfeuer des Schutzbundes geriet. Er wurde dabei schwer verletzt und erlag am 17.2. im Krankenhaus Wieden dieser Verletzung.

Scheswendter, Anna. (Auch: Schesswendtner oder Scheswendtner.) Geb. 1897; wh. Wien 11; verh., 1 Kind; Ehefrau eines Bundesbahnpensionisten. – Nicht-Kombattantin. – Sie wurde vermutl. am 13.2. in ihrer Wohnung im Dr.-Franz-Klein-Hof, Wien 11, am Fenster ihrer Wohnung stehend durch einen offenbar gezielten Schuss von der Straße her getötet. Dem Polizeibericht zufolge könnte es sich um einen Racheakt gehandelt haben, weil der Ehemann der Getöteten als ehemaliger Sozialdemokrat während des Aufstandes für die Vaterländische Front Dienst tat.

Schiel, Josef. Geb. 1895; wh. vermutl. in Wien; Rayonsinspektor. – Polizei. – Am späten Vormittag des 12.2. in der Eisteichstraße in Wien-Simmering von zwei jungen Burschen – vermutl. Schutzbündler auf dem Weg zum Sammelplatz – niedergeschossen. Er erlag noch am selben Tag im Rudolfspital seiner Verletzung.

Schiessl, Alois. Geb. 1910; wh. vermutl. in Linz oder Enns, OÖ (Dienstort); ledig; Kanonier. – Bundesheer. – Schießl gehörte einer Kompanie der Heeresschule in Enns an, die bald nach Mittag des 12.2. am südlichen Stadtrand von Linz eintraf. In der Franckstraße wurden die Soldaten von Heckenschützen beschossen. Dabei erlitt Schießl einen Kopfschuss, dem er kurz nach der Einlieferung ins AKH erlag.

Schimann, Arthur. Geb. 1911; wh. Wien 15; ledig; Mitfahrer. – Nicht-

Kombattant. – Erlitt kurz vor Mittag des 14.2. vor dem Geschäftslokal seines Dienstgebers in der Malfattigasse, Wien 12, einen Kopfschuss. In diesem umkämpften Bereich Meidlings war gerade eine »Säuberungsaktion« im Gang. Der Täter war lt. Polizeibericht ein Zugsführer des Bundesheeres.

SCHITTRA, KARL. Geb. 1913 (andere Angabe: 1901); wh. Wien 12; Zimmermaler. – Vermutl. Schutzbund. – Kam vermutl. am 13.2. während oder nach den Kämpfen um den Fuchsenfeldhof in der Längenfeldgasse, Wien 12, ums Leben. Er dürfte Selbstmord begangen haben.

SCHLAGER, JOSEF. Geb. 1913; wh. vermutl. in St. Michael, Stmk.; ledig; Assistenzmann. – Fw. Schutzkorps (FB). – In den frühen Morgenstunden des 14.2. beim Angriff des Schutzbundes auf die Unterkunft des Freiwilligen Schutzkorps in St. Michael, Stmk., schwer verletzt und kurze Zeit später im LKH in Leoben gestorben.

SCHMID, KARL. Geb. 1914; wh. Wels (Dienstort); Assistenzmann. – Bundesheer. – Erlitt gegen Mittag des 13.2. beim Angriff des Bundesheeres auf den vom Schutzbund besetzten Ort Holzleithen, OÖ, mehrere Schussverletzungen und starb an innerer Verblutung.

SCHMIDT, JOSEF. (Auch: Schmied.) Geb. 1876; wh. Linz; ledig; Privatier. – Nicht-Kombattant. – Geriet am 12.2. während der Kämpfe in Linz »zufällig« in eine Schießerei und wurde dabei getötet. Näheres ist nicht bekannt.

SCHMIDT, KARL LUDWIG. Geb. 1891; wh. Wien 21; verh., 2 Kinder; Metalldreher, bedienstet in der Hauptwerkstätte der Bundesbahnen in der Brünner Straße. – Vermutl. Nicht-Kombattant. – Erlitt am Nachmittag des 13.2. beim Zug der Gefangenen vom Gemeindebau Schlingerhof, Wien 21, zum BPK Floridsdorf an der Ecke Brünner Straße/Kretzgasse (heute Weisselgasse) einen tödlichen Brust- und Leistenschuss.

SCHMIDT, ROSA. Geb. 1890; wh. Wien 12; verh., 2 Kinder; Gattin eines Buchdruckmaschinenmeisters. – Nicht-Kombattantin. – Am 14.2. in der Küche ihrer Wohnung in der Spittelbreitengasse, Wien 12, durch einen Schuss von außen, der sie im Gesicht und am Hals traf, schwer verletzt und dieser Verletzung am 18.2. im AKH erlegen. Es dürfte sich um Übergriffe der Heimwehr während einer »Säuberungsaktion« gehandelt haben.

SCHMIED, JOSEF. (Auch: Schmidt oder Schmid.) Geb. 1903; wh. Thomasroith, OÖ; verh., 1 Kind; Bergmann. – Schutzbund, Sanitäter. – Am 13.2., ca. 17 Uhr, auf der Bühne des Arbeiterheims Holzleithen, OÖ, durch Heimwehrleute erschossen.

SCHMOLLER, JOSEF. Geb. 1912; wh. Wels (Dienstort); Soldat. – Bundesheer. – Erlitt gegen Mittag des 13.2. beim Angriff des Bundesheeres auf den vom Schutzbund besetzten Ort Holzleithen, OÖ, einen tödlichen Kopfschuss.

SCHNAUBELT, JOSEF. Geb. 1886; wh. Wien 21; verh.; Hilfsarbeiter der Werkstätte Floridsdorf der Bundesbahnen. – Unklare Zugehörigkeit. – Am Nachmittag des 13.2. vor dem BPK Floridsdorf durch einen Kopfschuss getötet. In der Verlustliste von Petri wird Schnaubelt unter den Opfern der Zivilbevölkerung genannt, anderen Quellen zufolge gilt er als Opfer der Exekutive.

SCHNEIDER, GUSTAV. Geb. 1913; wh. Wien 7; ledig; Friseurgehilfe. – Fw. Schutzkorps (HS). – Vermutl. erlitt Schneider während der Februarkämpfe in Wien eine schwere Verletzung (Bauchsteckschuss), über deren Umstände (Ort, Zeit) nichts Näheres bekannt ist. Er erlag dieser Verletzung am 28.3.

SCHNEPF, ALOIS. Geb. 1869; wh. Graz; verh.; Eisenhobler, Altersrentner. – Unklare Zugehörigkeit. – Erlitt am 12.2. einen Leber- und Nierenschuss und starb einen Tag später im Barmherzigenspital Graz. Näheres über ihn ist nicht bekannt.

SCHOBER, JOSEF. Geb. 1915; wh. Wien; ledig; Verkäufer, arbl. – Nicht-Kombattant. – Erlitt am 13.2. in der Koppstraße, Wien 16, einen schweren Oberschenkeldurchschuss und starb kurz darauf im Elisabethspital. Lt. Erkenntnissen der Polizei handelte es sich um einen Nationalsozialisten. Möglicherweise hatte er sich aus Neugier in der Gegend herumgetrieben.

SCHÖPPL, ALOIS. (Auch: Schoppl.) Geb. 1893; wh. Steyr, OÖ; verh.; Spengler. – Vermutl. Nicht-Kombattant. – Er wurde am Vormittag des 13.2. durch einen Bauchschuss getötet, während er vom Dach seines Hauses in Steyr die Beschießung der gegenüberliegenden Ennsleite beobachtete.

SCHOTT, HELMUT. Geb. 1907; wh. Wetzelsdorf, Stmk. (heute Graz); ledig; Student, cand. jur. – Nicht-Kombattant. – War am Nachmittag des 12.2. in Eggenberg bei Graz gemeinsam mit seinem Bruder Siegfried auf einem Motorrad unterwegs. Lt. Zeitungsmeldungen schossen Schutzbündler vom Konsumsverein oder von einem anderen besetzten Gebäude aus gezielt auf die beiden. Helmut erlitt einen tödlichen Bauchschuss. Beide Brüder waren als aktive Nationalsozialisten und SA-Leute bekannt.

SCHOTT, SIEGFRIED. Geb. 1904; wh. Graz; verh.; kaufmännischer Beamter. – Nicht-Kombattant. – Am Nachmittag des 12.2. auf einer gemeinsamen Motorradfahrt mit seinem Bruder in Eggenberg bei Graz per Kopfschuss schwer verletzt. Starb tags darauf im LKH Graz.

SCHUSTER, FRANZ. Geb. 1899; wh. Wien 10; Rayonsinspektor. – Polizei. – Schuster war zu Mittag des 12.2. an einem ersten Versuch beteiligt, in den Gemeindebau in der Quellenstraße 24b, Wien 10, einzudringen. Er wurde durch einen Bauchschuss schwer verletzt und erlag am Folgetag dieser Verwundung.

SCHUSTER, WENZEL. Wohnhaft vermutl. in Velm, NÖ; verh., 2 Kinder; Gendarmerie-Rayonsinspektor. – Gendarmerie. – Wurde zu Mittag des 14.2. bei Straßhof, NÖ (ev. in Markgrafneusiedl) beim Zusammenstoß mit einer Gruppe von aus Floridsdorf durch das Marchfeld Richtung Tschechoslowakei flüchtenden Schutzbündlern erschossen.

SCHWAB, JOHANN. Geb. 1886; wh. Wien 13 (heute Wien 14); verh.; Hilfsarbeiter. – Unklare Zugehörigkeit. – Lt. Totenbeschaubefund erlag er am 15.2. im Elisabethspital, Wien 14, den Folgen eines »Lungenstiches«. Als einzige Quelle, dass es sich um ein Opfer der Februarkämpfe gehandelt haben könnte, liegt die im Gräberbuch der Gruppe 28 des Wiener Zentralfriedhofs eingeklebte Liste vor, deren Herkunft unklar ist.

SCHWARZ, KARL. Geb. 1901; wh. Wien 12; ledig, 1 Kind; Zahntechniker, arbl. – Schutzbund. – Am Morgen des 13.2. bei den Kämpfen in Wien-Meidling (Fuchsenfeldhof, Längenfeldgasse) schwer verletzt. Erlag später im Franz-Josef-Spital dieser Verletzung.

SCHWEINBERGER, FRANZ. Geb. 1905; wh. Wien 10; ledig, Lebensgefährtin, 1 Kind; Bauarbeiter, während der Wintersaison arbeitslos. – Vermutl. Nicht-Kombattant. – Er stand am Nachmittag des 12.2. mit mehreren Leuten beim Haustor seines Wohnhauses in der Quellenstraße, Wien 10, als er durch einen abprallenden Schuss am Kopf getroffen wurde und dieser Verletzung sofort erlag.

SCHWEITZER, JOSEF. (Auch: Schweizer.) Geb. 1909; wh. Wien 5; ledig, Gelegenheitsarbeiter. – Vermutl. Nicht-Kombattant. – Er wurde gegen Mittag des 13.2. in der elterlichen Wohnung in der Siebenbrunnenfeldgasse, Wien 5, durch einen Schuss schwer getroffen, der vermutl. aus der Richtung eines der umkämpften Gemeindebauten im gegenüberliegenden 12. Bezirk kam. Schweitzer starb zwei Tage später im Krankenhaus Wieden. Lt. Polizeibericht ist es unerklärlich, wieso er offiziell zu den Opfern der OSS gezählt wurde.

SEIDLER, HEINRICH. Geb. 1885; wh. Wien 13; verh.; Besitzer einer Kunststickerei. – Vermutl. Fw. Schutzkorps (OSS). – Erlitt vermutl. bei den Kämpfen in der Eichenstraße, Wien 12, einen Brustdurchschuss und starb kurze Zeit später im Franz-Josef-Spital. Über den Fall ist nichts Näheres bekannt.

SEITLINGER, ALOIS. (Auch: Zeitlinger.) Geb. 1887; wh. Steyr, OÖ; geschieden; Lackierer. – Unklare Zugehörigkeit. – Erlitt am 12. oder 13.2. einen Lungenschuss, dem er am 15.2. im LKH Steyr erlag. Ob er sich an den Kämpfen beteiligte, ist unbekannt. Sein Wohnhaus, Wokralstraße 15, Steyr, in dem er tödlich verwundet wurde, befindet sich ganz vorne an der Ennsleiten. Es wäre denkbar, dass er als Unbeteiligter bei der Beschießung der Ennsleiten durch das Bundesheer in seiner Wohnung getötet wurde.

SEVER, IDA. Geb. 1872; wh. Wien 16; verh. mit Albert Sever, dem sozialdemokratischen Nationalrat und ehemaligen Landeshauptmann von NÖ, keine Kinder. – Nicht-Kombattantin. – Sie wurde in der Nacht vom 12. auf 13.2. in ihrer Wohnung im Arbeiterheim Ottakring, Kreitnergasse, Wien 16, durch einen Granatsplitter des Bundesheeres so schwer verletzt, dass sie bald darauf im AKH starb.

SIMRATH, JOHANN. Geb. 1896; wh. Wien 21; verh.; Gemeindewachmann – Unklare Zugehörigkeit. – Beging am Morgen des 20.2. »Selbstmord durch Sturz in die Tiefe«. Er wohnte in der Gartenstadt Jedlesee, Wien 21 (heute Karl-Seitz-Hof) und dürfte die Tat hier verübt haben. Dass es sich bei Simrath um ein Februaropfer handelte, geht nur aus einer Erwähnung in »Gedenken und Mahnen in Wien« hervor. Die dort genannte Todesursache (im Kampf »gefallen«) stimmt nicht mit dem Totenbeschaubefund überein. Der Grund für den Suizid könnte in der Angst vor Existenzverlust durch Entlassung aus dem Gemeindedienst zu suchen sein.

SITTER, FRANZ. Geb. 1900; wh. Wien 10; verh.; Mechanikergehilfe. – Vermutl. Nicht-Kombattant. – Erlitt am Vormittag des 13.2. am Margaretengürtel, Wien 5, einen Bauchschuss, dem er kurze Zeit später im Franz-Josef-Spital erlag. Lt. Polizeibericht hatte Sitter sich auf dem Weg zum Konsumverein in der Wolfganggasse, Wien 12, befunden, um mit seinem Einlagenbuch einen Geldbetrag zu beheben.

SKODA, MATHILDE. Geb. 1874; wh. Wien 16; verh., 4 Kinder; Gattin eines Krankenkassenbeamten i. P. – Nicht-Kombattantin. – Erlitt in der Nacht vom 12. auf 13.2. in ihrem Wohnhaus im Arbeiterheim Ottakring, Kreitnergasse, Wien 16, durch einen Granatsplitter des Bundesheeres tödliche Verletzungen. Lt. Polizeibericht hatte sie sich gerade in der Wohnung ihrer Nachbarin Ida Sever aufgehalten.

SKRABAL, JOSEF. (Auch: Straball.) Geb. 1892; wh. Holzleithen, Gem. Ottnang am Hausruck, OÖ; verh., 1 Kind; Bergmann. – Schutzbund, Unterführer. – Wie Johann Lobmeier und Josef Zeilinger am Abend des 12.2. vom Bundesheer im oder beim Hausrucktunnel zwischen Holzleithen und Eberschwang, OÖ, erschossen. Über die näheren Umstände liegen widersprüchliche Angaben vor.

SLABSCHE, JOHANN. Geb. 1887; wh. Wien 21; verh.; Bundesbahner, Stationsaufseher. – Nicht-Kombattant. – Am frühen Vormittag des 13.2. beim Angriff des Schutzbundes auf die Nordbahnstation Floridsdorf durch einen Bauchschuss getötet. Er hatte sich hier nicht dienstlich aufgehalten, sondern wollte sich gerade gemeinsam mit seiner Ehefrau auf eine Bahnfahrt begeben.

SMOLIK, FRANZ. Geb. 1881; wh. Wien 16; gesch.; Metallschleifer, arbl. – Nicht-Kombattant. – Erlitt gegen Mittag des 13.2. im Eingangsbereichs eines Kaufmannsladens in der Eisnergasse, Wien 16, durch einen Gewehrschuss eine schwere Verletzung am Arm, starb drei Tage später im AKH.

SOBOTA, THEODOR. Geb. 1913; wh. Wien 13; ledig; Goldarbeiter, arbl. – Vermutl. Nicht-Kombattant. – Am späten Nachmittag des 12.2. in der Sandleitengasse, Wien 16, durch einen Schuss verletzt und dieser Verletzung am 22.2. im AKH erlegen.

SOMMERSGUTTER, RUDOLF. Geb. 1898; wh. vermutl. in Bruck an der Mur, Stmk.; verh.; Platzarbeiter. – Schutzbund. – Am Nachmittag des 12.2. beim Angriff des Schutzbundes auf die als Kaserne des Freiwilligen Schutzkorps dienende Forstschule Bruck getötet. Erlitt lt. Sterbebuch einen Lungenschuss sowie einen Einschuss am linken Oberarm.

SPIRIK, RUDOLF. (Auch: Spirick oder Spirak.) Geb. 1899; wh. Schwechat, NÖ; verh., 4 Kinder; Brauereiarbeiter. – Schutzbund, führende Position. – Am Abend des 12.2., in Schwechat, NÖ, bei einer an der Wiener Straße errichteten Barrikade nahe der Brauerei Schwechat durch eine mit dem Auto ankommende Einheit der Gendarmerie erschossen.

STANEK, JOSEF. Geb. 1883; wh. Graz; verh., 6 Kinder; Sekretär der Arbeiterkammer, führender Funktionär der SDAP und der Gewerkschaft. – Schutzbund. – Er hielt sich im Laufe des 12.2. an mehreren Kampforten in Graz auf und war auch in einen Zusammenstoß mit einigen Kriminalbeamten verwickelt. Ob Stanek dabei selbst geschossen hatte, ist unklar. Jedenfalls wurde ihm am 16. und 17.2. der Standgerichtsprozess gemacht, der mit dem Todesurteil endete. Am Nachmittag des 17.2. wurde er im Grazer Straflandesgericht justifiziert.

STANGL, FRANZ. Geb. 1895; wh. Wien 5; verh., 1 Kind; Selchergehilfe. – Nicht-Kombattant. – Am Abend des 13.2. auf dem Weg in die Nachtschicht in der Baumgasse, Wien 3, durch einen Schuss am Schenkel getroffen und dieser Verletzung am frühen Morgen des 14.2. im Rudolfspital erlegen. Den Schuss hatte ein postenstehender Heimwehrmann abgefeuert.

STANGL, JOHANN. Geb. 1912; wh. Graz; ledig; Bäckermeisterssohn. – Unklare Zugehörigkeit. – Bei der Durchfahrt durch das Kampfgebiet erschossen. Näheres ist unbekannt.

STARKL, KARL. Geb. 1874; wh. vermutl. in Bruck an der Mur, Stmk.; ledig; arbeitslos. – Vermutl. Nicht-Kombattant. – Am 12. oder in der Nacht auf den 13.2. auf dem Hauptplatz von Bruck durch einen Bauchschuss verletzt und kurz darauf im LKH Bruck gestorben. Näheres ist nicht bekannt.

STEINHUBER, JOHANN. Geb. 1888; wh. Wien 13 (heute Wien 14); Rayonsinspektor. – Polizei. – Am 13.2. bei einer Hausdurchsuchung in der Selzergasse, Wien 14 (heute Wien 15) getötet. (Vgl. auch Konrad Axmann und Franz Villa.)

STEPANEK, FRIEDRICH. Geb. 1899; wh. Wien 21; Revierinspektor. – Polizei. – Gegen Mittag des 13.2. geriet eine gegen den Schlingerhof, Wien 21, vorgehende Gruppe der Polizei ins Kreuzfeuer der Schutzbündler. Stepanek erlitt einen Kopfschuss und erlag dieser Verletzung einen Tag später im AKH.

STIRLING, ALBIN. Geb. 1909; wh. Graz; ledig; Schankbursche. – Schutzbund. – Am Morgen des 13.2. beim Angriff auf den GP Gösting bei Graz durch einen Brustschuss getötet.

STITZ, JOSEF. Geb. 1902; wh. Wien 21; verh.; Stabsfeuerwerker. – Bundesheer. – Stitz gehörte zur Besatzung eines Sanitätsautos, das am Vormittag des 13.2. in der Flurschützstraße, Wien 12, auf eine Barrikade des Schutzbundes stieß und heftig beschossen wurde. Verschiedenen Berichten der Regierungsseite zufolge soll Stitz vom Auto »heruntergeschossen« und anschließend mit einer Spitzhacke erschlagen worden sein. In Berichten von Schutzbündlern hingegen heißt es, dass das Feuer zuerst aus dem Auto eröffnet wurde. Wie in anderen ähnlichen Fällen (z. B. auf dem Polygonplatz in Linz, Fall Bulgari) ist nicht mehr feststellbar, von welcher Seite tatsächlich das Feuer eröffnet wurde.

STOCKER, GUSTAV. Geb. 1915; wh. Wien 12; ledig; Modelltischer, arbl. – Unklare Zugehörigkeit. – Am Vormittag des 14.2. auf der Philadelphiabrücke, Wien 12, von einem Schutzkorpsmann durch Kopfschuss getötet. Näheres über die Ereignisse ist nicht bekannt. Im Polizeibericht ist vage von »Demonstrationen« die Rede.

STÖGER, JOSEFINE. Geb. 1891; wh. Wien 13 (heute Wien 14); verh., 2 Kinder; Ehemann ist Chauffeur der Berufsfeuerwehr. – Nicht-Kombattantin. – Am 13.2. mit einer schweren Schussverletzung in das Elisabethspital eingeliefert und am selben Tag ihrer Verletzung erlegen. Näheres ist nicht bekannt.

STROBL, JOHANN. (Auch: Strobel.) Geb. 1904; wh. Wien 10; ledig, Lebensgefährtin; Hilfsarbeiter, arbl. – Nicht-Kombattant. – Am Vormittag des 14.2. an der Ecke Grillgasse/Am Kanal, Wien 11, lt. Polizeibericht »von einem Hauptmann der Heimwehr wegen Nichtfolgeleistung angehalten und darauf wegen Fluchtversuch erschossen«.

STROMBERGER, RUDOLF. Geb. 1895; wh. Reifnitz, Gem. Maria Wörth,

Kärnten (vorübergehend in Graz stationiert); verh.; Gendarmerie-Rayonsinspektor. – Gendarmerie. – Am Nachmittag des 12.2. geriet eine Abteilung der Gendarmerie beim Konsumvereinsgebäude in Eggenberg bei Graz in das Kreuzfeuer der in umliegenden Gebäuden verschanzten Schutzbündler. Stromberger starb an einem Bauchschuss und innerer Verblutung.

STUMPER, LUDWIG. Geb. 1897; wh. Wien 21 (heute Wien 22); verh., 1 Kind; Straßenbahnschaffner. – Unklare Zugehörigkeit. – Er wurde am Morgen des 15.2. bei Aufräumarbeiten an der Kagranerbrücke, Wien 21 (heute Wien 22), durch einen explodierenden Blindgänger getötet.

SUCHANEK, KARL. (Auch: Suchanik.) Geb. 1910; wh. Wien 16; ledig; Tapezierergehilfe, vermutl. arbeitslos. – Unklare Zugehörigkeit. – Am 13.2. im Ottakringer Kampfgebiet (Ecke Thaliastraße/Klausgasse) durch einen Schuss in die Schulter tödlich verletzt. Angeblich wollte er etwas für seinen Vater besorgen. Die Polizei fand keine Anhaltspunkte für eine Beteiligung am Aufstand.

SUMMERAUER, ERNST. (Auch: Sommerauer.) Geb. 1912; wh. Wien 16; Maurergehilfe. – Fw. Schutzkorps (HS). – Am Abend des 12.2. geriet eine Kampfgruppe des Wiener Heimatschutzes im Südtrakt des Karl-Marx-Hofes, Wien 19, in das Kreuzfeuer der Schutzbündler. Summerauer erlitt einen Leberschuss. Er erlag dieser Verletzung am 14.2. im AKH.

SVOBODA, EMIL. (Auch: Swoboda.) Geb. 1898; wh. Wien 19; verh., 2 oder 4 Kinder; Schlossergehilfe, nach anderen Quellen städtischer Arbeiter oder Straßenbahner. – Schutzbund, Gruppenführer. – War in der Nähe des Karl-Marx-Hofs, Wien 19, an einem Zusammenstoß beteiligt, bei dem der Polizeirayonsinspektor Heinrich Kainz starb. Am 16.2. kam Svoboda vor das Standgericht. Die Tat konnte ihm nicht nachgewiesen werden, trotzdem wurde er wegen Aufruhrs zum Tod verurteilt und noch am Abend des 16.2. im Landesgericht Wien hingerichtet.

SWOBODA, ANNA. Geb. 1877; wh. Wien 21; verh.; Gattin eines in der Hanf- und Jutespinnerei Floridsdorf angestellten Schlossers. – Nicht-Kombattantin. – Erlitt am Vormittag des 13.2. in der Brünner Straße, Wien 21, einen Bauchschuss und erlag den Folgen dieser Verletzung am 15.2. im AKH. Lt. Polizeibericht wollte sie gerade ihrem Mann das Mittagessen in die Fabrik bringen.

TATZBER, ANTON. (Auch: Tazber.) Geb. 1902; wh. Wien 21; Oberwachmann. – Polizei. – Am Morgen des 13.2. beim ersten Angriff der Schutzbündler auf das Polizeiwachzimmer Groß-Jedlersdorf, Wien 21, schwer verletzt und vermutl. am 15.2. im AKH gestorben.

TERNOLZ, JOSEF. Wohnhaft Linz; Schlosser der Bundesbahnen. – Schutzbund. – Verübte am 1.3. Selbstmord, indem er sich vor einen fahrenden Zug warf. In einer Zeitungsmeldung heißt es: »Nach einer bei dem Toten vorgefundenen Vorladung für den 28. Februar l. J. hätte er sich vor einer besonderen Disziplinarkommission der Bundesbahndirektion in Linz wegen bewaffneter Beteiligung an der roten Revolte zu verantworten gehabt.«

THALER, LEOPOLD. Geb. 1884; wh. Linz; verh., Kinder; Polizeibezirksinspektor. – Polizei. – Erlitt am Vormittag des 12.2. beim Hotel Schiff in der Landstraße in Linz eine Schussverletzung am linken Unterschenkel. Den Folgen dieser Verletzung erlag er am 24.2. im AKH.

THALHAMMER, RUDOLF. Geb. 1901; wh. Wien 21 (heute Wien 22); ledig; Schlossergehilfe, arbl. – Vermutl. Schutzbund. – Wurde ungefähr zu Mittag des 13.2. in Stadlau (Wien 21, heute Wien 22) durch einen Brustschuss getötet. Hier, am Damm der Ostbahn, lieferten sich Schutzbündler Feuergefechte mit vorbeifahrenden Panzerzügen.

TITZE, THEODOR. (Auch: Leopold.) Geb. 1876; wh. Wien 21; verh., 1 Kind; Hilfsarbeiter. – Vermutl. Nicht-Kombattant. – Am Nachmittag des 13.2. beim Zug der Gefangenen vom Gemeindebau Schlingerhof, Wien 21, zum BPK Floridsdorf bei der Brünner Straße 30 durch einen Bauchschuss verletzt. Starb am 14.2. im AKH.

TJUKA, ERICH. Geb. 1898; wh. Wien 13 (heute Wien 14), nach einer anderen Quelle Wien 2; verh.; Notariatsanwärter. – Fw. Schutzkorps (HS), Kompagniekommandant. – Korvettenleutnant Tjuka war der Anführer einer Gruppe des Wiener Heimatschutzes, die am Vormittag des 13.2. in der Grillgasse, Wien 11, ins Kreuzfeuer des Schutzbundes geriet. Er wurde durch zwei Kopfschüsse und einen Knieschuss getötet.

TKALEC, JULIUS. Geb. 1894; wh. Kapfenberg, Stmk.; ledig; Hilfsarbeiter. – Nicht-Kombattant. – Am späten Nachmittag des 13.2. wurde in der Grazer Straße in Kapfenberg, Stmk., auf ein Heimatschutz-Bataillon, das sich gerade zum Abmarsch sammelte, plötzlich geschossen. Tkalec blickte zu diesem Zeitpunkt unvorsichtigerweise aus dem Fenster seiner Wohnung. Ein Heimatschützer feuerte sofort und tötete ihn durch einen Herzschuss.

TOTH, ALEXANDER. (Auch: Tod.) Geb. 1901; wh. Wien 21; ledig; Eisengießer, vermutl. arbeitslos. – Unklare Zugehörigkeit. – Am 13.2. durch einen Brustschuss getötet. Die Polizei fand ihn am 15.2. am Eingang der Jutespinnerei Brünnerstraße 52, Wien 21. Petri zählt ihn zu den beim Kampf um den Schlingerhof gefallenen »Aufrührern«. Dem Polizeibericht zufolge wäre er allerdings als Nicht-Kombattant zu werten.

TRAUNER, ANTON. Geb. 1909; wh. Linz (Dienstort); Soldat. – Bundesheer. –

Am 12.2. beim Gasthof Jägermayer auf dem Freinberg in Linz durch einen Bauchschuss getötet.

TUTSCH, MATTHIAS. Geb. 1864; wh. Wien 21; verh.; Glasermeister. – Nicht-Kombattant. – Er starb am Vormittag des 14.2. in der Brünner Straße, Wien 21, durch einen Schlaganfall. Lt. einem Zeitungsbericht war er gerade dabei gewesen, bei der Beseitigung einer Barrikade mitzuhelfen. Petri hingegen meint, Tutsch haben seinen tödlichen Schlaganfall unter dem Eindruck des Artilleriebeschusses durch das Bundesheer erlitten.

ÜBERBACHER, ANTON. Geb. 1856: wh. Wien 21; verwitwet, ein erwachsener Sohn; Müllergehilfe, Altersrentner. – Nicht-Kombattant. – Am Nachmittag des 13.2. beim Zug der Gefangenen vom Gemeindebau Schlingerhof, Wien 21, zum BPK Floridsdorf vor dem Tor des Kommissariats durch einen Bauchschuss getötet.

ULLMANN, LORENZ. Geb. 1916; wh. Wien 21; ledig; Tischlerlehrling, arbl. – Vermutl. Nicht-Kombattant. – Der 17-Jährige wurde am Nachmittag des 13.2. in der Schöpfleuthnergasse, Wien 21, durch einen Nackenschuss getötet. Er dürfte sich, wie Petri meint, »aus Neugierde« in der Kampfzone herumgetrieben haben.

ULLSBERGER, EDITH. (Auch: Ullsperger oder Ulsperger.) Geb. 1912; wh. Wien 13; vermutl. ledig; Büroangestellte. – Nicht-Kombattantin. – Am 14.2. beim Bahnhof Unter-Hetzendorf, Wien 12, von einem Maschinengewehrprojektil in die Schläfe getroffen und getötet. Sie befand sich gerade auf dem Heimweg, weil ihre Firma wegen der Unruhen frühzeitig geschlossen hatte.

UMYSSA, LEOPOLD. (Auch: Umyser oder Umiser.) Geb. 1894; wh. Wien 16; verh., 2 Kinder; Gemeindebediensteter. – Vermutl. Schutzbund. – Erlitt am 12.2. in der Nähe des Kampfschauplatzes Arbeiterheim Ottakring, Wien 16, einen »Bauchschuss mit Leberzerreißung« und erlag dieser Verletzung einen Tag später im AKH. Lt. Aussage seiner Ehefrau (Polizeibericht) hatte sich Umyssa auf dem Nachhauseweg von seiner Arbeit befunden. Eine Schutzbehauptung ist in diesem Fall durchaus denkbar.

UNGER, JOHANN. Geb. 1896; wh. vermutl. in Graz (Dienstort); verh., 3 Kinder; Revierinspektor. – Polizei. – Am frühen Nachmittag des 12.2. besetzten Schutzbündler die Polizeiwachstube Hackhergasse in Graz. Die bald danach eintreffende Überfallsbereitschaft der Grazer Polizei erhielt aus den Fenstern der gegenüberliegenden Hirtenschule »ein mörderisches Feuer«. Unger wurde dabei getötet.

URBANEK, AUGUST. Geb. 1897; wh. Wien 16; verh., 1 Kind; Laternenwärter der Gemeinde Wien. – Vermutl. Nicht-Kombattant. – Am Vormittag des 13.2. vor dem Tor seines Wohnhauses in der Koppstraße, Wien 16, durch einen Schuss in den Kopf schwer verletzt und kurze Zeit später im AKH gestorben.

VALENTA, ADALBERT. Geb. 1887; wh. Wien 6; verh.; Schlosser der Bundesbahn-Werkstätte Floridsdorf. – Fw. Schutzkorps (HS). – Er gehörte zur Heimwehrbesatzung der Floridsdorfer Nordbahnstation. Beim Angriff des Schutzbundes auf den Bahnhof wurde er am Vormittag des 13.2. durch einen Schuss in die Stirn getötet.

VALENTA, FRANZ. (Auch: Walenta.) Geb. 1882; wh. Steyr, OÖ; Schmied der Steyr-Werke. – Unklare Zugehörigkeit. – Erlitt bei den Kämpfen in Steyr am 12. oder 13.2. einen Lungenschuss, starb am 1.7. an den Folgen dieser Verletzung. Er wird in den meisten Quellen ohne weiteren Beleg dem Schutzbund zugeordnet, allerdings ist nicht bekannt, ob er sich tatsächlich an den Kämpfen beteiligte.

VANEK, JOSEF. Geb. 1884; wh. Wien 10; Diener. – Unklare Zugehörigkeit. – Erlag am 12.2., um 19.30 Uhr, im Wiedner Spital den Folgen eines Lungenschusses. Es dürfte sich demnach mit ziemlicher Sicherheit um ein Februaropfer handeln. Über die näheren Umstände ist nichts bekannt.

VILLA, FRANZ. Geb. 1889; wh. Wien 14 (heute Wien 15); verh., 3 Kinder; Chauffeur. – Kommunist; unklar ist, ob er Mitglied des Schutzbundes war. – Am 13.2., ca. 11 Uhr, kam es in der Selzergasse, Wien 14 (heute Wien 15), bei einer Hausdurchsuchung zu einer Schießerei, bei der Villa die beiden Sicherheitswachebeamten Konrad Axmann und Johann Steinhuber tötete, schließlich aber seinerseits von einem Polizisten erschossen wurde.

WAGNER, FRANZ. Geb. 1910; wh. Wien 21 (heute Wien 22); ledig; Malergehilfe, arbl. – Vermutl. Schutzbund; lt. Petri Leiter der kommunistischen Zelle Stadlau. – Am Nachmittag des 13.2. bei der Beschießung des FAC-Baus (heute Paul-Speiser-Hof), Wien 21, durch die Artillerie des Bundesheeres getötet.

WALLISCH, KOLOMAN. Geb. 1889; wh. Graz; verh.; gelernter Maurer. sozialdemokratischer Parteifunktionär, Nationalratsabgeordneter. – Schutzbund, politischer Führer. – In der Nacht zum 13.2. entschlossen sich die Schutzbündler nach schweren Kämpfen Bruck an der Mur, Stmk., zu räumen und – geführt von Wallisch – über die Berge in südwestliche Richtung nach Jugoslawien zu entkommen. Als dieser Weg versperrt war, versuchte Wallisch gemeinsam mit seiner Frau Paula und der Hilfe von Genossen Richtung Norden zu entkommen. Er wurde erkannt, denunziert und schließlich in der nördlichen Steiermark verhaftet. Am 19.2. stand Wallisch vor dem Standgericht in Leoben. Der Prozess endete mit dem Todesurteil für Wallisch und dessen Hinrichtung.

WALLNER, MATTHIAS. Geb. 1888; wh. Wien 3; Kriminalrevierinspektor. – Polizei. – Am Nachmittag des 14.2. bei der beabsichtigten Durchsuchung einer Privatwohnung in der Lessinggasse, Wien 2, in der eine Gruppe Wehrturner Bereitschaft hielt, durch drei Revolverschüsse getötet.

WALLNER, RUPERT. Geb. 1888; wh. Wien 10; Rayonsinspektor. – Polizei. – Gegen Mittag des 13.2. geriet eine gegen den Schlingerhof, Wien 21, vorgehende Gruppe der Polizei ins Kreuzfeuer der Schutzbündler. Wallner erlitt dabei einen Schuss in die Brust und erlag dieser Verletzung einen Tag später im AKH.

WALLY, EMMERICH. Geb. 1898; wh. Wien 3; verh. (ev. gesch.), 2 Kinder; Postkraftwagenlenker. – Vermutl. Nicht-Kombattant. – Er wurde vermutl. am Nachmittag des 12.2. in der Quellenstraße, Wien 10, durch einen Schuss in den Kopf so schwer verletzt, dass er kurze Zeit später seinen Verletzungen erlag. Angeblich hatte er sich gerade in der Wohnung einer Bekannten aufgehalten und war kurz auf die Straße gegangen, um Bier zu holen.

WALTL, FRANZ. Geb. 1881; wh. vermutl. in Graz; ledig; Polizeibezirksinspektor. – Polizei. – Am frühen Nachmittag des 12.2. besetzten Schutzbündler die Polizeiwachstube Hackhergasse in Graz. Die bald danach eintreffende Überfallsbereitschaft der Grazer Polizei erhielt aus den Fenstern der gegenüberliegenden Hirtenschule »ein mörderisches Feuer«. Waltl wurde dabei getötet.

WALTL, MARIA. Geb. 1910; wh. Wien 16; verh., 1 Kind; Schneiderin, Ehefrau eines arbeitslosen Hilfsarbeiters. – Nicht-Kombattantin. – Sie wurde gegen Mittag des 13.2. an der Ecke Feßtgasse/Thaliastraße, Wien 16, durch einen Schuss am Oberschenkel schwer verletzt und starb an Verblutung.

WANNEMACHER, FRANZ. Geb. 1891; wh. Linz; gesch.; Schlosser. – Vermutl. Schutzbund. – Erlitt am 12.2. in Linz einen Bauchschuss, dem er am 3.3. im AKH erlag. Die einzige Quelle, in der Wannemacher explizit als getöteter Schutzbündler bezeichnet wird, ist Kammerstätter.

WATZKA, JOHANN. Geb. 1903 oder 1905; wh. Wien 14 (heute Wien 15); ledig; Kellner, arbl. – Unklare Zugehörigkeit. – Am 13.2. in der Koppstraße, Wien 16, durch einen Bauchschuss tödlich verletzt. Im Polizeibericht wird er als »unbeteiligter Passant« bezeichnet, der sich auf dem Weg zum Schneider befunden habe. Dabei könnte es sich aber auch um eine Schutzbehauptung von Angehörigen gehandelt haben.

WEISS, JOHANN. Geb. 1885; wh. Garsten bei Steyr, OÖ; verh.; Hausmeister der Gebietskrankenkasse. – Schutzbund. – Am 13.2. bei der Gebietskrankenkasse in Linz durch einen Bauchschuss schwer verletzt und einen Tag später im AKH gestorben.

WEISSEL, GEORG ING.. Geb. 1899; wh. Wien 21; verh., 1 Kind; Absolvent der Technischen Hochschule, Chemiker, Wachkommandant der Hauptfeuerwache Floridsdorf, Brandoberkommissär. – Schutzbund, Kommandant. – Am Morgen des 13.2. gelang es der Polizei, nach einer Schießerei die Floridsdorfer Hauptfeuerwache (damals Kretzgasse, heute Weisselgasse 3) zu stürmen und die sich dort sammelnden Schutzbündler unter der Führung von Weissel gefangenzunehmen. Am späten Nachmittag des 14.2. begann der Standgerichtsprozess im Landesgericht für Strafsachen Wien II, der zum Todesurteil gegen Weissel und zu dessen Hinrichtung kurz nach Mitternacht des 15.2. führte.

WESSELY, KARL. (Auch: Vessely.) Geb. 1916; wh. vermutl. in Wien; Orgelbauer. – Fw. Schutzkorps (HS). – Gehörte einer Gruppe des Wiener Heimatschutzes an, die am Vormittag des 13.2. in der Grillgasse, Wien 11, ins Kreuzfeuer des Schutzbundes geriet. Er wurde dabei durch einen Steckschuss verwundet und starb am 26.2. im Krankenhaus.

WESTERMAYER, FRANZ. Geb. 1891; wh. Wien 21; Rayonsinspektor. – Polizei. – Am 13.2., nachmittags, in der Schlingerstraße (heute Hermann-Bahr-Straße), Wien 21, durch einen Herzschuss getötet.

WIESER, HERMANN. Geb. 1898; wh. Zell am Ziller, Tirol (vorübergehend in Graz stationiert); verh.; Gendarmerie-Rayonsinspektor. – Gendarmerie. – Am Nachmittag des 12.2. geriet eine Abteilung der Gendarmerie beim Konsumvereinsgebäude in Eggenberg bei Graz in das Kreuzfeuer der in umliegenden Gebäuden verschanzten Schutzbündler. Wieser erlitt dabei einen Bauchschuss. Er erlag dieser Verletzung am 16.2. im Barmherzigenspital Graz.

WIESER, KARL. Geb. 1913; wh. Liesing, NÖ (heute Wien 23); Hilfsarbeiter. – Nicht-Kombattant. – Wurde ungefähr zu Mittag des 13.2. in Liesing bei Wien bei einem Feuergefecht zwischen dem Schutzbund und Regierungskräften als unbeteiligter Passant erschossen.

WIMBERGER, RUDOLF. Geb. 1893; wh. Linz; verh.; Gemeindearbeiter. – Schutzbund. – Am 12.2. bei den Kämpfen um den Wirtschaftshof Linz erschossen.

WINTER, ANDREAS. Geb. 1865; wh. Wien 11; verwitwet; Geschäftsdiener, arbl. – Nicht-Kombattant. – Er wurde vermutl. am Nachmittag des 13.2. in der Grillgasse, Wien 11, während einer Schießerei zwischen Heimwehr und Schutzbund als unbeteiligter Passant durch einen Bauchschuss getötet.

WINTER, EMMA. Geb. 1887; wh. Wien 21; verh.; Gattin eines Heizers. – Nicht-Kombattantin. – Erlitt am Vormittag des 14.2. in der Wohnung ihres

Vaters in der Brünner Straße, Wien 21, einen Bauchschuss und starb kurze Zeit später im AKH.

WINTER, GISELA. Geb. 1929; wh. Linz; Kind von Johann und Maria Winter. – Nicht-Kombattantin. – Starb am 16.2. in der elterlichen Wohnung durch Gasvergiftung. Näheres siehe unter Johann und Maria Winter.

WINTER, JOHANN. Geb. 1901; wh. Linz; verh., 2 Kinder; Laternenanzünder der Gemeinde Linz, erlernter Beruf Schlosser. – Schutzbund. – Verübte am 16.2. Selbstmord per Leuchtgas in seiner Wohnung. Seine Frau Maria und die zehnjährige Tochter Gisela starben ebenfalls, der vierjährige Sohn Johann scheint entgegen Zeitungsmeldungen überlebt zu haben. In einer Zeitungsmeldung heißt es: »Aus einem zurückgelassenen Brief geht hervor, dass Winter, der Schutzbündler war, den Selbstmord mit seiner Familie wegen Entlassung aus dem Dienst begangen hat.« Laut einem Zeitzeugen hatte Winter in der Diesterwegschule in Linz mit dem Maschinengewehr gegen die Exekutive gekämpft.

WINTER, MARIA. Geb. 1907; wh. Linz; verh.; Ehefrau von Johann Winter. – Nicht-Kombattantin. – Starb am 16.2. in der eigenen Wohnung durch Gasvergiftung. Es ist nicht bekannt, ob ihr Gatte Johann Winter im Einverständnis mit ihr handelte. Aufgrund der in einer Zeitungsnotiz beschriebenen Konstellation der Toten liegt die Vermutung nahe, dass der Ehemann die Tat ohne Kenntnis seiner Frau beging.

WINTER, RUPERT. Geb. 1905; wh. Kapfenberg, Stmk.; ledig; Hilfsarbeiter. – Schutzbund. – Bei den Kämpfen in Bruck an der Mur am 12. oder 13.2. vermutl. am Brucker Schlossberg durch einen Lungenschuss schwer verletzt. Erlag dieser Verletzung am 2.3. im LKH Bruck.

WÖGERER, STEFAN. Geb. 1905; wh. Linz; ledig; Kaufmann. – Nicht-Kombattant. – Am späteren Nachmittag des 13.2. vor seinem Geschäft in der Eisenhandstraße in Linz stehend durch einen oder zwei Schüsse schwer verletzt und diesen Verletzungen noch in der Nacht im AKH erlegen.

WOHLFAHRTER, JOSEF. (Auch: Wohlfarter.) Geb. 1889; wh. Stattersdorf, NÖ; verh.; Oberlehrer, sozialdemokratischer Bürgermeister. – Schutzbund, vermutl. Ortskommandant. – In der Nacht vom 13. auf 14.2. in Stattersdorf bei St. Pölten mit einem Kopfschuss tot aufgefunden. Es besteht Unklarheit darüber, ob Wohlfahrter im Kampf getötet wurde oder Selbstmord beging.

WOLFRAM, LUDWIG. (Auch: Rudolf.) Geb. 1901; wh. Wien 13; Handelsangestellter. – Fw. Schutzkorps (HS). – Gehörte einer Gruppe des Wiener Heimatschutzes an, die am Vormittag des 13.2. in der Grillgasse, Wien 11, ins Kreuzfeuer des Schutzbundes geriet. Er wurde dabei schwer verletzt und erlag vermutl. einen Tag später dieser Verletzung.

WOLTRAM, JOSEF. (Auch: Woltran.) Geb. 1885; wh. Wien 21; verh., 2 Kinder; Maschinenarbeiter bzw. städtischer Straßenreiniger. – Unklare Zugehörigkeit. – Am 13.2., mittags, in der Obermayergasse (heute Weisselgasse), Wien 21, durch einen Bauchschuss schwer verletzt und seinen Verletzung am 14. oder 17.2. im Krankenhaus erlegen. Lt. Petri wurde er von im Nordbahnhof verschanzten Schutzbündlern getroffen. Er hatte gerade versucht, dem verletzt auf der Straße liegenden Polizeiwachmann Mühlecker zu helfen.

WÜRGER, JOHANN. Geb. 1900; wh. St. Kathrein am Hauenstein, Stmk.; ledig; Assistenzmann. – Fw. Schutzkorps (HS). – Am Abend des 12.2. in Weiz, Stmk., auf einem Patrouillengang von Schutzbündlern beschossen und durch einen Lungenschuss schwer verletzt. Starb in den Morgenstunden des 13.2. im Spital.

ZABINSKY, JOHANN. Geb. 1885; wh. Wien 11; verh., 4 Kinder; Blumenbinder, nach einer anderen Quelle chemischer Arbeiter. – Schutzbund, Sanitäter. – Am Nachmittag des 13.2. in der Grillgasse, Wien 11, mit einem Kopfschuss getötet.

ZARIBNICKY, ANTON. (Auch: Zarabnicky oder Zarybnicky.) Geb. 1906; wh. Thomasroith, OÖ; verh.; Bergmann. – Schutzbund, Sanitäter. – Am 13.2., ca. 17 Uhr, auf der Bühne des Arbeiterheims Holzleithen, OÖ, durch Heimwehrleute erschossen.

ZEDROSSER, HUGO. Geb. 1913; wh. Wien 21; ledig; Autoschlosser, arbl. – Unklare Zugehörigkeit. – Am 13.2., morgens, anlässlich der Kämpfe im Bereich der Wachstube Groß-Jedlersdorf, Wien 21, durch Lungenschuss verletzt. Am 15.2. im AKH verstorben.

ZEHETNER, JOHANN. Geb. 1907; wh. Steyr, OÖ; ledig; Hilfsarbeiter, arbl. – Nicht-Kombattant. – Er wurde zu Mittag des 12.2. in Steyr-Ennsleite gemeinsam mit seiner Braut Josefine Nagelseder vermutl. vom Schutzbündler Josef Ahrer durch einen Herzschuss schwer verletzt und starb kurze Zeit später. Ahrer wurde für diese Tat hingerichtet.

ZEHRER, MARIA. (Auch: Zöhrer.) Geb. 1888; wh. Wien 2; verh. – Unklare Zugehörigkeit. – Verübte am 15.2. gemeinsam mit ihrem Gatten und Sohn Selbstmord durch Vergiftung mit Leuchtgas.

ZEHRER, VIKTOR JUN. (Auch: Zöhrer.) Geb. 1911; wh. Wien 2; Schriftsetzer, Sohn von Maria und Viktor Zehrer sen. – Unklare Zugehörigkeit. – Verübte am 15.2. gemeinsam mit seinen Eltern Selbstmord durch Vergiftung mit Leuchtgas. Gehörte angeblich dem Schutzbund an. Näheres siehe unter Viktor Zehrer sen.

ZEHRER, VIKTOR SEN. (Auch: Zöhrer.) Geb. 1885; wh. Wien 2; Hilfsarbeiter, arbeitslos, Ehemann von Maria Zehrer und Vater von Viktor Zehrer jun. – Unklare Zugehörigkeit. – Führender Sozialdemokrat von Kaisermühlen und Mitglied des Schutzbundes. Er verübte am 15.2. gemeinsam mit seiner Gattin und seinem Sohn Selbstmord durch Vergiftung mit Leuchtgas. In den Quellen liegen unterschiedliche Angaben darüber vor, ob er und sein Sohn sich am Aufstand beteiligt hatten oder nicht.

ZEILINGER, JOSEF. Geb. 1895; wh. Eberschwang, OÖ; verh.; Bergmann. – Schutzbund. – Wie Johann Lobmeier und Josef Skrabal am Abend des 12.2. vom Bundesheer im oder beim Hausrucktunnel zwischen Holzleithen und Eberschwang, OÖ, erschossen. Über die näheren Umstände liegen widersprüchliche Angaben vor.

ZEITLER, KARL. (Auch: Zeidler.) Geb. 1874; wh. Wien 3; verh.; Metallarbeiter, Altersrentner. – Nicht-Kombattant. – Erlitt am Vormittag des 13.2. in der Keinergasse, Wien 3, beim Haustor seines Wohnhauses einen Kopfschuss, als er gerade Brot holen wollte. Der Schuss dürfte von einem Bundesheersoldaten abgegeben worden sein. Zeitler starb am 18.2. im Rudolfspital.

ZIMMERMANN, MARIA. Geb. 1895; wh. Wien 19; verh., 1 Kind; Ehefrau eines Rayonsinspektors. – Nicht-Kombattantin. – Am Vormittag des 14.2. in der Wohnung ihres Bruders in der Heiligenstädter Straße, Wien 19, durch einen Schuss getötet. Ihr Sohn wurde ebenfalls schwer verletzt, überlebte aber. Die Schüsse dürften aus dem Karl-Marx-Hof abgegeben worden sein.

Anmerkungen

1 Referat Otto Bauer und Parteitagsbeschluss, abgedruckt in: *Arbeiter-Zeitung*, 2.11.1918, S. 1f. Goldinger/Binder, Geschichte der Republik Österreich, S. 21.
2 Vgl. Kriechbaumer, Die großen Erzählungen der Politik, S. 100f.
3 Referat Richard Schmitz am christlichsozialen Parteitag, April 1931, abgedruckt in: Kriechbaumer (Hg.), »Dieses Österreich retten ...«, S. 383f. – Vgl. ausführlich zu dieser Thematik: Kriechbaumer, Zwischen Demokratie und Diktatur des Proletariats.
4 Allgemein zur Geschichte der regierungsnahen Wehrverbände, insbes. der Heimwehr: Wiltschegg, Die Heimwehr; Höbelt, Die Heimwehren und die österreichische Politik 1927–1936. Zum Forschungsstand: Wenninger, Dimensionen organisierter Gewalt, S. 494–530.
5 Allgemein zur Geschichte des Schutzbundes: McLoughlin, Der Republikanische Schutzbund; Naderer, Der bewaffnete Aufstand; Prieschl, Der Republikanische Schutzbund. Forschungsüberblick: Wenninger, Dimensionen organisierter Gewalt, S. 548–558.
6 Goldinger/Binder, Geschichte der Republik Österreich, S. 139, 141f.
7 Vgl. insbes. Botz, Gewalt in der Politik.
8 Hanisch, Der große Illusionist, S. 230–233; Goldinger/Binder, Geschichte der Republik Österreich, S. 142f.

9 Über den Justizpalastbrand und seine Folgen existiert eine Fülle von Literatur. An dieser Stelle sei nur auf eine neue, konzise Darstellung von Gerhard Botz verwiesen: Botz, »Schattendorf« und Justizpalastbrand 1927.
10 Für den Abschnitt 1927 bis 1931 existieren zahlreiche Überblickswerke. Ich folge hier im Wesentlichen Goldinger/Binder, Geschichte der Republik Österreich, S. 150–193. – Zum Pfrimer-Putsch vgl. Botz, Gewalt in der Politik, S. 184–186, sowie Höbelt, Die Heimwehren und die österreichische Politik, S. 204–221. Zu den gewalttätigen Auseinandersetzungen zwischen Sozialdemokraten und Nationalsozialisten in Wien vgl. Bauer, »… jüdisch aussehende Passanten« sowie Bauer, Die kalkulierte Eskalation.
11 Naderer, Der bewaffnete Aufstand, S. 236–243; McLoughlin, Der Republikanische Schutzbund, S. 140–162, 368–373; Goldinger/Binder, Geschichte der Republik Österreich, S. 144 f.
12 Kreisky, Zwischen den Zeiten, S. 196. – Allg. zum Koalitionsangebot: Goldinger/Binder, Geschichte der Republik Österreich, S. 183 f.; Hanisch, Der große Illusionist, S. 276 f.
13 Sofern nicht anders ausgewiesen, basiert der Abriss der Entwicklung der Jahre 1932/33 auf den folgenden Werken: Leichter, Glanz und Ende der Ersten Republik, S. 143–204; Huemer, Sektionschef Robert Hecht, S. 135–271; Holtmann, Zwischen Unterdrückung und Befriedung, S. 42–92; Haas, Das Ende des Austromarxismus; Goldinger/Binder, Geschichte der Republik Österreich, S. 193–210; Hanisch, Der große Illusionist, S. 277–293.
14 Bauer, Der Aufstand der österreichischen Arbeiter, S. 11.
15 Goldinger (Hg.), Protokolle des Klubvorstandes der Christlichsozialen Partei, S. 212.
16 McLoughlin, Der Republikanische Schutzbund, S. 381–383; Naderer, Der bewaffnete Aufstand, S. 313–317.
17 Goldinger (Hg.), Protokolle des Klubvorstandes der Christlichsozialen Partei, S. 242, 248.
18 Haas, Das Ende des Austromarxismus, S. 427.
19 Leichter, Glanz und Ende der Ersten Republik, S. 178.
20 Angaben zum Mitgliederschwund und den Gründen dafür lt. McLoughlin, Der Republikanische Schutzbund, S. 383 f. Vgl. auch Kykal/Stadler, Richard Bernaschek, S. 78.
21 Kerekes, Abenddämmerung einer Demokratie, S. 136 f.
22 Vgl. Bauer, »Strikt nein zu sagen, halte ich nicht für gut«.
23 Wohnout, Italien und der politische Systemwechsel in Österreich, S. 388.
24 Wohnout, Italien und der politische Systemwechsel in Österreich, S. 377–391. Vgl. auch Maderthaner/Maier (Hg.), »Der Führer bin ich selbst«, S. 21–47.
25 Die gesamte Rede im vollen Wortlaut ist nachzulesen in der *Reichspost* und vielen anderen österreichischen Tageszeitungen vom 12.9.1933.
26 Maderthaner/Maier (Hg.), »Der Führer bin ich selbst«, S. 50; vgl. Wohnout, Italien und der politische Systemwechsel in Österreich, S. 392. Zur Regierungsumbildung vom 21.9.1933 siehe Huemer, Sektionschef Robert Hecht, S. 244–252.
27 Huemer, Sektionschef Robert Hecht, S. 262; Hanisch, Der große Illusionist, S. 290. Vgl. *Arbeiter-Zeitung*, 18.9.1933, S. 1.
28 Goldinger/Binder, Geschichte der Republik Österreich, S. 214–216 (Otto-Bauer-Zitat S. 215 f.); Hanisch, Der große Illusionist, S. 289 f. Vgl. Fischer, Erinnerungen und Reflexionen, S. 250–252 sowie *Arbeiter-Zeitung*, 17.10.1933, S. 1 f.
29 Holtmann, Zwischen Unterdrückung und Befriedung, S. 82–87; Hanisch, Der große Illusionist, S. 291–293; Saage, Der erste Präsident, S. 243 f.
30 Wohnout, Italien und der politische Systemwechsel in Österreich, S. 395–398; Maderthaner/Maier (Hg.), »Der Führer bin ich selbst«, S. 57–64.
31 Goldinger/Binder, Geschichte der Republik Österreich, S. 218; Höbelt, Die Heimwehren und

die österreichische Politik, S. 306 f.; Kleindel, Österreich, S. 346 f. Starhemberg-Rede zit. n. *Arbeiter-Zeitung*, 5.2.1934, S. 1.

32 McLoughlin, Der Republikanische Schutzbund, S. 384–394; Naderer, Der bewaffnete Aufstand, S. 326 f.
33 Peball, Die Kämpfe in Wien im Februar 1934, S. 12–14.
34 Naderer, Der bewaffnete Aufstand, S. 327–334.
35 Peball, Die Kämpfe in Wien im Februar 1934, S. 16 f.
36 *Arbeiter-Zeitung*, 9.2.1934, S. 1 f., 10.2.1934, S. 1.
37 Biografischer Abriss lt. Goldberger/Sulzbacher, Richard Bernaschek. Ausführliche biografische Darstellung: Kykal/Stadler, Richard Bernaschek, S. 13–78, Zitat Parteitag S. 61 f.
38 Bernaschek-Brief, abgedruckt bei: Kykal/Stadler, Richard Bernaschek, S. 82–84.
39 Kykal/Stadler, Richard Bernaschek, S. 78–89; McLoughlin, Der Republikanische Schutzbund, S. 402–406.
40 Zit. n. *Neues Wiener Journal*, 12.2.1934, S. 2; gleichlautend auch in den vielen anderen österreichischen Tageszeitungen von diesem Tag. Vgl. Mautner Markhof, Major Emil Fey, S. 88 f.
41 Das geht aus einem im Juli 1974 verfassten Gesprächsprotokoll mit einem der Teilnehmer des Gesprächs, dem Betriebsrat der Steyr-Werke Gustl Moser, hervor. (Zit. bei Kykal/Stadler, Richard Bernaschek, S. 92.) Lt. einem Zeitzeugenbericht wurde Feys Aussage zu Mittag in einer Nachrichtensendung der Ravag verbreitet (Aussage Zeitzeuge Josef Schrameier, Videodokumentation »Augenzeugen. 12. Februar 1934 in Linz«).
42 Kykal/Stadler, Richard Bernaschek, S. 89–95. Vgl. auch Hanisch, Der große Illusionist, S. 296 f.
43 Kollman, Theodor Körner, S. 220, allgem. über das Verhältnis Körners zum Schutzbund: S. 191–221.
44 Kykal/Stadler, Richard Bernaschek, S. 90, 95; Hanisch, Der große Illusionist, S. 297. – Nach Gulick, Österreich von Habsburg zu Hitler, S. 491, lautete der Text: »Ernst und Otto schwer erkrankt, Vertage das Unternehmen.« Es lassen sich noch weitere abweichende Varianten in der Literatur und in Quellen nachweisen.
45 Hammerstein, Im Anfang war der Mord, S. 99–102; Fiereder, Der Republikanische Schutzbund in Linz, S. 211.
46 Der Februar-Aufruhr 1934, S. 159–161; Kykal/Stadler, Richard Bernaschek, S. 95–97; Fiereder, Der Republikanische Schutzbund in Linz, S. 211–213. – *Linzer Volksblatt*, 2.7.1934, S. 7, Abl. S. 4; 3.7.1934, S. 7. – Aussagen Zeitzeugen Theodor Grill und Josef Hausleitner, Videodokumentation »Augenzeugen. 12. Februar 1934 in Linz«.
47 Vgl. bspw. Fischer, Erinnerungen und Reflexionen, S. 261 f.
48 Hanisch, Der große Illusionist, S. 298 f.; Hanisch, Februar 1934: Mythen und Fakten, S. 1150 f. Vgl. auch Gulick, Österreich von Habsburg zu Hitler, S. 492 f. und Peball, Die Kämpfe in Wien im Februar 1934, S. 20 f.
49 *Öffentliche Sicherheit*, März 1934, S. 8.
50 Der Februar-Aufruhr 1934, S. 32 f.
51 *Wiener Zeitung*, 12.2.1934, S. 1.
52 *Öffentliche Sicherheit*, März 1934, S. 4 f.; Der Februar-Aufruhr 1934, S. 37–50; Peball, Die Kämpfe in Wien im Februar 1934, S. 21–23.
53 Erzählte Geschichte, S. 73 f.; Hanisch, Der große Illusionist, S. 299.
54 *Wiener Zeitung*, 9.4.1935, S. 6. – Korbel erschien am Abend des 14. Februar bei Staatssekretär Karwinsky, erklärte seinen Austritt aus der SDAP und die Übergabe des von ihm geführten Schutzbund-Kreises. (*Reichspost*, 15.2.1934, S. 1.) Zu Korbel auch: Deutsch, Der Bürgerkrieg in Österreich, S. 58 f.

Anmerkungen

55 Vgl. allg. zur Alarmierung des Schutzbundes Peball, Die Kämpfe in Wien im Februar 1934, S. 20 f.
56 Der Februar-Aufruhr 1934, S. 161–164; Fiereder, Der Republikanische Schutzbund in Linz, S. 213 f. Aussagen der Augenzeugen Josef Hausleitner und Franz Desch in der ORF-Dokumentation »Der blutige Februar« von Andreas Novak, 2014.
57 Fiereder, Der Republikanische Schutzbund in Linz, S. 206.
58 Der Februar-Aufruhr 1934, S. 167–171; Fiereder, Der Republikanische Schutzbund in Linz, S. 214–216.
59 Der Februar-Aufruhr 1934, S. 177–183; Fiereder, Der Republikanische Schutzbund in Linz, S. 216–224; Kepplinger, Linz und Steyr: Zentren der Kämpfe, S. 173–178.
60 Der Februar-Aufruhr 1934, S. 186–188; Fiereder, Der Republikanische Schutzbund in Linz, S. 224 f.; Hauch, »… Je härter die Urteile, desto gerechter …«, S. 323–327.
61 Der Februar-Aufruhr 1934, S. 172–176; Fiereder, Der Republikanische Schutzbund in Linz, S. 226–228.
62 Der Februar-Aufruhr 1934, S. 194–199; Treml, 1934 – Februarkampf in Steyr, S. 5–7; Stockinger, Zeit, die prägt, S. 159–165.
63 Der Februar-Aufruhr 1934, S. 212–214; Hummer, Der Widerstand auf dem Land, S. 230–232; Wöss, Der 12. und 13. Februar 1934 in Holzleithen, S. 42–44, 48–51.
64 Anzenberger/Polaschek, Widerstand für eine Demokratie, S. 252, 268, 277. – Zu sagen ist, dass der Vergleich der Zeitangaben einige Ungereimtheiten ergibt, die in erster Linie auf Erinnerungsfehler der Zeugen zurückzuführen sein dürften.
65 Als Faksimile u. a. abgedruckt in: Maimann/Mattl (Hg.), Die Kälte des Februar, S. 71.
66 Der Februar-Aufruhr 1934, S. 255–260; Wallisch, Ein Held stirbt, S. 13–20; Soós, Koloman Wallisch, S. 181–187; Anzenberger/Polaschek, Widerstand für eine Demokratie, S. 133–138, 276–319.
67 Überblick über die Ereignisse in der Obersteiermark: Der Februar-Aufruhr 1934, S. 255–273; Anzenberger/Polaschek, Widerstand für eine Demokratie, S. 133–169.
68 Überblick über die Ereignisse in Graz: Der Februar-Aufruhr 1934, S. 244–255; Anzenberger/Polaschek, Widerstand für eine Demokratie, S. 173–182.
69 Peball, Die Kämpfe in Wien im Februar 1934, S. 24.
70 *Öffentliche Sicherheit*, März 1934, S. 10; Der Februar-Aufruhr 1934, S. 52 f.
71 *Öffentliche Sicherheit*, März 1934, S. 6 f.; Der Februar-Aufruhr 1934, S. 53–56.
72 *Öffentliche Sicherheit*, März 1934, S. 9; Peball, Die Kämpfe in Wien im Februar 1934, S. 25. Zeitzeugenbericht zum Fall Münichreiter: Etzersdorfer/Schafranek (Hg.), Der Februar 1934 in Wien, S. 59–70.
73 *Öffentliche Sicherheit*, März 1934, S. 6 u. 8; Peball, Die Kämpfe in Wien im Februar 1934, S. 25 f., 27 u. 30 f.
74 *Öffentliche Sicherheit*, März 1934, S. 10 f.; Der Februar-Aufruhr 1934, S. 77 f.; Peball, Die Kämpfe in Wien im Februar 1934, S. 29 f.
75 ÖStA/AdR, BMfLV, Ktn. 3809, 1934, 7-4-7-6/1, »Gefechtsbericht über den Anteil des Schutzkorps-Regiments Nr. 3 an den Kämpfen um den Karl-Marx-Hof am 12. und 13. Feber 1934«. *Öffentliche Sicherheit*, März 1934, S. 11 f.; Der Februar-Aufruhr 1934, S. 66–68; Peball, Die Kämpfe in Wien im Februar 1934, S. 31.
76 Ein Überblickswerk über den Februaraufstand in Niederösterreich liegt nicht vor. Diese kurze Zusammenfassung stützt sich auf eine Reihe von historischen Zeitungsberichten, Broschüren, persönlichen Erinnerungen und lokalgeschichtlichen Arbeiten, die hier im Einzelnen nicht angeführt werden können.
77 *Öffentliche Sicherheit*, März 1934, S. 11; Der Februar-Aufruhr 1934, S. 78–81; Peball, Die Kämpfe in Wien im Februar 1934, S. 30.

78 *Öffentliche Sicherheit*, März 1934, S. 12; Der Februar-Aufruhr 1934, S. 68–71; Peball, Die Kämpfe in Wien im Februar 1934, S. 31 f.
79 *Öffentliche Sicherheit*, März 1934, S. 13–15; Der Februar-Aufruhr 1934, S. 89–99; Peball, Die Kämpfe in Wien im Februar 1934, S. 32–34.
80 *Neue Freie Presse*, 13.2.1934, Mbl., S. 1, Abl., S. 2, 14.2.1934, Mbl., S. 1.
81 *Öffentliche Sicherheit*, März 1934, S. 9; Der Februar-Aufruhr 1934, S. 56–58; Peball, Die Kämpfe in Wien im Februar 1934, S. 28 f.
82 *Der Heimatschützer*, 24.2.1934, S. 5; *Öffentliche Sicherheit*, März 1934, S. 8; Der Februar-Aufruhr 1934, S. 60 f.; Peball, Die Kämpfe in Wien im Februar 1934, S. 30 f.
83 *Öffentliche Sicherheit*, März 1934, S. 6; Peball, Die Kämpfe in Wien im Februar 1934, S. 27.
84 *Öffentliche Sicherheit*, März 1934, S. 12; Peball, Die Kämpfe in Wien im Februar 1934, S. 32.
85 Hanisch, Der große Illusionist, S. 303–306.
86 Der Februar-Aufruhr 1934, S. 191–193; Mayrhofer, Der 12. Februar 1934 in Urfahr und im Mühlviertel, S. 4.
87 Der Februar-Aufruhr 1934, S. 199–209; Stockinger, Zeit, die prägt, S. 166–168.
88 Der Februar-Aufruhr 1934, S. 214–221; Hummer, Der Widerstand auf dem Land, S. 232 f.; Wöss, Der 12. und 13. Februar 1934 in Holzleithen, S. 64 u. passim.
89 Der Februar-Aufruhr 1934, S. 244–251; Anzenberger/Polaschek, Widerstand für eine Demokratie, S. 172–177.
90 Der Februar-Aufruhr 1934, S. 259–267; Anzenberger/Polaschek, Widerstand für eine Demokratie, S. 138–140.
91 *Neue Freie Presse*, 15.2.1934, Mbl., S. 6.
92 Allgemein über die Kämpfe am 14.2. im Bezirk Floridsdorf: *Öffentliche Sicherheit*, März 1934, S. 14 f.; Der Februar-Aufruhr 1934, S. 99–121, 130–137; Peball, Die Kämpfe in Wien im Februar 1934, S. 32–35.
93 *Öffentliche Sicherheit*, März 1934, S. 9; Peball, Die Kämpfe in Wien im Februar 1934, S. 28 f.
94 *Öffentliche Sicherheit*, März 1934, S. 8; Der Februar-Aufruhr 1934, S. 64–66; Schutzbundkämpfer erzählen, S. 101–110.
95 Vgl. die verstreuten Meldungen in der *Neue Freie Presse*, 14. und 15.2.1934, und unzensuriert im *Prager Tagblatt*, 15.2.1934, S. 4.
96 *Neue Freie Presse*, 14.2.1934, Abl., S. 2 f., 15.2.1934, Mbl., S. 3 f. Münichreiter, »Ich sterbe, weil es einer sein muss«, S. 41 f.; Safrian, Standgerichte als Mittel der Politik im Februar 1934 in Wien, S. 280–286, Schuschnigg-Zitat: S. 284.
97 *Neue Freie Presse*, 15.2.1934, Mbl., S. 5. Safrian, Standgerichte als Mittel der Politik im Februar 1934 in Wien, S. 286 f.
98 *Reichspost*, 15.2.1934, S. 1. (Die Rechtschreibung wurde angepasst.)
99 *Öffentliche Sicherheit*, März 1934, S. 12; Der Februar-Aufruhr 1934, S. 73–77.
100 Schutzbundkämpfer erzählen, S. 166–177; Roscher, Die Februarkämpfe in Floridsdorf, S. 93–107; Petri, Der Februar-Aufruhr in Floridsdorf, S. 242–245.
101 Abgedruckt u. a. in Hackl/Polt-Heinzl (Hg.), Im Kältefieber, S. 203–217.
102 ÖStA/AdR, BKA-Inneres 22/Stmk., Ktn. 5138, Gz. 131.013/34, Lagebericht Nr. VIII des Sicherheitsdirektors für Steiermark vom 26.2.1934. S. 9.
103 Anzenberger/Polaschek, Widerstand für eine Demokratie, S. 140–145, 223–240, Zitat Rudolf Neck: S. 229, Zitat Staatsanwalt: S. 232. Vgl. auch Wallisch, Ein Held stirbt, insbes. S. 24–63.
104 Nasko, Die Februar-Erhebung im Spiegel der Entscheidungen beim Kreisgericht St. Pölten, S. 331–335; Safrian, Standgerichte als Mittel der Politik im Februar 1934 in Wien, S. 291–294; Hauch, »… Je härter die Urteile, desto gerechter …«, S. 319–323.
105 Anzenberger/Polaschek, Widerstand für eine Demokratie, S. 213–223.

106 Anzenberger/Polaschek, Widerstand für eine Demokratie, S. 202–204; Hauch, »… Je härter die Urteile, desto gerechter …«, S. 323–327. *Reichspost*, 27.2.1934, S. 11.
107 Diese Angaben beruhen auf der Aufstellung in Anzenberger/Polaschek, Widerstand für eine Demokratie, S. 205–212 sowie den Ausführungen zu den weiteren Verfahren in Linz (21./22.2.) und Graz (26.2.), ebd., S. 202–204. – Statistischer Überblick: Zahl der Verfahren: 30; Angeklagte: 134; an ordentliche Gerichte verwiesen: 86; Freisprüche: 5; Verurteilungen zu Haftstrafen: 19; Todesurteile, begnadigt zu Haftstrafen: 15; Todesurteile, vollstreckt: 9. Die von Anzenberger/Polaschek, S. 202, ebenfalls genannten offiziellen Zahlen weichen leicht von dieser Aufstellung ab.
108 Überblick über die Entwicklung nach dem Februaraufstand: Goldinger/Binder, Geschichte der Republik Österreich, S. 221–242.
109 BGBl. 78/1934, Verordnung der Bundesregierung vom 12. Februar 1934, womit der Sozialdemokratischen Arbeiterpartei Österreichs jede Betätigung in Österreich verboten wird.
110 Vgl. für einen eindrucksvollen Überblick: Holtmann, Die Organisation der Sozialdemokratie in der Ersten Republik, 1918–1934.
111 Holtmann, Die Organisation der Sozialdemokratie in der Illegalität, 1934–1945, S. 74.
112 Konrad, Das Werben der NSDAP um die Sozialdemokraten, S. 76. – Vgl. allg. zum Thema: Schafranek, NSDAP und Sozialisten nach dem Februar 1934; Blatnik, Vom Februar zum Juli 1934 oder von Rot nach Braun.
113 Stadler, Opfer verlorener Zeiten, S. 54; Pelinka, Erbe und Neubeginn, S. 63–66.
114 Hanisch, Der große Illusionist, S. 302, 307–310. Vgl. auch *Arbeiter-Zeitung* (Brünn), 18.3.1934, S. 1–3 (Beitrag »Neue Wege zum alten Ziel« von »O.B.«).
115 Widerstand und Verfolgung in Wien, Bd. 1, S. 15–22. Vgl. allg. Buttinger, Am Beispiel Österreichs, sowie Pelinka, Erbe und Neubeginn.
116 Holtmann, Zwischen Unterdrückung und Befriedung, S. 96.
117 Holtmann, Zwischen Unterdrückung und Befriedung, S. 119 f.
118 Zit. n. Marschalek, Der Wiener Schutzbundprozeß 1935, S. 401.
119 Marschalek, Der Wiener Schutzbundprozeß 1935.
120 Köstenberger, 1934 – Flucht aus Österreich in die Tschechoslowakei.
121 Zur »Hochhaltung von Legenden über die Februartage« siehe McLoughlin, Die Schutzbund-Emigration, S. 296.
122 Stadler, Opfer verlorener Zeiten, S. 55–69.
123 Goldberger/Sulzbacher: Richard Bernaschek. Ausführlich: Kykal/Stadler, Richard Bernaschek, S. 101–193, wörtliches Zitat S. 191. Beitrag »Die Tragödie der österreichischen Sozialdemokratie« von Richard Bernaschek, abgedruckt in: Österreich, Brandherd Europas, S. 257–299, insbes. 258 f.
124 Zahlen lt. Angaben von Barry McLoughlin. – Stadler, Opfer verlorener Zeiten, S. 118, spricht von insgesamt rund 1000 Personen, wobei allerdings die Familien miteingeschlossen sind.
125 Diese Zahlen stammen aus Unterlagen, die Barry McLoughlin dem Autor freundlicherweise zur Verfügung gestellt hat. Biografien von Stalin-Opfern: http://www.russisch.or.at/html/stalinopfer.htm (aufgerufen 6.9.2018). Vgl. weiters McLoughlin/Vogl, »… Ein Paragraf wird sich finden!«; McLoughlin, Die Schutzbund-Emigration; Stadler, Opfer verlorener Zeiten.
126 Die Tagebücher von Joseph Goebbels, Eintrag vom 14.2.1934.
127 Domarus, Hitler. Reden und Proklamationen 1932–1945, Eintrag Februar 1934.
128 Unter dieser Bezeichnung wurden Angehörige des Bundesheeres, der Polizei, Gendarmerie und des aus Angehörigen der regierungstreuen Wehrverbände (Heimwehr/Heimatschutz, Ostmärkische Sturmscharen, Freiheitsbund, Christlich-deutsche Turner) gebildeten Freiwilligen Schutzkorps subsumiert.

129 *Reichspost*, 1.3.1934, S. 3. – Am 17. Februar waren vorläufig 102 Tote auf Seiten der Exekutive und 137 tote Zivilisten, darunter viele »Aufrührer«, aber auch zahlreiche Unbeteiligte, gemeldet worden. (*Wiener Zeitung*, 17.2.1934, S. 3.)
130 Charles A. Gulick bezeichnet diese Angaben als »offizielle Zahlen«, seine Quelle dafür nennt er allerdings nicht. (Gulick, Österreich von Habsburg zu Hitler, S. 496.)
131 Schuschnigg, Dreimal Österreich, S. 237.
132 Österreich, Brandherd Europas, S. 225. Bei dieser Angabe ist unklar, ob die Opfer der Exekutive eingerechnet sind oder nicht.
133 Gedye, Die Bastionen fielen, S. 116. – Gedye nennt als regierungsoffizielle Zahlen jene 102 Toten der Exekutive und 137 Tote der Sozialisten, wie sie in den Zeitungen vom 17.2.1934 gemeldet worden waren.
134 Peball, Die Kämpfe in Wien im Februar 1934, S. 38.
135 Botz, Gewalt in der Politik, S. 257f., 306.
136 Garscha, Opferzahlen als Tabu, S. 120, 121, 124 u. passim.
137 *Reichspost*, 1.3.1934, S. 3. – Der Text findet sich gleichlautend in fast allen österreichischen Tageszeitungen.
138 *Reichspost*, 22.2.1934, S. 8.
139 *Reichspost*, 25.2.1934, S. 3.
140 Vgl. ÖStA/AdR, Polizeidirektion Wien, Akten Februar 1934, Z. Pr. IV-2606/1934.
141 Beide Methoden lassen sich am Beispiel einer ansonsten durchaus informativen Website der SPÖ Oberösterreich illustrieren. Hier heißt es u. a.: »Es gibt bis heute keine verlässlichen Zahlen, wie viele Menschen in den Februarkämpfen ums Leben kamen. Es gibt aber viele Hinweise, dass die Angaben des Regimes, etwa 200 ›Aufständische‹ seien getötet worden, deutlich zu niedrig gegriffen war. [...] Weitgehend korrekt dürften demgegenüber die Verlustzahlen der Regierungstruppen gewesen sein, wo 128 Tote und 409 Verwundete beziffert wurden.« URL: http://12februar1934.at/de/#folgegeschichte (aufgerufen 6.9.2018).
142 »Die Opfer des Februar 1934. Sozialstrukturelle und kollektivbiografische Untersuchungen« am Ludwig-Boltzmann-Institut für Historische Sozialwissenschaft, gefördert vom Zukunftsfonds der Republik Österreich (Projekt-Nr. P12-1307). Seit Projektende wurden mehrere mittlerweile zusätzlich bekannt gewordenen Informationen in die Datenbank eingearbeitet. Daher weichen die hier präsentierten Ergebnisse minimal vom im August 2014 erstellten Projektendbericht ab.
143 Die von Schuschnigg 1937 genannte Zahl von 128 Toten der Exekutive lässt sich nicht nachvollziehen. Sofern nicht überhaupt ein Satzfehler vorliegt (irrtümlich 128 statt 118), scheint er bei der Klassifizierung als Opfer des Februaraufstandes von einer äußerst großzügigen Definition ausgegangen zu sein.
144 Im FAC-Bau starben insgesamt fünf Personen durch Artilleriebeschuss. In einem Fall ist es unklar, ob der Tote als Kombattant zu werten ist. Er ist in dieser Aufstellung nicht eingerechnet.
145 Die Zahlen im Detail: Getötete insgesamt: 92; Verursacher unbekannt: 61 Tote (66,3 %); Verursacher Aufständische: 12 Tote (13,0 %); Verursacher Exekutive: 16 Tote (17,4 %); Selbstmord, keine verursachende Kampfpartei: 3 Tote (3,3 %).
146 *Tages-Post* (Linz), 16.2.1934, Abl., S. 3.
147 »Ein erweiterter Suizid oder Mitnahmesuizid liegt dann vor, wenn andere Personen ohne deren Bereitschaft und Einverständnis in den Verlauf der suizidalen Handlungen miteinbezogen werden.« http://www.teachsam.de/pro/pro_selbsttt/pro_selbsttt_5_5.htm (aufgerufen 6.9.2018).
148 Vgl. bpsw. *Tages-Post* (Linz), 16.2.1934, Mtbl., S. 7. – In Zeitungsberichten ist durchwegs davon die Rede, dass auch der zehnjährige Hans Winter jun. ums Leben gekommen sein soll. Dabei könnte es sich allerdings um Falschmeldungen gehandelt haben, denn für diesen lässt

sich – im Gegensatz zu den anderen Familienmitgliedern – im Archiv der Stadt Linz kein Sterbeschein finden. Auch in den Sterbematriken der Diözese Linz, Pfarre Linz Heilige Familie, ist er nicht verzeichnet.

149 Vier Tote im FAC-Bau, nämlich Johann Mück, Franz Nagy, Anton Porzer und Franz Wagner, sind mit einiger Sicherheit dem Schutzbund zuzurechnen. Im Fall des ebenfalls durch Artilleriebeschuss getöteten Privatbeamten Wilhelm Fränkel ist die Zuordnung unklar. Er galt zwar als »eifriger Kommunist«, es liegen aber keine Anhaltspunkte vor, dass er sich an den Kämpfen gegen die Regierungstruppen auf Seiten des Schutzbundes beteiligt hätte. Seine Lebensgefährtin wurde übrigens durch dieselbe Mine, die seinen Tod verursachte, schwer verletzt. (Petri, Der Februar-Aufruhr in Floridsdorf, S. 185, 298 f., 376.)

150 Quellen für Vergleichswerte: Eigene Berechnungen auf Basis der Ergebnisse der Volkszählung 1934; Bauer, Sozialgeschichtliche Aspekte des nationalsozialistischen Juliputsches 1934; unveröffentlichter Projektbericht »Die Sozialstruktur der sozialdemokratischen und kommunistischen Häftlinge der österreichischen Anhaltelager (1933–1938)«. Zukunftsfondsprojekt Nr. P10-0714, Juni 2012, durchgeführt von Kurt Bauer.

151 Zum Generationenmodell vgl. Bauer, Sozialgeschichtliche Aspekte des nationalsozialistischen Juliputsches 1934, S. 122–124.

152 Vgl. Bauer, Sozialgeschichtliche Aspekte des nationalsozialistischen Juliputsches 1934, S. 130–132 sowie v. a. Bauer, »Späte Heirat«.

153 Zum Modell sozialer Milieus und zum vom Autor entwickelten Verfahren der Historischen Milieuanalyse vgl. Bauer, Sozialgeschichtliche Aspekte des nationalsozialistischen Juliputsches 1934, S. 136–146 sowie unveröffentlichter Projektbericht des Ludwig-Boltzmann-Instituts für Historische Sozialwissenschaft aus 2011, »Die Sozialstruktur der illegalen NS-Bewegung in Österreich (1933–1938)«, S. 129–158.

154 Angaben zur Arbeitslosigkeit 1934: Bauer, Sozialgeschichtliche Aspekte des nationalsozialistischen Juliputsches 1934, S. 114. Die dort abgebildete Überblickstabelle wurde auf Basis der Ergebnisse der österreichischen Volkszählung 1934 (Heft 1, S. 253–267, insbes. 262–265) erstellt.

155 Kammerstätter, Der Aufstand des Republikanischen Schutzbundes, S. 1256–1307, Hauch, »… Je härter die Urteile, desto gerechter …«, S. 319–323; Stockinger, Zeit, die prägt, S. 168–175.

156 *Arbeiter-Zeitung*, Brünn, 11.3.1934, S. 3. Österreich, Brandherd Europas, S. 234 f.; Schutzbundkämpfer erzählen vom Februar 1934, S. 122, 133–135.

157 *Steyrer Zeitung*, 15.2.1934, S. 4. Meldung des Bundespolizeikommissariats Steyr, zit. n. Kammerstätter, Der Aufstand des Republikanischen Schutzbundes, S. 1215.

158 *Steyrer Zeitung*, 18.2.1934, S. 5.

159 Schutzbundkämpfer erzählen, S. 122.

160 Die erste Version stammt vom ehemaligen Steyrer KPÖ-Gemeinderat Otto Treml, zit. in einem Beitrag der *Oberösterreichischen Nachrichten* vom 12.2.2014. URL: https://www.nachrichten.at/oberoesterreich/steyr/Februarkaempfe-Z34-forderten-erste-Opfer;art68,1304011 (aufgerufen 6.9.2018). Die zweite Darstellung beruht auf der sozialdemokratischen Historikerin Brigitte Kepplinger. (Kepplinger, Linz und Steyr: Zentren der Kämpfe, S. 189 f.)

161 Schutzbundkämpfer erzählen, S. 122.

162 Vgl. Wöss, Der 12. und 13. Februar 1934 in Holzleithen, S. 57, Fn. 211.

163 Wöss, Der 12. und 13. Februar 1934 in Holzleithen, insbes. S. 37–68.

164 Der Februar-Aufruhr 1934, S. 219.

165 Zaribnicky bezeichnet Fruhwürth (oft fälschlich Frühwirt geschrieben) in einer Quelle als »Kommandant«, der den »militärischen Oberbefehl« geführt habe. In der zweiten ausgewer-

teten Quelle meint er, dieser sei in Zivil gewesen, habe einen Schladminger Rock und den Schuldhahnstoß – also das Zeichen der Heimwehren – auf dem Steirerhut getragen.

166 Kammerstätter, Der Aufstand des Republikanischen Schutzbundes, S. 1500–1503; Hummer, Der Widerstand auf dem Land, S. 233 f.
167 Wöss, Der 12. und 13. Februar 1934 in Holzleithen, S. 66.
168 Petri, Der Februar-Aufruhr in Floridsdorf, S. 88f. *Reichspost*, 18.2.1934, S. 14; *Der Morgen*, 19.2.1934, S. 3; *Illustrierte Kronen Zeitung*, 29.8.1934, S. 5f., 30.8.1934, S. 11. Originalzitat aus der Befragung des Angeklagten: *Neue Freie Presse*, 29.8.1934, Mbl., S. 7.
169 *Österreichische Arbeiter-Zeitung*, 31.3.1934, S. 8.
170 ÖStA/AdR, BKA-Inneres, Sicherheitsdirektorenberichte 1934, Ktn. 42, telefonischer Bericht der Bundespolizeidirektion Graz vom 20.3.1934. In den Zeitungen finden sich keine Hinweise auf einen derartigen Prozess. Lt. Anzenberger/Polaschek, Widerstand für eine Demokratie, S. 251 ff., fanden Prozesse mit Bezug auf die Februarkämpfe am Landesgericht Graz erst ab Mitte April 1934 statt.
171 Österreich, Brandherd Europas, S. 235 f. – Dass am 5.3.1934 zwei Heimwehrlern in Graz-Eggenberg erschossen aufgefundenen worden sein sollen, lässt sich bei Durchsicht der Tageszeitungen und aus anderen Quellen nicht verifizieren.
172 ÖStA/AdR, BKA-Inneres 22/gen., Ktn. 4889, Gz. 182.349/34. – Dass der Buschauffeur, der Wallisch auf der Flucht in einem Auto erkannt und angezeigt hatte, aus Rache für diesen »Verrat« ermordet worden sein soll, ist eine Legende (Anzenberger/Polaschek, Widerstand für eine Demokratie, S. 145). Die Geschichte war weit verbreitet, vgl. bspw. Fischer, Erinnerungen und Reflexionen, S. 283.
173 Anzenberger/Polaschek, Widerstand für eine Demokratie, S. 213.
174 Roscher, Die Februarkämpfe in Floridsdorf, S. 56 f. – Die kurze und unvollständige Darstellung in der kommunistischen Publikation »Österreich, Brandherd Europas« (S. 202 f.) kommt den tatsächlichen Vorgängen wesentlich näher und verzichtet – zumindest was diesen Vorgang betrifft – auf die grotesken Übertreibungen von Roschers Bericht.
175 Petri, Der Februar-Aufruhr in Floridsdorf, S. 166–172.
176 Petri, Der Februar-Aufruhr in Floridsdorf, S. 166 f.
177 So z. B. bei Exenberger/Zoitl, Februar 1934 in Wien, S. 46. – Selbst Roscher, Die Februarkämpfe in Floridsdorf, S. 56, räumt ein, dass die meisten der Gefangenen Nichtkämpfer gewesen seien, denn die Schutzbündler hätten sich rechtzeitig zurückgezogen.
178 Hummer, Der Widerstand auf dem Land, S. 217–220. – Beispiele für die Buttinger-Legende: *Arbeiter-Zeitung*, Brünn, 8.7.1934, S. 8; Schutzbundkämpfer erzählen vom Februar 1934, S. 34 f.; Österreich, Brandherd Europas, S. 193 f. Die Vorgänge aus der Sicht der Exekutive: *Gendarmerie-Rundschau*, 1. Jg., Heft 6 (April 1934), S. 10f.
179 Nasko, Die Februar-Erhebung, S. 329, 331–335; Lettner, Aus der Arbeiterbewegung im Traisental, S. 95 f. Broschüre der SPÖ Hainfeld über den 12. Februar 1934 mit Aussagen des Zeitzeugen Leopold Schiep, URL: http://www.spoe.hainfeld.at/upload/12.Feber1934.pdf (aufgerufen 18.3.2013, 2018 nicht mehr verfügbar). *Reichspost*, 16.2.1934, S. 6 f.; 17.2.1934, S. 7; *Neue Freie Presse*, 16.2.1934, Mbl., S. 5; 17.2.1934, Mbl., S. 4.
180 Der Februar-Aufruhr 1934, S. 186–188; Fiereder, Der Republikanische Schutzbund in Linz, S. 224 f.; Hauch, »... Je härter die Urteile, desto gerechter ...«, S. 323–327; Kepplinger, Linz und Steyr: Zentren der Kämpfe, S. 178 f. Kammerstätter, Der Aufstand des Republikanischen Schutzbundes, S. 577 ff. *Linzer Volksblatt*, 22.2.1934, S. 1–3, 11; 23.2.1934, S. 1. Sandgruber, Im Schatten des Bürgerkriegs von 1934.
181 Der Februar-Aufruhr 1934, S. 58. – ÖStA/AdR, Polizeidirektion Wien, Akten Februar 1934, Zl. Pr. IV-2606/1934, Ktn. 5, 239. Anzeige der Bundespolizeidirektion Wien vom 23.2.1934 an

die Staatsanwaltschaft I: »Simicek Franz und Konsorten, Aufruhr und Mord«. – Verhandlungsprotokoll vom 7.7.1934, zit. bei Fiala, Die Februarkämpfe 1934 in Wien Meidling und Liesing, S. 80.
182 Bericht des Schutzbund-Gruppenführers Lois Vallach, zit. bei Fiala, Die Februarkämpfe 1934 in Wien Meidling und Liesing, S. 72. – Österreich, Brandherd Europas, S. 133.
183 Roscher, Die Februarkämpfe in Floridsdorf, S. 57.
184 Petri, Der Februar-Aufruhr in Floridsdorf, S. 171 f.
185 Lettner, Aus der Arbeiterbewegung im Traisental, S. 94 f.
186 Safrian, Standgerichte als Mittel der Politik im Februar 1934 in Wien, S. 277 f.; Hauch, »… Je härter die Urteile, desto gerechter …«, 319–323.
187 *Alpenländische Morgen-Zeitung*, 17.2.1934, abgedr. in: Kammerstätter, Der Aufstand in Oberösterreich, S. 1228. Schutzbundkämpfer erzählen vom Februar 1934, S. 131 (Bericht Alois Zehetner). Treml, 1934 – Februarkampf in Steyr, S. 9 f.; Stockinger, Zeit, die prägt, S. 167 u. S. 196, Anm. 28; Eidherr, Der Bürgerkrieg in Steyr im Februar 1934, S. 100.
188 ÖStA/AdR, Polizeidirektion Wien, Akten Februar 1934, Ktn. 4. *Öffentliche Sicherheit*, März 1934, S. 9. Österreich, Brandherd Europas, S. 197; Schneider/Zell, Der Fall der roten Festung, S. 37; Heimatschutz in Österreich, S. 28.
189 Petri, Der Februar-Aufruhr in Floridsdorf, S. 139 f., 175 f.
190 Petri, Der Februar-Aufruhr in Floridsdorf, S. 292 f.
191 *Arbeiter-Zeitung*, 13.2.1964, S. 1.
192 Vgl. zu Begriff und Funktion Hein-Kirche, Politische Mythen.
193 Waechter, Mythos.
194 Goldinger (Hg.), Protokolle des Klubvorstandes der Christlichsozialen Partei, S. 280.
195 Vgl. Goldinger/Binder, Geschichte der Republik Österreich, S. 218, die zum selben Ergebnis hinsichtlich Dollfuß' Taktik kommen.
196 Holtmann, Zwischen Unterdrückung und Befriedung, S. 87 f.
197 Vgl. Huemer, Sektionschef Robert Hecht, S. 270. – Am 11. Februar wollte Mussolini übrigens Dollfuß eine Mitteilung zukommen lassen, dass die Chance für einen Schlag gegen das »Rote Wien« im Moment wegen der chaotischen Lage in Frankreich so gut sei, wie selten zuvor. Als der italienische Gesandte Preziosi am späten Nachmittag des 12. Februar bei Dollfuß erschien, um die Botschaft zu überbringen, hatte sich die Sache schon erledigt. (Höbelt, Die Heimwehren und die österreichische Politik, S. 308 f.)
198 *Neuigkeits-Welt-Blatt*, 10.2., S. 2. – Vgl. z. B. *Wiener Zeitung*, 9.2.1934, S. 4; *Reichspost*, 9.2.1934, S. 4; *Arbeiter-Zeitung*, 9.2.1934, S. 1 sowie Verordnung der Bundesregierung vom 21. April 1933 zum Schutze der Wirtschaft gegen Arbeitseinstellung (Streikverordnung), BGBl. 138/1933.
199 *Reichspost*, 11.2.1934, S. 1. Der Text wurde wortident, aber mit anderem Titel (»Die Front fest geschlossen«) auch in der *Wiener Zeitung*, 11.2.1934, S. 1, abgedruckt. In einem ergänzenden Kommentar heißt es dort zusätzlich: »Unverkennbar stehen wir vor wichtigen Entscheidungen, die auch durch die Aktionen der letzten Tage dringender geworden sind.«
200 Vgl. Goldinger/Binder, Geschichte der Republik Österreich, S. 219: »Was das bedeutete, wusste jeder.«
201 Höbelt, Die Heimwehren und die österreichische Politik, S. 307 f., vertritt demgegenüber die These, Feys Ankündigung habe sich ausschließlich darauf bezogen, dass Dollfuß grünes Licht für geplante putschistische Aktionen der Heimwehren in den Bundesländern gegen die dortigen Landesregierungen gegeben hätte.
202 Dollfuß hatte Schmitz bereits am 1.9.1933 für dieses Amt ausgewählt, also kurz nach seiner

Rückkehr von der richtungsgebenden Besprechung mit Mussolini in Riccione. (Huemer, Sektionschef Robert Hecht, S. 262.)
203 Berger, Im Schatten der Diktatur, S. 522–527.
204 Hammerstein, Im Anfang war der Mord, S. 99.
205 Höpfel, Gewaltexzesse im Bürgerkrieg, S. 130.
206 Doyle/Sambanis, Making War and Building Peace, S. 31. Übersetzung aus dem Englischen: Kurt Bauer.
207 Bauer, Der Aufstand der österreichischen Arbeiter, S. 26.
208 *Öffentliche Sicherheit*, März 1934, S. 5; Der Februar-Aufruhr 1934, S. 49f. Ob alle Stadträte tatsächlich im Rathaus verhaftet wurden, lässt sich nicht mit Bestimmtheit sagen. Den beiden zitierten Quellen, die aber in Bezug auf die Verhaftung Seitz' anscheinend nicht ganz präzise sind, ist es jedenfalls so zu entnehmen. Lt. Buttinger, Am Beispiel Österreichs, S. 20, wurde Finanzstadtrat Danneberg nach Finanzverhandlungen mit Finanzminister Buresch zu Hause verhaftet.
209 Maderthaner, Von der Zeit um 1860 bis zum Jahr 1945, S. 452; Garscha/Hautmann, Februar 1934 in Österreich, S. 128. *Reichspost,* 14.2.1934, S. 3.
210 Kollman, Theodor Körner, S. 221f.
211 Helmer, 50 Jahre erlebte Geschichte, S. 154f.; Schneidmadl, Über Dollfuß zu Hitler, S. 57.
212 Fischer, Erinnerungen und Reflexionen, S. 261–287, wörtliches Zitat S. 268f.
213 Buttinger, Am Beispiel Österreichs, S. 25–29, wörtliches Zitat S. 19.
214 »Februarkämpfe'34 forderten erste Opfer.« In: Oberösterreichische Nachrichten, 12.2.2014. URL: https://www.nachrichten.at/oberoesterreich/steyr/Februarkaempfe-Z34-forderten-erste-Opfer;art68,1304011 (aufgerufen 6.9.2018).
215 Mündliche Mitteilung von Winfried Garscha gegenüber dem Autor.
216 Marschalek, Der Wiener Schutzbundprozeß 1935, S. 390f.
217 Schafranek, »Die Führung waren wir selber«, S. 439 u. passim.
218 Brief Hammersteins an Staatssekretär Karwinsky vom 9.2.1934, abgedr. bei Kykal/Stadler, Richard Bernaschek, S. 87f.
219 *Wiener Zeitung,* 9.4.1935, S. 5.
220 Hanisch, Der große Illusionist, S. 303–306; vgl. Buttinger, Am Beispiel Österreichs, S. 51f.
221 Deutsch, Der Bürgerkrieg in Österreich, S. 93–98; Buttinger, Am Beispiel Österreichs, S. 52; Hanisch, Der große Illusionist, S. 305.
222 Vgl. die diesbezüglichen, durchaus schlüssigen Argumente des Vizekanzlers und Sicherheitsministers Fey bei einer Pressekonferenz am 18. Februar. (*Wiener Zeitung,* 19.2.1934, S. 3f.)
223 Reichspost, 18.2.1934, S. 4.
224 Gaigg u. a. (Hg.), Februarkämpfe 1934 in Österreich, S. 16f. – Diese und ähnliche Passagen werden selbst in jüngeren akademischen Abschlussarbeiten noch so zitiert, als handle es sich um unbestreitbare Wahrheiten. Vgl. bspw. Warlitsch, Denkmalsetzungen in Floridsdorf, S. 126.
225 Reichspost, 22.2.1934, S. 8. Vgl. zu den Vorgängen im Sandleitenhof: Der Februar-Aufruhr 1934, S. 52f.
226 Gedye, Die Bastionen fielen, S. 116.
227 Zit. n. Botz, Gewalt in der Politik, S. 253.
228 Vgl. die Ausführungen des Vizekanzlers Fey bei einer Pressekonferenz am 18. Februar (*Wiener Zeitung,* 19.2.1934, S. 3). Ausführlich ist die diesbezügliche Argumentation dargelegt bei: Schneider/Zell, Der Fall der roten Festung.
229 *Öffentliche Sicherheit,* März 1934, S. 7; Etzersdorfer/Schafranek (Hg.), Der Februar 1934 in Wien, S. 20.

230 Der Februar-Aufruhr 1934, S. 26–30; zur Beschießung der Gartenstadt siehe S. 103 f. Vgl. auch *Öffentliche Sicherheit*, März 1934, S. 5.
231 Maderthaner, Von der Zeit um 1860 bis zum Jahr 1945, S. 465 f.
232 Herbert Lackner: »Überfallsartig vergasen«. In: *Profil*, 5/2014, 27.1.2014, S. 26–31.
233 Shepherd, Engelbert Dollfuß, S. 177 f. – Auf diese Passage nimmt Lackner Bezug, wobei bei Shepherd allerdings im Gegensatz zu der von Lackner wiedergegebenen Version keineswegs vom Karl-Marx-Hof und schon gar nicht vom »Ausräuchern« die Rede ist. Dass dieser von aufständischen Schutzbündlern besetzt werden sollte, hätte Dollfuß zu Mittag des 12. Februar bestenfalls erahnen, aber bestimmt noch nicht wissen können.
234 So etwa liegt für das Bundesheer-Bataillon, das am Nachmittag des 12.2.1934 gegen den Gemeindebau Sandleiten in Wien-Ottakring in Marsch gesetzt wurde, eine genaue Aufstellung der mitgeführten Waffen und Munition vor. Es zeigt sich, dass das Bataillon u. a. mit sechs Reizrauchbüchsen ausgestattet war. (Der Februar-Aufruhr 1934, S. 52.)
235 ÖStA/AdR, BKA-Inneres 22/Stmk., Ktn. 5138, Gz. 131.013/34, Lagebericht Nr. VIII des Sicherheitsdirektors für Steiermark vom 26.2.1934. S. 2 f.; *Kleine Zeitung*, 24.2.1934, S. 2; *Öffentliche Sicherheit*, März 1934, S. 24 f. Vgl. auch Der Februar-Aufruhr 1934, S. 248 f.; Österreich, Brandherd Europas, S. 122; Um Österreichs Freiheit, S. 57. – Die Berichte weichen in geringfügigen Details voneinander ab, aus allen geht aber hervor, dass Tränengas resp. Reizrauch zur Befreiung der Wachstube verwendet worden war.
236 Berger, Im Schatten der Diktatur, S. 531 f.
237 Roscher, Die Februarkämpfe in Floridsdorf, S. 113. *Neue Freie Presse*, 15.2.1934, Mbl., S. 5; *Wiener Neueste Nachrichten*, 15.2.1934, S. 6; *Neues Wiener Journal*, 15.2.1934, S. 4. – Das Chlorgas wollten die Aufständischen in der Bleicherei Hermann Pollacks Söhne besorgen. Diese hatte ihren Standort lt. dem Adressenverzeichnis »Lehmann« in der Voltgasse, nur rund 900 Meter vom Kommissariat entfernt. Vgl. auch https://www.ahnenwiki.at/produktkatalog/die-werke-der-wiener-firma-hps-hermann-pollack-soehne-c/ (aufgerufen 6.9.2018).
238 Hammerstein, Im Anfang war der Mord, S. 87.
239 Walterskirchen, Die blinden Flecken der Geschichte, S. 84–95.
240 Dass Hitler ein derartiges Szenario seit langem befürchtete, lässt sich anhand von zahlreichen Dokumenten nachweisen. (Vgl. Bauer, Hitlers zweiter Putsch, S. 164–168, 220 f.)
241 Vgl. Schafranek, Söldner für den »Anschluss«, S. 89–131.
242 Bauer, Der Weg zum Juliputsch, S. 101–103; vgl. Schausberger, Der Griff nach Österreich, S. 272–274, sowie Schafranek, NSDAP und Sozialisten nach dem Februar 1934, S. 99.
243 Schafranek, NSDAP und Sozialisten nach dem Februar 1934, S. 97–101.
244 ÖStA/AdR, BKA-Inneres 20/g, Ktn. 4444, Grz. 120.123/34.
245 Wallisch, Ein Held stirbt!, S. 18.
246 Erinnerungen von Valentina Strecha, abgedruckt in: Etzersdorfer/Schafranek (Hg.), Der Februar 1934 in Wien, S. 21 f. – Lt. Opferdatenbank des DÖW handelt es sich bei dem erwähnten Bruder um den 1911 geborenen Zuckerbäckergehilfen Georg Strecha. Er war nach den Februarkämpfen der KPÖ beigetreten. Die Gestapo verhaftete ihn am 2.2.1944 wegen kommunistischer Betätigung, er wurde vom Volksgerichtshof zum Tode verurteilt und am 21.11.1944 im Landesgericht Wien hingerichtet.
247 Leichter, Glanz und Ende der Ersten Republik, S. 249.
248 Der Februar-Aufruhr 1934, S. 241.
249 Schneider/Zell, Der Fall der roten Festung, S. 13.
250 *Die Fackel*, 1934, 36. Jg. Folge 890–905, S. 255 f.
251 Bauer, Der Aufstand der österreichischen Arbeiter, S. 19 f.
252 Zit. n. Kautsky, Grenzen der Gewalt, S. 19.

253 Kautsky, Grenzen der Gewalt, S. 25 (Zitat) sowie passim. – Mit »Juli 1932« spielt Kautsky auf den »Preußenschlag« an, die widerstandslos hingenommene Absetzung der sozialdemokratisch geführten preußischen Regierung durch eine am 20. Juli 1932 erlassene Notverordnung des Reichspräsidenten.
254 Joseph Buttinger, Am Beispiel Österreichs, S. 23.
255 Leser, Zwischen Reformismus und Bolschewismus, S. 329.
256 Neck, Der Februar 1934 in Österreich, S. 303–317.
257 *Der Standard*, 12. 2. 2014, S. 35.
258 Leichter, Glanz und Ende der Ersten Republik, S. 249.
259 Franzel, Der Bürgerkrieg in Österreich, S. 28 f.
260 Franzel, Der Bürgerkrieg in Österreich, S. 4; Kautsky, Grenzen der Gewalt, S. 20 f.
261 Etzersdorfer/Schafranek (Hg.), Der Februar 1934 in Wien, S. 24.
262 Zit. n. Leser, Zwischen Reformismus und Bolschewismus, S. 329.
263 Zit. n. Leser, Zwischen Reformismus und Bolschewismus, S. 339.
264 Hanisch, Februar 1934: Mythen und Fakten, S. 1155.
265 Halbrainer, Kurt Neumann, S. 21.
266 Zit. n. Hanisch, Februar 1934: Mythen und Fakten, S. 1155 f.
267 Zit. n. Broucek (Hg.), Ein österreichischer General gegen Hitler, S. 551, Fn. 640.
268 *Arbeiter-Zeitung* (Brünn), 18.3.1934, S. 1–3.
269 Vgl. allg. zu der hier vertretenen Argumentation: Hanisch, Februar 1934: Mythen und Fakten, S. 1154–1156.

Literatur und gedruckte Quellen

Anzenberger, Werner; Halbrainer, Heimo (Hg.): Unrecht im Sinne des Rechtsstaates. Die Steiermark im Austrofaschismus. Graz 2014.

Anzenberger, Werner: Spezielle Aspekte des »Bürgerkriegs« 1934 in der Steiermark. In: Anzenberger, Werner; Halbrainer, Heimo (Hg.): Unrecht im Sinne des Rechtsstaates. Die Steiermark im Austrofaschismus. Graz 2014. S. 121–144.

Anzenberger, Werner; Polaschek, Martin F.: Widerstand für eine Demokratie. 12. Februar 1934. Graz 2004.

Arnberger, Heinz; Kuretsidis-Haider, Claudia (Hg.): Gedenken und Mahnen in Niederösterreich. Erinnerungszeichen zu Widerstand, Verfolgung, Exil und Befreiung. Wien 2011.

Bauer, Kurt: »… jüdisch aussehende Passanten«. Nationalsozialistische Gewalt und sozialdemokratische Gegengewalt in Wien 1932/33. In: Das Jüdische Echo. Europäisches Forum für Kultur und Politik. Vol. 54, Oktober 2005. S. 125–139.

Bauer, Kurt: »Späte Heirat«: Nationalsozialismus und Milieu 1934. In: Tagungsbericht. 24. Österreichischer Historikertag, Innsbruck 2005. Hg. v.

Verband Österreichischer Historiker und Geschichtsvereine in Zusammenarbeit mit dem Tiroler Landesarchiv. Innsbruck 2006. S. 594–600.

Bauer, Kurt: »Strikt nein zu sagen, halte ich nicht für gut«. Über Dollfuß' Versuche, mit den Nationalsozialisten ins Geschäft zu kommen. In: Das Jüdische Echo. Europäisches Forum für Kultur und Politik. Vol. 55, Oktober 2006. S. 85–94.

Bauer, Kurt: Der Weg zum Juliputsch. Zu Struktur und Dynamik des Nationalsozialismus in der Steiermark von 1932 bis 1934. In: Halbrainer, Heimo; Polaschek, Martin F. (Hg.): Aufstand, Putsch und Diktatur. Das Jahr 1934 in der Steiermark. Graz 2007. S. 95–117.

Bauer, Kurt: Die kalkulierte Eskalation. Nationalsozialismus und Gewalt in Wien um 1930. In: Kos, Wolfgang (Hg.): Kampf um die Stadt. Politik, Kunst und Alltag um 1930. Ausstellungskatalog Wien Museum. Wien 2010. S. 35–45.

Bauer, Kurt: Hitlers zweiter Putsch. Dollfuß, die Nazis und der 25. Juli 1934. St. Pölten, Salzburg, Wien 2014.

Bauer, Kurt: Sozialgeschichtliche Aspekte des nationalsozialistischen Juliputsches 1934. Diss., Univ. Wien 2001.

Bauer, Otto: Der Aufstand der österreichischen Arbeiter. Seine Ursachen und seine Wirkungen. Prag 1934.

Berger, Peter: Im Schatten der Diktatur. Die Finanzdiplomatie des Vertreters des Völkerbundes in Österreich, Meinoud Marinus Rost van Tonningen, 1931–1936. Wien, Köln, Weimar 2000.

Bernaschek, Richard: Die Tragödie der österreichischen Sozialdemokratie. Prag 1934.

Biedermann, Herbert: Vier Tage im Februar. Die Kämpfe des Jahres 1934 in Döbling. In: Döblinger Museumsblätter, Jg. 41, Nr. 150/151, Februar 2004. S. 1–20.

Blatnik, Herbert: Vom Februar zum Juli 1934 oder von Rot nach Braun. Sozialdemokratie und Nationalsozialismus in der Steiermark. In: Anzenberger, Werner, Halbrainer, Heimo (Hg.): Unrecht im Sinne des Rechtsstaates. Die Steiermark im Austrofaschismus. Graz 2014. S. 173–196.

Botz, Gerhard: »Schattendorf« und Justizpalastbrand 1927. Fragile politische Stabilität und Eruptionen der Gewalt. In: Fischer, Heinz (Hg.): 100 Jahre Republik. Meilensteine und Wendepunkte in Österreich 1918–2018. Wien 2018. S. 56–74.

Botz, Gerhard: Gewalt in der Politik. Attentate, Zusammenstöße, Putschversuche, Unruhen in Österreich 1918–1938. München 1983.

Broucek, Peter (Hg.): Ein österreichischer General gegen Hitler. Feldmarschalleutnant Alfred Jansa. Erinnerungen. Wien, Köln, Weimar 2011.

Bruck/Mur 1934. Eine Region im politischen Widerstand. Hg. v. Bund Sozialdemokratischer Freiheitskämpfer. Konzept und wissenschaftliche Beratung Werner Anzenberger. Bruck 1999.

Buttinger, Joseph: Am Beispiel Österreichs. Ein geschichtlicher Beitrag zur Krise der sozialistischen Bewegung. Köln 1953.

Der Februar-Aufruhr 1934. Das Eingreifen des österreichischen Bundesheeres zu seiner Niederwerfung. Nur für den Dienstgebrauch. Im Auftrage des Bundesministeriums für Landesverteidigung. Wien 1935.

Deutsch, Julius: Der Bürgerkrieg in Österreich. Eine Darstellung von Mitkämpfern und Augenzeugen. Karlsbad 1934.

Die Tagebücher von Joseph Goebbels. Hg. von Elke Fröhlich. Teil I: Aufzeichnungen 1923–1941. München 2005.

Domarus, Max: Hitler. Reden und Proklamationen 1932–1945. Leonberg 1988.

Doyle, Michael W.; Sambanis, Nicholas: Making War and Building Peace. United Nations Peace Operations. Princeton 2006.

Ebner, Christoph: Kampf um ein republikanisches Ideal. Der Schutzbund in Oberösterreich bis 1934. In: Oberösterreich 1918–1938. Bd. III. Hg. v. Oberösterreichischen Landesarchiv. Linz 2015. S. 7–56.

Eidherr, Richard: Der Bürgerkrieg in Steyr im Februar 1934. Dipl.-Arb. d. Univ. Wien, 1995.

Erzählte Geschichte. Berichte von Widerstandskämpfern und Verfolgten. Band 1: Arbeiterbewegung. Hg. v. Dokumentationsarchiv des österreichischen Widerstandes. Wien, München o. J. (1985).

Etzersdorfer, Irene; Schafranek, Hans (Hg.): Der Februar 1934 in Wien. Erzählte Geschichte. Wien 1984.

Exenberger, Herbert; Zoitl, Helge: Februar 1934 in Wien. Chronik, Schauplätze, Gedenkstätten und Augenzeugenberichte. Wien 1984.

Ezsöl, Adolf: Der 12. Februar 1934 und das Schicksal der Familie Spirik. Manuskript eines Referates für den Gedenkabend am 12. Februar 2004 im Saal der SPÖ-Bezirksorganisation Schwechat.

Farthofer, Walter: Tramway Geschichte(n). Wiener Straßenbahner im Kampf gegen den grünen und braunen Faschismus. Wien 2012.

Fiala, Josef: Die Februarkämpfe 1934 in Wien Meidling und Liesing. Ein Bürgerkrieg, der keiner war. Diss. d. Univ. Wien, 2012.

Fiereder, Helmut: Der Republikanische Schutzbund in Linz und die Kampfhandlungen im Februar 1934. In: Historisches Jahrbuch der Stadt Linz 1978, Linz 1979. S. 201–248.

Fischer, Ernst: Erinnerungen und Reflexionen. 2. Aufl., Frankfurt a. M. 1987.
Fischer, Franz Hannes: Gedenkschrift. Das Wiener Heimatschutz-Regiment Nr. 4 im Februar 1934. Wien 1934.
Franzel, Emil: Der Bürgerkrieg in Österreich. Eine politisch-militärische Betrachtung. Bodenbach 1934.
Fröschl, Erich; Zoitl, Helge (Hg.): Februar 1934. Ursache, Fakten, Folgen. Beiträge zum wissenschaftlichen Symposion des Dr.-Karl-Renner-Instituts. Wien 1984.
Gaigg, Hubert; Kommunistischer Bund Salzburg/Hallein (Hg.): Februarkämpfe 1934 in Österreich. Salzburg o. J. (1974).
Garscha, Winfried R.: Opferzahlen als Tabu. Totengedenken und Propaganda nach Februaraufstand und Juliputsch 1934. In: Ilse Reiter-Zatloukal u. a. (Hg.): Österreich 1933–1938. Interdisziplinäre Annäherungen an das Dollfuß/Schuschnigg-Regime. Wien, Köln, Weimar 2012. S. 111–128.
Garscha, Winfried R.; Hautmann, Hans: Februar 1934 in Österreich. Berlin 1984.
Gedenken und Mahnen in Niederösterreich. Siehe unter Arnberger, Heinz; Kuretsidis-Haider, Claudia.
Gedenken und Mahnen in Wien 1934–1945. Gedenkstätten zu Widerstand und Verfolgung, Exil, Befreiung. Eine Dokumentation. Hg. vom Dokumentationsarchiv des österreichischen Widerstandes. Wien 1998. Ergänzungsband: Wien 2001.
Gedye, G. E. R.: Die Bastionen fielen. Wie der Faschismus Wien und Prag überrannte. Wien o. J. (1947).
Goldberger, Josef; Sulzbacher, Cornelia: Richard Bernaschek. URL: http://www.ooegeschichte.at/epochen/nationalsozialismus/biografien/richard-bernaschek/ (aufgerufen 6.9.2018).
Goldinger, Walter (Hg.): Protokolle des Klubvorstandes der Christlichsozialen Partei 1932–1934. Wien 1980.
Goldinger, Walter; Binder, Dieter A.: Geschichte der Republik Österreich 1918–1938. Wien, München 1992.
Gulick, Charles A.: Österreich von Habsburg zu Hitler. Einbändige Ausgabe, Wien 1976.
Haas, Karl: Das Ende des Austromarxismus. Sozialdemokratische Politik 1933/34. In: Fröschl, Erich; Mesner, Maria; Zoitl, Helge (Hg.): Die Bewegung. Hundert Jahre Sozialdemokratie in Österreich. Wien 1990. S. 421–442.
Hackl, Erich; Polt-Heinzl, Evelyne (Hg.): Im Kältefieber. Februargeschichten 1934. Wien 2014.

Halbrainer, Heimo: Das Jahr 1934 im kollektiven Gedächtnis der Steiermark. Erinnerungszeichen zum Jahr 1934. In: Halbrainer, Heimo; Polaschek, Martin F. (Hg.): Aufstand, Putsch und Diktatur. Das Jahr 1934 in der Steiermark. Graz 2007. S. 127–142.

Halbrainer, Heimo: Ein Denkmal für die Opfer. Erinnern und Erinnerungszeichen an die österreichische Diktatur in der Steiermark. In: Anzenberger, Werner; Halbrainer, Heimo (Hg.): Unrecht im Sinne des Rechtsstaates. Die Steiermark im Austrofaschismus. Graz 2014. S. 283–306.

Halbrainer, Heimo: Kurt Neumann. Ein vergessener Kämpfer um die Volksfront in Österreich 1937/38. In: Mitteilungen der Alfred Klahr Gesellschaft, Nr. 1/2016. S. 21–24.

Hammerstein, Hans von: Im Anfang war der Mord. Erlebnisse als Bezirkshauptmann von Braunau am Inn und als Sicherheitsdirektor von Oberösterreich in den Jahren 1933 und 1934. Hg. v. Harry Slapnicka. Wien 1981.

Hanisch, Ernst: Der große Illusionist. Otto Bauer (1881–1938). Wien, Köln, Weimar 2011.

Hanisch, Ernst: Februar 1934: Mythen und Fakten. In: Beruf(ung): Archivar. Festschrift für Lorenz Mikoletzky. Teil II. Mitteilungen des Österreichischen Staatsarchivs 55/2011. S. 1147–1159.

Hansen-Schmidt, Lieselotte: Der Tod im Goethehof. Geschichten und Geschichtliches aus Kaisermühlen. Wien o. J. (1995).

Hauch, Gabriella: »… Je härter die Urteile, desto gerechter …«. Todesurteile in den Standgerichtsprozessen in Oberösterreich. In: Stadler, Karl R. (Hg.): Sozialistenprozesse. Politische Justiz in Österreich 1870–1936. Wien, München, Zürich 1986. S. 317–328.

Heimatschutz in Österreich. Sein Werden und die Juli-Ereignisse. Wien 1935.

Hein-Kirche, Heidi: Politische Mythen. In: Aus Politik und Zeitgeschichte, 11/2007, S. 26–31.

Helmer, Oskar: 50 Jahre erlebte Geschichte. Wien 1957.

Höbelt, Lothar: Die Heimwehren und die österreichische Politik 1927–1936. Vom politischen »Kettenhund« zum »Austro-Fascismus«? Graz 2016.

Holtmann, Everhard: Die Organisation der Sozialdemokratie in der Ersten Republik, 1918–1934. In: Maderthaner, Wolfgang; Müller, Wolfgang C. (Hg.): Die Organisation der österreichischen Sozialdemokratie 1889–1995. Wien 1996. S. 93–167.

Holtmann, Everhard: Die Organisation der Sozialdemokratie in der Illegalität, 1934–1945. In: Maderthaner, Wolfgang; Müller, Wolfgang C. (Hg.): Die Organisation der österreichischen Sozialdemokratie 1889–1995. Wien 1996. S. 169–194.

Holtmann, Everhard: Zwischen Unterdrückung und Befriedung. Sozialistische Arbeiterbewegung und autoritäres Regime in Österreich 1933–1938. München 1978.

Höpfel, Frank: Gewaltexzesse im Bürgerkrieg: Zur juristischen Aufarbeitung von Verbrechen während eines nicht-internationalen bewaffneten Konflikts. In: Reiter-Zatloukal, Ilse u. a. (Hg.): Österreich 1933–1938: Interdisziplinäre Annäherungen an das Dollfuß/Schuschnigg-Regime. Wien, Köln, Weimar 2012. S. 129–139.

Huemer, Peter: Sektionschef Robert Hecht und die Zerstörung der Demokratie in Österreich. Eine historisch-politische Studie. Wien 1975.

Hummer, Hubert: Der Widerstand auf dem Land. In: Kepplinger, Brigitte; Weidenholzer, Josef (Hg.): Februar 1934 in Oberösterreich. »Es wird nicht mehr verhandelt …« Weitra 2009. S. 198–238.

Jedlicka, Ludwig; Neck, Rudolf (Hg.): Das Jahr 1934: 12. Februar. Wien 1975.

Kautsky, Karl: Grenzen der Gewalt. Aussichten und Wirkungen bewaffneter Erhebungen des Proletariats. Karlsbad 1934.

Kepplinger, Brigitte: Linz und Steyr: Zentren der Kämpfe. In: Kepplinger, Brigitte; Weidenholzer, Josef (Hg.): Februar 1934 in Oberösterreich. »Es wird nicht mehr verhandelt …« Weitra 2009. S. 153–197.

Kerekes, Lajos: Abenddämmerung einer Demokratie. Mussolini, Gömbös und die Heimwehr. Wien, Frankfurt, Zürich 1966.

Kleindel, Walter: Österreich. Daten zur Geschichte und Kultur. Wien 1995.

Köck, Günter: Der 12. Februar 1934 in der Steiermark. Ursachen, Verlauf und Folgen der Februarereignisse. Phil. Diss. d. Univ. Graz, 1985.

Kollman, Eric C.: Theodor Körner. Militär und Politik. Wien 1973.

Konrad, Helmut: Das Werben der NSDAP um die Sozialdemokraten 1933–1938. In: Ardelt, Rudolf; Hautmann, Hans (Hg.): Arbeiterschaft und Nationalsozialismus in Österreich. Wien, Zürich 1990. S. 73–89.

Konrad, Helmut: Der Februar 1934 im historischen Gedächtnis. Aus: Dokumentationsarchiv des österreichischen Widerstandes (Hg.): Themen der Zeitgeschichte und der Gegenwart. Arbeiterbewegung – NS-Herrschaft – Rechtsextremismus. Wien 2004. S. 12–26.

Köstenberger, Julia: 1934 – Flucht aus Österreich in die Tschechoslowakei. URL: http://first-research.ac.at/2018/05/17/1934-flucht-aus-oesterreich-in-die-tschechoslowakei/ (aufgerufen 6.9.2018).

Kreisky, Bruno: Zwischen den Zeiten. Erinnerungen aus fünf Jahrzehnten. Berlin, Wien 1986.

Kriechbaumer, Robert (Hg.): »Dieses Österreich retten …«. Die Protokolle der

Parteitage der Christlichsozialen Partei in der Ersten Republik. Wien, Köln, Weimar 2006.

Kriechbaumer, Robert: Die großen Erzählungen der Politik. Politische Kultur und Parteien in Österreich von der Jahrhundertwende bis 1945. Wien, Köln, Weimar 2001.

Kriechbaumer, Robert: Zwischen Demokratie und Diktatur des Proletariats. Die Sozialdemokratie und der 12. Februar 1934. In: Dippelreiter, Michael; Prosl, Christian (Hg.): Österreich 1934 – das Spiel mit dem Feuer. Klagenfurt 2015, S. 207–238.

Kykal, Inez; Stadler, Karl R.: Richard Bernaschek. Odyssee eines Rebellen. Wien 1976.

Leichter, Otto: Glanz und Ende der Ersten Republik. Wie es zum österreichischen Bürgerkrieg kam. Wien u. a. 1964.

Leser, Norbert: 12 Thesen zum 12. Februar 1934. In: Internationale Tagung der Historiker der Arbeiterbewegung. »X. Linzer Konferenz« 1974. Arbeiterbewegung und Faschismus. Der Februar 1934 in Österreich. Wien 1976. S. 318–328.

Leser, Norbert: Zwischen Reformismus und Bolschewismus. Der Austromarxismus als Theorie und Praxis. Zweite Auflage des zentralen Teil. Wien, Köln, Graz 1985.

Lettner, Franz: Aus der Arbeiterbewegung im Traisental. Eigenverlag, Traisen o. J.

Maderthaner, Wolfgang: Von der Zeit um 1860 bis zum Jahr 1945. In: Csendes, Peter; Opll, Ferdinand (Hg.): Wien. Geschichte einer Stadt. Bd. 3: Von 1790 bis zur Gegenwart. Wien, Köln, Weimar 2006. S. 175–544.

Maderthaner, Wolfgang; Maier, Michaela (Hg.): »Der Führer bin ich selbst«. Engelbert Dollfuß – Benito Mussolini Briefwechsel. Überarbeitete und ergänzte Neuauflage der Broschüre »Der geheime Briefwechsel Dollfuß – Mussolini (Wien 1949). Wien 2004.

Maimann, Helene; Mattl, Siegfried (Hg.): Die Kälte des Februar. Österreich 1933–1938. Ausstellungskatalog. Wien 1984.

Marschalek, Manfred: Der Wiener Schutzbundprozeß 1935. In: Stadler, Karl R. (Hg.): Sozialistenprozesse. Politische Justiz in Österreich 1870–1936. Wien, München, Zürich 1986. S. 381–428.

Mautner Markhof, Georg J. E.: Major Emil Fey. Heimwehrführer zwischen Bürgerkrieg, Dollfuß-Mord und Anschluß. Graz, Stuttgart 2004.

Mayrhofer, Wilhelm: Der 12. Februar 1934 in Urfahr und im Mühlviertel. 2014. Download unter: http://gallneukirchen.spoe.at/z_archiv/2014/140121_Gedenkjahr120234.htm (aufgerufen 6.9.2018).

McLoughlin, Barry: Die Schutzbund-Emigration. In: McLoughlin, Barry u. a.: Aufbruch – Hoffnung – Endstation. Österreicherinnen und Österreicher in der Sowjetunion 1925–1945. Wien 1997. S. 159–434.

McLoughlin, Barry; Vogl, Josef: »... Ein Paragraf wird sich finden!« Gedenkbuch der österreichischen Stalin-Opfer (bis 1945). Wien 2013.

McLoughlin, Finbarr: Der Republikanische Schutzbund und gewalttätige politische Auseinandersetzungen in Österreich 1923–1934. Diss. d. Univ. Wien, 1990.

Münichreiter, Karl: »Ich sterbe, weil es einer sein muss.« Karl Münichreiter 1891–1934. Erinnerungen des Sohnes Karl Münichreiter. Wien 2004.

Naderer, Otto: Der bewaffnete Aufstand. Der Republikanische Schutzbund der österreichischen Sozialdemokratie und die militärische Vorbereitung auf den Bürgerkrieg (1923–1934). Graz 2004.

Nasko, Siegfried: Die Februar-Erhebung im Spiegel der Entscheidungen beim Kreisgericht St. Pölten. In: Stadler, Karl R. (Hg.): Sozialistenprozesse. Politische Justiz in Österreich 1870–1936. Wien, München, Zürich 1986. S. 329–352.

Neck, Rudolf: Der Februar 1934 in Österreich. Fakten und Probleme. In: Internationale Tagung der Historiker der Arbeiterbewegung. »X. Linzer Konferenz« 1974. Arbeiterbewegung und Faschismus. Der Februar 1934 in Österreich. Wien 1976. S. 303–317.

Neck, Rudolf: Koloman Wallisch 1934. In: Stadler, Karl R. (Hg.): Sozialistenprozesse. Politische Justiz in Österreich 1870–1936. Wien, München, Zürich 1986. S. 303–315.

Neck, Rudolf: Thesen zum Februar. Ursprünge, Verlauf und Folgen. In: Jedlicka, Ludwig; Neck, Rudolf (Hg.): Das Jahr 1934: 12. Februar. Wien 1975. S. 15–24.

Netzl, Gerald (Hg.): Der 12. Februar 1934 in Liesing. Eine historisch-politische Rekonstruktion. Wien 2004.

Öffentliche Sicherheit. Polizei-Rundschau der österreichischen Bundes- und Gemeindepolizei sowie Gendarmerie. 14. Jg., Nr. 3, März 1934.

Österreich, Brandherd Europas. Zürich 1934.

Peball, Kurt: Die Kämpfe in Wien im Februar 1934. Wien 1974 (3. Aufl., Wien 1983).

Pelinka, Peter: Erbe und Neubeginn. Die Revolutionären Sozialisten in Österreich 1934–1938. Wien 1981.

Pohn, Peter: Bürgerkrieg in Holzleithen. 2. Aufl., Aspach 2007.

Prieschl, Martin: Der Republikanische Schutzbund. In: Truppendienst, Folge

314, Ausgabe 2/2010. URL: http://www.bundesheer.at/truppendienst/ausgaben/artikel.php?id=982 (aufgerufen 6.9.2018).

Reisberg, Arnold: Februar 1934. Hintergründe und Folgen. Wien 1974.

Roscher, Heinz: Die Februarkämpfe in Floridsdorf. O. O, vermutl. 1935 (Tarnschrift).

Saage, Richard: Der erste Präsident. Karl Renner – eine politische Biografie. Wien 2016.

Safrian, Hans: Mobilisierte Basis ohne Waffen. Militanz und Resignation im Februar 1934 am Beispiel der oberen und unteren Leopoldstadt. In: Konrad, Helmut; Maderthaner, Wolfgang (Hg.): Neuere Studien zur Arbeitergeschichte. Band II: Beiträge zur politischen Geschichte. Wien 1984. S. 471–489.

Safrian, Hans: Standgerichte als Mittel der Politik im Februar 1934 in Wien. In: Stadler, Karl R. (Hg.): Sozialistenprozesse. Politische Justiz in Österreich 1870–1936. Wien, München, Zürich 1986. S. 269–302.

Sandgruber, Roman: Im Schatten des Bürgerkriegs von 1934. URL: http://www.ooegeschichte.at/themen/wir-oberoesterreicher/wir-oberoesterreicher/buergerkrieg-in-oberoesterreich/ (aufgerufen 12.9.2018).

Schafranek, Hans: »Die Führung waren wir selber«. Militanz und Resignation im Februar 1934 am Beispiel Kaisermühlen. In: Konrad, Helmut; Maderthaner, Wolfgang (Hg.): Neuere Studien zur Arbeitergeschichte. Band II: Beiträge zur politischen Geschichte. Wien 1984. S. 439–469.

Schafranek, Hans: NSDAP und Sozialisten nach dem Februar 1934. In: Ardelt, Rudolf; Hautmann, Hans (Hg.): Arbeiterschaft und Nationalsozialismus in Österreich. Wien, Zürich 1990. S. 91–128.

Schafranek, Hans: Söldner für den »Anschluss«. Die Österreichische Legion 1933–1938. Wien 2011.

Schausberger, Norbert: Der Griff nach Österreich. Der Anschluß. Wien, München 1978.

Schefbeck, Günther (Hg.): Österreich 1934. Vorgeschichte – Ereignisse – Wirkung. Wien, München 2004.

Scheu, Friedrich: Der Weg ins Ungewisse. Österreichs Schicksalskurve 1929–1938. Wien, München, Zürich 1972.

Schneider, Josef; Zell, C.: Der Fall der roten Festung. Wien 1934.

Schneidmadl, Heinrich: Über Dollfuß zu Hitler. Ein Beitrag zur Geschichte des 12. Februar 1934. Wien 1964.

Schölnberger, Pia: Das Anhaltelager Wöllersdorf 1933–1938. Strukturen – Brüche – Erinnerungen. Wien 2015.

Schuschnigg, Kurt: Dreimal Österreich. Wien 1937, 3. Aufl. 1938.

Schutzbundkämpfer erzählen vom Februar 1934. Moskau 1936.
Shepherd, Gordon: Engelbert Dollfuß. Graz, Wien, Köln 1961.
Slapnicka, Harry: Oberösterreich – Zwischen Bürgerkrieg und Anschluß (1927–1938). Linz 1975.
Soós, Katalin: Koloman Wallisch. Eine politische Biographie. Wien, Zürich 1990.
Stadler, Karl R.: Opfer verlorener Zeiten. Die Geschichte der Schutzbund-Emigration 1934. Wien 1974.
Staudinger, Eduard G.: Der 12. Februar 1934 in Graz. Ursachen – Verlauf – Folge. In: Historisches Jahrbuch der Stadt Graz, Bd. 14, 1984. S. 101–128.
Stockinger, Josef: Zeit, die prägt. Arbeiterbewegung in Steyr. Linz 1988.
Streibel, Robert: Februar in der Provinz. Eine Spurensicherung zum 12. Februar 1934 in Niederösterreich. Grünbach 1994.
Tálos, Emmerich: Das austrofaschistische Herrschaftssystem. Österreich 1933–1938. Wien 2013.
Tálos, Emmerich; Neugebauer, Wolfgang (Hg.): Austrofaschismus. Politik – Ökonomie – Kultur 1933–1938. 5. Aufl., Wien 2005.
Treml, Otto: 1934 – Februarkampf in Steyr. Steyr 1984.
Um Österreichs Freiheit. Ein Beitrag zur Geschichte der Abwehrkämpfe des Jahres 1934 in der Steiermark. Graz o. J. (1936).
Waechter, Matthias: Mythos. Version: 1.0. In: Docupedia-Zeitgeschichte, 11.2.2010, URL: http://docupedia.de/zg/Mythos (aufgerufen 6.9.2018).
Wallisch, Paula: Ein Held stirbt. Graz 1946.
Walterskirchen, Gudula: Die blinden Flecken der Geschichte. Österreich 1927–1938. Wien 2017.
Warlitsch, Doris: Denkmalsetzungen in Floridsdorf. Der Bürgerkrieg im Februar 1934. Dipl.-Arb. d. Univ. Wien, 2009.
Wenninger, Florian: Dimensionen organisierter Gewalt. Zum militärhistorischen Forschungsstand über die österreichische Zwischenkriegszeit. In: Wenninger, Florian; Dreidemy, Lucile (Hg.): Das Dollfuß/Schuschnigg-Regime 1933–1938. Vermessung eines Forschungsfeldes. Wien, Köln, Weimar 2013. S. 493–576.
Widerstand und Verfolgung in Wien 1934–1945. Eine Dokumentation. Hg. v. Dokumentationsarchiv des österreichischen Widerstandes. Bd. 1: 1934–1938. 2. Aufl., Wien 1984.
Wiltschegg, Walter: Die Heimwehr. Eine unwiderstehliche Volksbewegung? Wien 1985.
Wohnout, Helmut: Italien und der politische Systemwechsel in Österreich 1933/34. In: Guiotto, Maddalena; Wohnout, Helmut (Hg.): Italien und

Österreich im Mitteleuropa der Zwischenkriegszeit. Wien, Köln, Weimar 2018. S. 371–422.

Wöss, Wilfried: Der 12. und 13. Februar 1934 in Holzleithen, OÖ. Eigenverlag, Vöcklabruck 2013.

Quellen und Archive

Internet-Quellen:

ANNO – AustriaN Newspapers Online (historische österreichische Zeitungen und Zeitschriften online): http://anno.onb.ac.at/ (aufgerufen 6.9.2018).

Denkmäler in Linz. Website des Stadtarchivs Linz mit Beschreibung der Denkmäler: http://www.linz.at/archiv/denkmal/default.asp (aufgerufen 6.9.2018).

Denkmalprojekt. Inschriften mit den Namen von Gefallenen auf österreichischen Denkmälern: http://www.denkmalprojekt.org/covers_oe/oesterreich.htm (aufgerufen 6.9.2018).

Lehmann Online (Wiener Adressbücher von 1859 bis 1942): http://www.digital.wienbibliothek.at/nav/classification/2609 (aufgerufen 6.9.2018).

Matrikelbücher online, Sterbeverzeichnisse diverser Pfarren der Erzdiözese Wien, der Diözese St. Pölten und der Diözese Linz (Oberösterreichisches Landesarchiv): http://www.matricula-online.eu/ (aufgerufen 6.9.2018).

Matriken Digital, Diözese Graz-Seckau, Sterbebücher diverser steirischer Pfarren: http://matriken.graz-seckau.at/ (aufgerufen 6.9.2018).

ORF-Dokumentation »Der blutige Februar« von Andreas Novak, 2014. URL: https://www.youtube.com/watch?v=nGLMg4ccKdE&t=797s (aufgerufen 6.9.2018).

Verstorbenensuche Wien (Angaben zu allen auf den Friedhöfen der Friedhöfe Wien GmbH beigesetzten Personen, mit Ausnahme der konfessionellen Friedhöfe): http://www.friedhoefewien.at/grabsuche_de (aufgerufen 6.9.2018).

Videodokumentation »Augenzeugen. 12. Februar 1934 in Linz«, 1984. URL: https://www.youtube.com/watch?v=YinSthFiotA&t=416s (aufgerufen 6.9.2018).

Österreichisches Staatsarchiv/Archiv der Republik (ÖStA/AdR):

Polizeidirektion Wien, Akten Februar 1934, Z. Pr. IV-2606/1934 (Karton 1: Standrechtsfälle, Karton 2: Verwundete, Karton 3: Verwundete, alphabetisch geordnet, Karton 4: Tote)

BKA-Inneres, Sicherheitsdirektorenberichte 1934
BKA-Inneres 22/gen. 1934, Ktn. 4883; 22/Stmk. 1934, Ktn. 5138

Wiener Stadt- und Landesarchiv (WStuLA):
Serie 1.2.4.3.B1, Verzeichnis der Verstorbenen, Jg. 1934
Serie 1.1.10.A1, Totenbeschaubefunde, Grabanweisungen 1920–1938
Serie 1.10.1.B4, Sterbebuch, Jg. 1934

Archiv der Stadt Linz:
Sterbescheine, Februar und März 1934

Stadtarchiv Graz:
Totenprotokolle

Stadtarchiv St. Pölten:
Totenprotokolle

Friedhöfe Wien, Zentralfriedhof:
Buch Gruppe 28, 1934

Dokumentationsarchiv des österreichischen Widerstandes (DÖW):
Kammerstätter, Peter: Der Aufstand des Republikanischen Schutzbundes am 12. Februar 1934 in Oberösterreich. Eine Sammlung von Materialien, Dokumenten und Aussagen von Beteiligten. 3 Bände. (DÖW-Bibliothek 13013.)

Bibliothek der Arbeiterkammer Wien:
Petri, Heinrich: Der Februar-Aufruhr in Floridsdorf. Manuskript, 1937.

Bildnachweis

Österreichische Nationalbibliothek – Bildarchiv Austria: Seiten 13, 17, 20, 27, 61, 72, 119.

Dokumentationsarchiv des österreichischen Widerstandes: Seiten 35, 37, 43, 49, 53, 54, 56, 57, 67, 100, 121, 122.

Abkürzungen

Abl.	Abendblatt, Abendausgabe
AdR	Archiv der Republik
AKH	Allgemeines Krankenhaus
arbl.	arbeitslos
AZ	*Arbeiter-Zeitung*, Organ der SDAP
BGBl.	Bundesgesetzblatt
BKA	Bundeskanzleramt
BPK	Bezirkspolizeikommissariat
DÖW	Dokumentationsarchiv des österreichischen Widerstandes
FB	Freiheitsbund
fw.	freiwillig
gesch.	geschieden
GP	Gendarmerieposten
Grz.	Grundzahl
Gz.	Geschäftszahl
HS	Heimatschutz
i. P.	in Pension
KJV	Kommunistischer Jugendverband
KPÖ	Kommunistische Partei Österreichs
Ktn.	Karton
LKH	Landeskrankenhaus
lt.	laut
Mbl.	Morgenblatt, Morgenausgabe
MG	Maschinengewehr
NÖ	Niederösterreich, niederösterreichisch
OÖ	Oberösterreich, oberösterreichisch
OSS	Ostmärkische Sturmscharen
ÖStA	Österreichisches Staatsarchiv
SAJ	Sozialistische Arbeiterjugend

SDAP	Sozialdemokratische Arbeiterpartei
Stmk.	Steiermark
verh.	verheiratet
verw.	verwitwet
wh.	wohnhaft
zit. n.	zitiert nach

Danksagung

Die folgenden Personen haben mich bei meinem Projekt und beim Buch mit Rat und Tat unterstützt. Ich möchte ihnen hiermit herzlich danken!

DDr. Werner Anzenberger, Kammer für Arbeiter und Angestellte für Steiermark, Graz
Hon.-Prof. Doz. Dr. Brigitte Bailer, Dokumentationsarchiv des österreichischen Widerstandes, Wien
Mag. Dr. Cornelia Daurer, Archiv der Stadt Linz
Univ.-Doz. Mag. Dr. Maximilian Diesenberger, Österreichische Akademie der Wissenschaften
Adolf Ezsöl, Zeitgeschichtliches Archiv, Schwechat
Mag. Dr. Susanne Fritsch-Rübsamen, Wiener Stadt- und Landesarchiv
MMag. Dr. Cathrin Hermann, Archiv der Stadt Linz
Dr. Ursula Huber, Böhlau Verlag Wien
Dr. Winfried R. Garscha, Dokumentationsarchiv des österreichischen Widerstandes, Wien
Mag. Dr. Heimo Halbrainer, Verein Clio, Graz
Prof. Herwig Hösele, Zukunftsfonds der Republik Österreich, Wien
Mag. Irmengard Kainz, Museum Bruck an der Mur
Ing. Dr. Raimund Ločičnik, Stadtarchiv Steyr
Mag. Thomas Lösch, Stadtarchiv St. Pölten
Univ.-Doz. Dr. Barry McLoughlin M.A., Wien
Prof. Dr. Siegfried Nasko, St. Pölten
Richard Payer, Bezirksgeschäftsführer SPÖ, Schwechat
Heinz Placz, Österreichisches Staatsarchiv/Archiv der Republik, Wien
Mag. Dr. Hubert Prigl, Magistratsabteilung 9, Wienbibliothek im Rathaus, Wien
Frau Ruppitsch, Infopoint, Zentralfriedhof Wien
Mag. Astrid Rypar, Magistratsabteilung 7, Referat Kulturelles Erbe, Wien
Peter Schintler, Stadtarchiv Graz
Dr. Kurt Scholz, Zukunftsfonds der Republik Österreich, Wien
Mag. Dr. Ute Sonnleitner, Institut für Geschichte der Universität Graz

Namensregister

Die im Verzeichnis der Todesopfer (S. 139–186) sowie in den Anmerkungen (S. 186–198) enthaltenen Namen sind nicht im Register aufgenommen.

Ableitinger, Johann 55
Ackermann, Manfred 66
Ahrer, Josef 62, 63, 91 f.
Aquin, Thomas von 135

Bauer, Otto 9, 10, 11, 16, 17, 21, 24, 27, 28 f., 31, 33, 35 f., 51, 65 f., 115, 118 f., 132, 133, 136 f., 138
Bentz, Viktor 31, 32
Bernard, Johann 84
Bernaschek, Richard 25–29, 31–33, 69 f., 117 f., 128, 136
Biedermann, Karl 47
Botz, Gerhard 72, 79, 123
Brecht, Bertolt 60
Breitner, Hugo 115, 124
Brüll, Josef 57, 70
Bulgari, Anton 63, 103 f.
Buresch, Karl 14
Buttinger, Georg 101 f.
Buttinger, Joseph 66, 116, 119, 133

Cecher, Fritz 119

Daladier, Édouard 111
Danneberg, Robert 115
Deutsch, Gustav 70
Deutsch, Julius 11, 28, 33, 35, 51, 65, 70, 115, 118, 119 f.
Dollfuß, Alwine 126
Dollfuß, Engelbert 11, 12, 15–19, 19–22, 26, 27, 35, 55 f., 58, 63, 64, 69, 71, 73, 74, 79, 87, 95, 109, 110–113, 118, 120, 125–127, 129, 130, 133, 136, 137 f.
Doumergue, Gaston 111

Eifler, Alexander 11, 24, 28, 42, 68
Eiselsberg, Paul 103
Ender, Otto 14

Fageth, Ferdinand 53

Fey, Emil 11, 24, 26 f., 47, 55, 68, 107, 112, 113, 123
Fierlinger, Zdeněk 118
Fischer, Ernst 116
Franzel, Emil 133 f.
Fruhwürth, Johann 95
Fuchs, Johann 98 f.
Fuchs, Julius 98 f.

Garscha, Winfried R. 72, 79
Gedye, G. E. R. 71 f., 122
Gömbös, Gyula 64
Grill, Theodor 32, 33
Groß, Richard 96 f.

Habicht, Theodor 18, 129
Hammerstein-Equord, Hans 26, 31, 113, 117, 128 f.
Hamminger, Johann 95
Hanisch, Ernst 11 f., 33, 65, 118 f., 135 f.
Hantschk, Albert 125
Hanzl, Arnulf 8, 108
Hausleitner, Josef 36
Helmer, Oskar 21, 65, 116
Herbst, Wilhelm 39, 92 f.
Hilber, August 91
Hitler, Adolf 12, 15, 16, 18, 20, 22, 33, 69, 71, 129, 138
Holzinger, Franz 95
Honay, Karl 115
Höpfel, Frank 114
Hoys, Johann 62, 63, 102 f.
Huemer, Peter 133

Jalkotzy, Alois 28, 29, 31
Jochmann, Rosa 35 f.

Kainz, Heinrich 62
Kánya, Kálmán 18
Kautsky, Karl 132 f.
Konrad, Helmut 65
Korbel, Eduard 36, 118

213

Körner, Theodor 11, 26, 27, 28 f., 65, 116
Kraus, Karl 132
Kreisky, Bruno 14
Kropatschek, Andreas 95
Kunschak, Leopold 25
Kunst, Rudolf 36, 37
Kupfinger, Johann 83

Lackner, Herbert 125
Leichter, Käthe 136
Leichter, Otto 18, 131, 133
Leser, Norbert 9, 133
Lettner, Franz 106
Linder, Julius 115
Lintner, Johann 62, 102 f.
Löw, Rudolf 24, 68
Lukacs, Rudolf 128

Machold, Reinhard 41
Mangl, Josef 103
Mark, Karl 129
Maurer, Heinrich 106
Mayer, Anton 28, 29, 31
Mayrhofer, Ferdinand 117
McLoughlin, Barry 70
Menzler, Johann 96 f.
Menzler, Ludmilla 96 f.
Miklas, Wilhelm 62, 116
Mikoletzky, Hanns Leo 134
Münichreiter, Karl 45, 57, 58, 62
Mussolini, Benito 10, 12, 18, 19 f., 22, 64, 113, 138

Nader, Heinrich 103
Nagelseder, Josefine 62, 91
Neck, Rudolf 62, 133
Neumann, Kurt 136

Pabst, Franz 70
Peball, Kurt 44, 72
Petri, Heinrich 80, 99–101, 105, 107 f.
Pfrimer, Walter 10, 12
Phipps, Eric 19
Pollhammer, Heinrich 101 f.
Pracher, Franz 86
Price, Ward 71

Rauchenberger, Viktor 62, 63, 102 f., 106

Reither, Josef 22, 116
Renner, Karl 21, 65, 116
Roscher, Heinz 70, 99, 105, 127 f.
Rost van Tonningen, Meinoud Marinus 113, 127
Ruß, Hubert 55, 62

Sailer, Karl Hans 66
Schärf, Adolf 65, 109 f.
Schiel, Josef 33 f.
Schlegel, Josef 26, 32
Schmidt, Rosa 107
Schmied, Josef 95
Schmitz, Richard 35, 113
Schneider, Josef 132
Schneidmadl, Heinrich 21, 116
Schönburg-Hartenstein, Alois 120 f.
Schorsch, Johann 27, 28
Schrangl, Franz 116 f.
Schuhbauer, Theodor 24, 117
Schuschnigg, Kurt 58, 62, 63, 64, 71
Seghers, Anna 60
Seipel, Ignaz 14
Seitz, Karl 35, 115
Sever, Albert 47
Sever, Ida 47, 84
Shepherd, Gordon 126
Sichelrader, Franz 116 f.
Skoda, Mathilde 84
Skrabal, Josef 41
Souvarine, Boris 132
Speiser, Paul 115
Spitzmüller, Alexander 135
Stadler, Karl R. 79
Stanek, Josef 41, 63, 98
Starhemberg, Ernst Rüdiger 10, 22, 40
Steidle, Richard 10
Stitz, Josef 104
Strecha, Georg 131
Strecha, Valentin 131, 134
Sturminger, Walter 125
Suvich, Fulvio 19, 22
Svoboda, Emil 62

Überbacher, Anton 86

Vallach, Lois 104
Vogl, Josef 70

Wagner, Wilhelm 59
Wallisch, Koloman 41f., 55, 60–62, 98, 115, 131
Wallisch, Paula 41, 42, 60, 61, 131
Walterskirchen, Gudula 128
Weber, Anton 115
Weissel, Georg 48, 58, 62, 105, 128
Winter, Gisela 83, 85
Winter, Hans 83, 85

Wöss, Wilfried 94, 95
Wrabel, Robert 47

Zaribnicky, Anton 95
Zaribnicky, Josef 94f.
Zartl, Franz 59
Zehetner, Alois 92, 93
Zehetner, Johann 62, 91

Ortsregister

Verzeichnet sind nur österreichische Orte, politische Bezirke, Stadtteile, Straßen, Gassen und Plätze sowie Gebäude, sofern sie während des Februaraufstandes eine Rolle spielten, nicht aber österreichische Bundesländer, einschließlich allgemeine Erwähnungen der Bundeshauptstadt Wien, ausländische Städte oder Staaten. Im Verzeichnis der Todesopfer (S. 139–186) sowie in den Anmerkungen (S. 186–198) angeführte Orte wurden ebenfalls nicht in dieses Register aufgenommen. Straßen, Gebäude, Stadtteile etc. ohne nähere Angaben der jeweiligen Stadt liegen in Wien.

Ahornhof 35
Allgemeine Krankenhaus (Linz) 38
Alte Donau 50, 56
Am Spitz 107
Am Tivoli 56, 107
Angererstraße 55, 107f.
Angern an der March 59
Arbeiterheim Floridsdorf 55
Arbeiterheim Holzleithen 53, 93–95
Arbeiterheim Ottakring 46, 47, 49
Arbeiterkrankenkasse (Linz) 52
Ardning 61
Aspangbahn 45
Aspern 50
Attnang-Puchheim 40, 53

Bebelhof 57
Betlehemstraße (Linz) 52
Bisamberg 26
Bismarckplatz 108
Brigittenau 50, 117
Bruck an der Mur 41f., 55, 60, 67
Brückenbauanstalt (Graz) 54
Brünner Straße 49, 50, 96, 100f.
Bulgariplatz (Linz) 39, 63, 103f.

Diesterwegschule (Linz) 38
Döbling 46f., 47f., 51, 59, 62, 121, 123

Dorfhalle (Linz) 38f.

Ebensee 40
Eberschwang 40
Eggenberg bei Graz 43, 54, 98
Eisenbahnbrücke (Linz) 38
Eisenpass 60
Eiserne Hand (Linz) 38
Eisteichstraße 33f.
Ennsleite (Steyr) 40, 52f., 91–93, 106, 117
E-Werk Simmering 45, 125

FAC-Bau 50, 55, 72, 121f.
Favoriten 35, 45, 57, 117
Feuerhauptwache Floridsdorf 48, 58, 128
Floridsdorf 48–50, 55f., 58, 59, 96f., 99–101, 105, 107f., 121f., 127f.
Floridsdorfer Brücke 50, 55, 56, 122
Floridsdorfer Hauptstraße 107
Flurschützstraße 104
Franz-Josephs-Bahn 47, 123
Freinberg (Linz) 39
Fuchsenfeldhof 57

Gartenstadt Jedlesee 50, 55, 122, 124
Gaswerk Leopoldau 56, 96
Gerichtsgasse 50, 100
Goethehof 50, 56, 122, 124

Goldmarkplatz 45, 58
Gösting (Graz) 44
Graz 41, 43 f., 54 f., 63, 98 f., 126
Groß-Jedlersdorf 48
Gumpendorfer Straße 33

Hackhergasse (Graz) 43 f., 54, 63, 126
Hainfeld 62, 102 f., 106
Hausruck 40 f., 53 f.
Hausruckedt 53
Hausrucktunnel 40
Heiligenstadt 46 f., 47 f., 51, 59, 62, 121, 123
Herderplatz 45, 51
Hietzing 45, 58
Hirschstetten 50
Hirtenschule (Graz) 43 f., 54
Hohe Warte 46, 47
Holzleithen 40 f., 53, 93–95
Hoßplatz 108
Hotel Schiff (Linz) 27, 29, 31–33, 36 f., 38, 39, 117

Indianerhof 56, 107
Innere Stadt (Wien) 34, 35

Jägermayer (Linz) 39
Jedlersdorf 59
Jedlesee, Gartenstadt 50, 55, 122, 124

Kagran 50
Kaisermühlen 50, 56, 117
Kapfenberg 42
Karl-Höger-Hof 51
Karl-Marx-Hof 46 f., 47 f., 51, 59, 62, 121, 123
Karl-Seitz-Hof – siehe Gartenstadt Jedlesee
Kongresspark 44
Konsumverein (Eggenberg bei Graz) 43, 54
Koppstraße 46
Krausegasse 45
Kreitnergasse 49
Kretzgasse 101

Laaerberg 57
Landstraße (Linz) 31, 33, 36
Landstraße (Wien) 45, 51
Langenzersdorf 26
Laufnitzgraben 60
Lend (Graz) 43 f., 98, 126

Leoben 42 f., 60 f.
Leopoldau, Gaswerk 56, 96
Leopoldstadt 50, 117
Liebenau (Graz) 44
Liesing 47
Linz 27 f., 31–33, 36–39, 51 f., 63, 103 f., 106, 117

Marchfeld 59
Margareten 44 f.
Margaretengürtel 44, 51
Mariahilf 28, 33
Marx-Hof 46 f., 47 f., 51, 59, 62, 121, 123
Meidling 51, 56 f., 104, 107
Mödling 47

Nettingsdorf 40, 101 f.
Nordbahn 59
Nordbahnstation Floridsdorf 48, 55, 101

Ober-St.-Veit 45, 58
Ostbahn 45
Ottakring 36, 44, 46, 47, 122

Panikengasse 46
Parkbad (Linz) 31, 37 f.
Paul-Hock-Park 100
Paul-Speiser-Hof – siehe FAC-Bau
Petrinum (Linz) 52
Polizeikommissariat Floridsdorf 48, 55, 86, 99, 101, 105, 127 f.
Polygonplatz (Linz) 39, 63, 103 f.
Poschacher Brauerei (Linz) 39, 103
Puntigam (Graz) 44

Quellenstraße 45

Rabenhof 51
Rathaus (Wien) 35, 115 f.
Reichsbrücke 50
Reithtal 61
Reumannhof 44, 124
Ried im Innkreis 41
Rohrbach an der Gölsen 62, 102 f.
Ruthnergasse 96 f.

Sandleitenhof 36, 44, 46, 122
Schienenwalzwerk (Graz) 54, 63

Schlingerhof 48, 49, 50, 99–101, 105, 107, 121
Schüttaustraße 50
Schwechat 47
Seitz-Hof – siehe Gartenstadt Jedlesee
Simmering 33 f., 45 f., 51, 57, 125
Spatenbrotwerk (Linz) 38
Speiser-Hof – siehe FAC-Bau
St. Marx 45, 51
St. Pölten 47, 62, 102, 103
Stadlau 50, 55
Stadl-Paura 40
Steyr 26, 39 f., 52 f., 62, 91–93, 106, 116 f.
Steyrermühl 40
Straßenbahnhof Floridsdorf 48, 50
Straßgang (Graz) 44
Strasshof 59
Südbahn 51

Thaliastraße 49
Traisen 106
Traisental 47
Traun 101

Urfahr (Linz) 52
Utschgraben 60

Vöcklabruck 40, 53

Weisselgasse 101
Werndlgasse 99, 100
Wien 01 34, 35
Wien 02 50, 117
Wien 03 45, 51
Wien 05 44 f.
Wien 06 28, 33
Wien 10 35, 45, 57, 117
Wien 11 33 f., 45 f., 51, 57, 125
Wien 12 51, 56 f., 104, 107
Wien 13 45, 58
Wien 16 36, 44, 46, 47, 122
Wien 19 46 f., 47 f., 51, 59, 62, 121, 123
Wien 20 50, 117
Wien 21 48–50, 55 f., 58, 59, 96 f., 99–101, 105, 107 f., 121 f., 127 f.
Wiener Neustadt 47
Wienerberg 35, 117
Wirtschaftshof (Linz) 38

Zell am Pettenfirst 53
Zentralviehmarkt St. Marx 45, 51

DIE FRAGE NACH DER VERANTWORTUNG FÜR DAS SCHEITERN DER REPUBLIK ÖSTERREICH

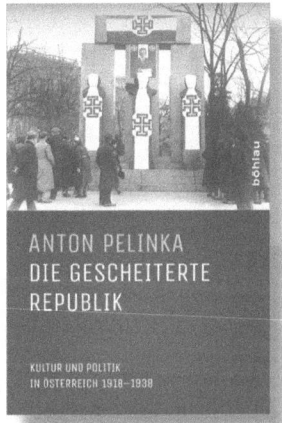

Anton Pelinka

Die gescheiterte Republik

Kultur und Politik in Österreich
1918–1938

2017. 319 S. mit 9 s/w- Abb., gebunden.
€ 29,– D | 30,– A
ISBN 978-3-205-20236-3

Der kleine Rest der großen Donaumonarchie, ungeliebte Notlösung: Die Republik Österreich. Seit ihrer Gründung 1918 gab es kein gemeinsames Verständnis darüber, was dieses neue Gebilde eigentlich sein sollte – bis 1934 die demokratische Republik und 1938 auch Österreich am Ende war. Anton Pelinka stellt die Frage nach der Verantwortung für das politische wie kulturelle Scheitern und zeichnet den Weg in den Abgrund nach.

Die junge Republik Österreich war eine Verlegenheitslösung, der Konsens zwischen den staats- und republikgründenden Parteien fragil. Gemeinsamkeiten gab es wenige und die Zukunft blieb ungewiss. War Österreich erst auf dem Weg zur »wahren« Demokratie, auf einer Zwischenstufe zum Sozialismus, oder war es nur eine Republik, die nicht mehr war als eben keine Monarchie?

Vandenhoeck & Ruprecht Verlage
www.vandenhoeck-ruprecht-verlage.com

ENTSTEHUNG UND ENTWICKLUNG DES DOLLFUSS-MYTHOS

Lucile Dreidemy

Der Dollfuß-Mythos
Eine Biographie des Posthumen

2014. 364 Seiten mit 65 s/w-Abb., Paperback
€ 35,– D | 36,– A
ISBN 978-3-205-79597-1

»Möge sein Bildnis bleiben heute und immerdar im Herzen Österreichs!« erhoffte sich Kurt Schuschnigg nach dem gewaltsamen Tod seines Vorgängers Engelbert Dollfuß im Juli 1934. 80 Jahre später nimmt Dollfuß in der Tat weiterhin einen besonderen, wenngleich stets umstrittenen Platz in Österreichs kulturellem Gedächtnis ein. Lucile Dreidemy begibt sich auf eine Spurensuche nach dem mythischen Nachleben jenes Mannes, der 1933/34 schrittweise die österreichische Demokratie beseitigte und seitdem das österreichische Geschichtsbewusstsein spaltet. Gestützt auf Theorien und Methoden der Mythen- und Biographieforschung sowie der Diskursanalyse untersucht die Autorin die Entstehung und Entwicklung des Dollfuß-Mythos im Laufe der letzten 80 Jahre, analysiert dessen verschiedene mediale Ausdrucksformen und fragt nach den Akteuren der Mythenbildung sowie deren politischen Interessen.

Vandenhoeck & Ruprecht Verlage
www.vandenhoeck-ruprecht-verlage.com

BILANZ UND PERSPEKTIVEN DER FORSCHUNGEN ZUM AUSTROFASCHISMUS

Florian Wenninger | Lucile Dreidemy (Hg.)

Das Dollfuß/Schuschnigg-Regime 1933–1938
Vermessung eines Forschungsfeldes

2013. 640 Seiten mit 3 s/w-Abb., gebunden
€ 45,– D | 47,– A
ISBN 978-3-205-78770-9

Die Diktatur Dollfuß/Schuschnigg 1933-1938 ist bis heute eine der umstrittensten Phasen der österreichischen Geschichte. Dieser Band unternimmt den Versuch, eine Bilanz der bisherigen wissenschaftlichen Erkenntnisse zu ziehen und Perspektiven künftiger Forschungsarbeit zu entwickeln. Behandelt werden neben politischen und sozialen Aspekten auch ökonomische, militärische und regionale Themen. Die AutorInnen fassen den Forschungsstand zusammen und benennen offene Fragestellungen sowie unbearbeitete Quellenbestände. Alle Beiträge wurden einem internationalen Begutachtungsverfahren unterzogen und bilden in ihrer Gesamtheit eine profunde Grundlage für künftige Forschungsarbeiten. Als Überblickswerk leistet der Band darüber hinaus einen Beitrag zur gesellschaftlichen Auseinandersetzung mit dem Ende der Ersten Republik in Österreich und der daran anschließenden Diktaturerfahrung.

Vandenhoeck & Ruprecht Verlage
www.vandenhoeck-ruprecht-verlage.com

DAS AUSTROFASCHISTISCHE REGIME
INTERDISZIPLINÄR BETRACHTET

Ilse Reiter-Zatloukal
Christiane Rothländer
Pia Schölnberger (Hg.)

Österreich 1933–1938
Interdisziplinäre Annäherungen an das
Dollfuß-/Schuschnigg-Regime

2012. 400 Seiten, gebunden
€ 45,– D | 47,– A
ISBN 978-3-205-78787-7

Die Publikation bietet den aktuellen Forschungsstand sowie neue Perspektiven der wissen-schaftlichen Auseinandersetzung über das politische System der Jahre 1933 bis 1938 in Österreich. Für eine breite Diskussion dieser bis heute umstrittenen Epoche innerhalb der österreichischen Zeitgeschichte werden unterschiedliche Themenbereiche interdisziplinär – geschichtswissenschaftlich, rechtshistorisch, politologisch – beleuchtet. Die Themenschwerpunkte umfassen die Etablierung des austrofaschistischen Systems, politische Gewalt und Justiz, unterschiedliche Arten der Verfolgung von RegimegegnerInnen, eine eingehende Diskussion der Maiverfassung 1934, wirtschaftliche/soziale sowie Genderaspekte des Dollfuß-Schuschnigg-Regimes sowie die Frage der Rückgabe in dieser Zeit entzogenen Vermögens nach 1945.

Vandenhoeck & Ruprecht Verlage
www.vandenhoeck-ruprecht-verlage.com

DER FÜHRENDE SOZIALDEMOKRAT IN ÖSTERREICHS ERSTER REPUBLIK

Ernst Hanisch

Der große Illusionist
Otto Bauer (1881–1938)

2011. 478 Seiten mit 26 s/w-Illustrationen, gebunden
€ 45,– D | 47,– A
ISBN 978-3-205-78601-6

Otto Bauers Traum vom Sozialismus ist zerplatzt, aber die Frage nach einer gerechteren Gesellschaft ist aktueller denn je. Was können wir heute aus seiner Biografie lernen? Er verband höchste Intelligenz, eine scharfe Analysefähigkeit auf vielen Gebieten mit der Hoffnung auf eine bessere Zukunft der Menschheit. Er war kein Zyniker der Macht, sondern ein bescheidener, eher schüchterner Mensch. In kritischen Situationen hatte er Scheu vor der Macht. Als brillanter Rhetoriker und Theoretiker aber prägte der führende Sozialdemokrat die Geschichte der österreichischen Ersten Republik maßgeblich. Licht- und Schattenseiten dieses Politikers und Menschen werden siebzig Jahre nach seinem Tod erstmals umfassend analysiert und kritisch bewertet.

Vandenhoeck & Ruprecht Verlage
www.vandenhoeck-ruprecht-verlage.com